곽선희 목사 설교집
55

자유함의 은총

곽선희 지음

계몽문화사

머 리 말

'복음은 들음에서'—이는 진리이며 우리의 경험입니다. 하나님께서 우리에게 주신 복 가운데 가장 큰 복은 말씀을 주신 것입니다. '말씀이 육신을 입어서 오신 것'입니다. 말씀을 주셨고 들을 수 있게 하셨고 마음문을 열고 받아 믿게 하신 것, 참 놀라운 은혜입니다.

말씀은 단순한 지식이 아닙니다. 추상적인 이론이 아닙니다. 말씀은 선포되는 하나님의 계시적 능력인 것입니다. 말씀의 권능, 그 능력을 알고 체험하면서 비로소 '말씀 안에서 태어나는 생명적 기적'이 나타나게 됩니다. 오늘도 그 말씀이 증거되고 새롭게 선포되고 있습니다. 설교가 곧 말씀입니다. 성령의 역사와 함께 끊임없이 이루어지는 생명의 역사입니다. 이 선포되는 말씀, 증거되는 진리를 통하여 구원의 능력은 항상 새로워집니다. 말씀 안에서 새 생명이 탄생하고 말씀 안에서 영혼이 소생하며, 그 큰 능력 안에서 우리는 강건해집니다. 우상을 이기는 능력의 사람으로 성장해가는 신비롭고 놀라운 사건을 강단에서 늘 경험하고 있습니다.

여기에 또다시 설교말씀을 모아 책자로 내어놓습니다. 예수소망교회 강단을 통하여 하나님께서 우리에게 주신 말씀입니다. 이제 그 말씀을 책자로 엮어 내어놓음으로써 우리가 시간과 공간을 초월하여 개별적으로 하나님을 만나게 되는 '말씀의 역사'에 귀중한 방편이 되고자 합니다. 책자라는 그릇에 담긴 이 말씀들은 읽는 자의 마음 안에서 또다른 '말씀의 신비한 기적'을 낳게 되리라 확신합니다.

한 시간 한 시간의 설교를 위하여 간절히 기도해주신 모든 성도들과 이 책자를 출간하기까지 수고해주신 여러분께 진심으로 감사를 드립니다. 그리고 또다시 영광을 오직 하나님께 돌리면서……

곽선희

차 례 머리말 ──── 3
너는 나를 따르라(마 9 : 9 - 13) ──── 8
굳게 결심하시고(눅 9 : 51 - 56) ──── 19
십자가, 승리의 신비(골 2 : 8 - 15) ──── 29
사망을 이기는 권세(고전 15 : 50 - 58) ──── 38
속에서 마음이 뜨거워질 때(눅 24 : 25 - 35) ──── 48
깨닫지 못하는 사람(시 49 : 13 - 20) ──── 56
끝까지 견디는 자(마 24 : 3 - 14) ──── 66
어린이를 용납하라(마 19 : 13 - 15) ──── 75
한 어머니의 큰 믿음(마 15 : 21 - 28) ──── 85
그리스도의 사람의 실체(롬 8 : 1 - 11) ──── 94
주의 종이 듣겠나이다(삼상 3 : 1 - 9) ──── 103
흩어진 자가 깨달은 사명(행 8 : 1 - 8) ──── 112
가장 사랑하는 자에게 주는 선물(시 127 : 1 - 5) ──── 121
목자 없는 양 같이(막 6 : 30 - 34) ──── 130
눈을 열어 보게 하소서(왕하 6 : 14 - 19) ──── 139

하나님께서는 다 하실 수 있다(마 19 : 23 - 26) ——— 149
가장 고상한 지식(빌 3 : 4 - 9) ——— 160
너도 이와 같이 하라(눅 10 : 30 - 37) ——— 171
묵은 땅을 갈고 파종하라(렘 4 : 1 - 4) ——— 183
나는 스스로 버리노라(요 10 : 11 - 18) ——— 192
참 사랑의 고백(빌 4 : 1 - 4) ——— 202
자유함의 은총(갈 5 : 1 - 6) ——— 213
그 결국을 깨달은 사람(시 73 : 1 - 17) ——— 223
우리에게 표적을 보여주소서(마 12 : 38 - 42) ——— 232
믿음을 스스로 가지고 있으라(롬 14 : 16 - 23) ——— 242
하나님 앞에서 판단하라(롬 4 : 13 - 22) ——— 251
주 앞에서 낮추라(약 4 : 1 - 10) ——— 260
좋은 편을 선택한 여인(눅 10 : 38 - 42) ——— 270
물가에 씨를 뿌리는 사람(사 32 : 16 - 20) ——— 280
받은 줄로 믿으라(막 11 : 20 - 25) ——— 290
곽선희목사 설교집·강해집·기타 ——— 301

곽선희 목사
장로회 신학대학 졸업
프린스턴 신학석사
풀러신학 선교신학박사
인천제일교회 목사
장로회 신학대학 교수 역임
숭의여자전문대학 학장 역임
서울장로회신학교 교장 역임
소망교회 원로목사

곽선희 목사 설교집 제55권
자유함의 은총

인쇄 · 2017년 1월 5일
발행 · 2017년 1월 10일
지은이 · 곽선희
펴낸이 · 김정수
펴낸곳 · 계몽문화사
등록일 · 1993년 10월 11일
등록번호 · 제2016-2호
전화 · (02)995-8261
정가 · 22,000원
총판 · 비전북 / (031)907-3927
ISBN 978-89-89628-38-5 03230

---

* 잘못 만들어진 책은 바꾸어 드립니다.

자유함의 은총

너는 나를 따르라

　예수께서 거기서 떠나 지나가시다가 마태라 하는 사람이 세관에 앉아 있는 것을 보시고 이르시되 나를 따르라 하시니 일어나 따르니라 예수께서 마태의 집에서 앉아 음식을 잡수실 때에 많은 세리와 죄인들이 와서 예수와 그 제자들과 함께 앉았더니 바리새인들이 보고 그 제자들에게 이르되 어찌하여 너희 선생은 세리와 죄인들과 함께 잡수시느냐 예수께서 들으시고 이르시되 건강한 자에게는 의원이 쓸 데 없고 병든 자에게라야 쓸 데 있느니라 너희는 가서 내가 긍휼을 원하고 제사를 원치 아니하노라 하신 뜻이 무엇인지 배우라 내가 의인을 부르러 온 것이 아니요 죄인을 부르러 왔노라 하시니라
(마태복음 9 : 9 - 13)

너는 나를 따르라

　제가 원로목사가 된 지 벌써 10년이 되었습니다. 제가 지난 한 40년간 신학교에서 강의를 했습니다. 그래서 웬만한 우리 교단 목사님들은 다 제가 가르친 사람들입니다. 그분들이 목회하는 곳을 다니며 부흥회를 인도하면서 지금 시간을 보내고 있는데, 만나면 그분들이 이런저런 질문을 제게 하곤 합니다. "목사님, 젊으셨을 때 가장 인상 깊게 읽으신 책이 무엇입니까?" 그때마다 제가 이렇게 대답합니다. 제가 30대 초반에 아주 즐겁게, 아마 열 번은 족히 넘게 거듭 읽었던 책이 있다고요. 바로 윌리엄 바클레이가 쓴「예수님의 마음(The mind of Jesus)」이라는 책입니다. 그는「Agape and Eros」,「Let God be God」같은 책도 쓴 사람인데, 제게 깊은 인상을 준 좋은 책들이 꽤 있습니다. 제 기억에 가장 많이 읽은 책은 바로 이「예수님의 마음」입니다. 예수님의 마음이 얼마나 중요합니까. 예수님께서 병을 고치신 일 자체는 중요한 것이 아닙니다. 병을 고치실 때 어떤 마음이셨는지, 또 어떤 깊은 뜻에서 말씀을 하셨느냐가 중요합니다. 예수님의 말씀은 전부가 비유입니다. 씨 뿌리는 비유, 선한 사마리아 사람의 이야기를 비롯한 여러 가지 비유들이 있습니다. 시쳇말로 꼭 뉴스 같은, 소문을 말하는 것 같은 아주 쉬운 이야기를 하신 것입니다. 그 말씀 속에 깊은 뜻이 있습니다. 예수님의 비유 속에 무궁무진한 진리가 담겨 있습니다. 아주 쉬운 이야기 같지만, 생각하면 할수록 예수님께서 왜 이 말씀을 하셨는지, 그 마음 깊은 곳에 들어가서 이해해야 되지 않겠습니까. 그래서 우리는 예수님의 마음을 헤아리고, 그 깊은 곳에서 예수님을 만나는, 그런 예수님의 제자가 되어야 할 줄로 압니다.

　오늘본문에 나타난 이 사건은 예수님께서 마태 세리라고 하는 사람을 부르시는 장면입니다. 아주 간단하고, 불과 몇 줄 밖에 안 되는 이야기입니다. 그러나 이 속에 엄청난 복음이 있습니다. 예수님의 제자 가운데에는 이상하게도 당대의 유명한 종교전문가가 한 사람도 없습니다. 그 시대에는 바리새인, 서기관, 제사장 들이 중요한 전문적 종교인이요 신학자며, 하나님의 백성을 인도하는 지도자들이었습니다. 그런데 그들 가운데 단 한 사람도 예수님의 제자가 되지 않았습니다. 아니, 예수님께서 그들을 제자로 부르지 않으셨습니다. 그리고 갈릴리의 어부들, 요샛말로 하면 보통사람, 시원치 않은 사람들을 열두 사람이나 데리고 다니시면서 전도활동을 하셨고, 마지막에는 십자가에 돌아가셨습니다. 그 시원치 않은 열두 사람이 교회를 세워서 오늘에까지 이른 것입니다.

　그럼 예수님께서 부르신 열두 제자들 가운데 가장 대표적인 사람이 누구입니까? 제 생각에는 마태가 가장 중요한 인물입니다. 우선 그 신분부터가 특수합니다. 베드로와 요한, 야고보와 같은 사람들은 갈릴리의 어부입니다. 편안하게 자기 생업에 종사하는 사람들입니다. 이런 보통사람들을 부르신 것입니다. 하지만 세리는 다릅니다. 세리는 당시 사람들에게 가장 업신여김을 받던 신분입니다. 성경을 자세히 읽어보면 죄인과 세리, 세리와 죄인을 동의어로 사용합니다. 세리는 죄인이요, 죄인의 대명사가 세리입니다. 가장 천대받는 사람입니다.

　예를 들어, 세리가 어떤 불쌍한 거지에게 돈을 주었다고 칩시다. 그때 누가 그곳을 지나가다가 그 거지에게 말하기를 "아까 당신 돈 받았는데, 그 돈 준 사람이 세리야" 하면 거지는 그 말을 듣자마자 받은 돈을 내던져버리고 맙니다. 굶어 죽어도 세리 돈은 안 받겠다는 것입니다. 그만큼 세리는 정신적으로, 정치적으로, 사회적으로, 종교적으로 멸시를 받았고, 사람취급을 받지 못했습니다. 세리와는 얘기도 안 하고, 세리는 방문하지도 않고, 세리의 가정과는 통혼하지도 않았습니다. 전혀 사람취급을 하지 않은 것입니다. 다시 말하면 인간 말종, 버려진 인간으로 치부했습니다. 그 모든 신분 가운데 가장 밑에 있는, 심지어 창녀보다 더 밑에 있는 신분이 바로 세리입니다. 그런데 왜 그 세리를 부르시는 것입니까? 왜 그 세리를 제자로 삼으시는 것입니까? 이것이 오늘본문의 중요한 주제입니다.

초점은 예수님께서 그 세리를 주도적으로 찾아가셨다는 것입니다. 이 점이 중요합니다. 마태가 예수님께 나아온 것이 아닙니다. 예수께서 마태를 만나주셨습니다. 그것도 세관에서, 지금 현장에서 일하고 있는 사람을 보시면서 "나를 따르라!" 하셨습니다. 이 얼마나 굉장한 이야기입니까. 잊지 말아야 됩니다. 내가 예수를 찾아가는 것이 아니요, 예수님께서 나를 찾아오시는 것입니다. 말씀으로 찾아오시고, 성령으로 찾아오시고, 기도 중에 찾아오십니다. 그리고 사건 중에 찾아오십니다. 내가 병들 때, 내가 사고를 당할 때, 내가 어려운 일에 처할 때 내게 오셔서 내 마음의 문을 두드리십니다. 나를 찾아오시는 주님— 아마 여러분이 모두 다 이 경험을 했을 것입니다. 그래서 오늘 여기 있는 줄 압니다. 계속 찾아오십니다. 나를 찾아오십니다. 내가 주를 찾아간다고 착각하지 마십시오. 주께서 나를 찾아오시고, 나를 만나주신다는 것입니다.

만난다는 것은 종합적입니다. 귀로 듣는 것만이 아니고, 눈으로 보는 것만이 아닙니다. 직접 만나주시고, 또 직접 불러주십니다. 너는 나를 따르라— 개인적으로 불러주신다는 것입니다. 마태복음 20장에서 예수님께서는 "내가 세상에 왔는데, 하나님의 아들로서 세상에 왔는데, 섬김을 받으려 함이 아니고, 섬기려 하고, 대속물로 주려고 왔노라"고 말씀하십니다. 예수님께서는 자신을 대속물로 주려고 세상에 오셨습니다. 이 사실이 중요합니다. 그리고 죄인을 만나주시고 찾아주신다는 것입니다. 모든 사람은 지금 하나님 앞으로 가려고 하면서도 갈 수가 없습니다. 갈 만한 의도, 정결함도 없기 때문에, 이제 주께서 찾아오셔서 우리 한 사람, 한 사람을 만나주신다는 것입니다.

입체파의 창시자인 피카소라는 유명한 화가가 있습니다. 그는 사물을 여러 각도에서 관찰하고 그려낸 유명한 화가 아닙니까. 역사적인 화가인데, 92세까지 살면서 많은 작품을 남겼습니다. 무려 10,600점이나 됩니다. 그는 이렇게 대답합니다. "저는 언제나 제 작품을 미완성이라고 여깁니다. 한 번도 완성해본 일은 없습니다." 인간은 미완성입니다. 그래서 소망이 있는 것입니다. 인간은 변합니다. 그것을 예수님께서는 아시기 때문에 현재를 묻지 않으십니다. 미완성 인간— 그래서 가치가 있는 것입니다. 이것을 꼭 잊지 말아야 합니다. 우리는 어느 때에 이제는 끝났다고 생각합니다. 가장 무서운 말이 뭐냐 하면, 선택이 없다는 것입니다. 선택이 없다는 그 말 자체가 불신앙이고 죄악입니다. 절망은 없습니다. 미완성일 뿐더러 아직도 깊은 곳에 소망이 있습니다. 그래서 예수님께서는 세리 마태를 만나주십니다. 마태라는 사람이 지금 세관에 앉아서 세금을 받고 있는데, 그 사람을 보시는 순간 '저건 미완성'이라고 여기셨습니다. 이제 앞으로 많은 변화를 일으키고 위대한 역사를 이룰 것입니다. 그 미래를 보시고, 그 비참한 처지에서 천대받고 있는 세리를 세관 현장에서 부르십니다. 이 얼마나 굉장한 사건입니까. 너는 나를 따르라— 부르십니다.

당시에 세리는 그 신분이 말이 아닙니다. 로마 사람들이 강제로 세금을 받기 위해서 세리를 훈련시켜 내세웠습니다. 이 세리들이 세를 받는데, 여기 하나 참 있을 수 없는 사건이 있습니다. 세금을 받아서 반은 자신이 갖고 반은 나라에 바치라고 했습니다. 그러니 얼마나 악착같이 받겠습니까. 횡포를 부려 세금을 걷고, 그걸 각 관리에게 나누어줍니다. 이렇기 때문에 세리는 포행자요, 강도 같은 사람들이라고 모두가 여깁니다. 많은 사람들한테서 멸시받으니까 세리는 세리들끼리만 친합니다. 오늘본문에도 나오지 않습니까. 마태가 예수님을 영접한 다음 자기 집에서 잔치를 베푸니까 세리들이 다 모였습니다. 세리끼리 똘똘 뭉쳐서 자기들끼리 친하게 지내더라는 말입니다. 이것이 세리입니다.

요한복음 1장 48절에는 예수님께서 나다나엘을 부르시는 장면이 나옵니다. 나다나엘이 예수께 여쭙니다. "예수님, 저를 어떻게 아셨습니까?" 그러니까 예수님께서 말씀하십니다. "내가 너 무화과나무 아래에 있을 때 보았다." 나다나엘이 무화과나무 아래에 있을 때 예수님께서 그를 보셨다는 것입니다. 무화과나무 아래에서 나다나엘이 무엇을 했을까요? 모름지기 성경을 묵상하고 있었던 것 같습니다. 그러니까 예수님께서 무화과나무 아래에 있는 그를 보셨다고 하실 때 나다나엘이 감격하고 너무나 행복해서 "당신은 하나님의 아들이십니다" 하고 고백하지 않습니까. 묵상하는 것을 알아주셨으니까요. 그것 참 좋은 장면입니다. 반대로 "내가 너 술집에 앉아서 술 마시는 것을 보았다" 하셨다면 어떻게 되었겠습니까? 그런데 자신이 무화과나무 아래에서 묵상하는 것을 예수님께서 보셨기에 나다나엘이 너무나 행복했던 것입니다. 그리고 예수님의 제자가 됩니다.

그런데 오늘본문은 얘기가 다르지 않습니까? 그는 세관에서 세를 받고 있습니다. 예수님께서는 지금 세금을 받는 사람을 보고 지나가시면서 "나를 따르라!" 하신 것입니다. 오늘본문이 너무나 감격스럽습니다. 따르라 하실 때 따랐습니다. 따르라 하시니 따르더라— 간단합니다. 거기에 아무 이유가 없습니다. 아무 질문도 없습니다. 아무 의심도 없습니다. 얼마나 귀중합니까. 왜 그렇습니까? 다 아시고 부르시니까 변명할 여지가 없는 것입니다. "나는 세리요 죄인입니다." 불가능한 존재입니다. 다시 말해 구제불능입니다. 변명이 필요 없는 사람입니다. 다 아시면서 부르시는데 무슨 변명이 필요합니까. 그대로 따를 뿐입니다. 여기에 중요한 문제가 있습니다. 다 알고 계셨다는 것입니다. 주께서 주도적으로, 창조적으로 마태를 만나주셨다는 것입니다. 그가 죄인임을 알고 계십니다. 그리고 아마도 두 가지를 더 알고 계셨던 것 같습니다. 하나는 그가 세리로 있으면서 늘 마음에 가책을 느끼고 있었다는 사실입니다. '이것이 아닌데, 이래 살아서는 안되는데……' 하고 자기부정을 하고 있었습니다. 자기 처지를 부정하고 있었던 것을 다 아시고 부르신 것입니다.

또 하나는, 막연하지마는, 그가 '메시아 대망사상'을 가지고 있었다는 것입니다. 메시아를 기다리고 있었습니다. '언제 오시려나? 이 세상이 이대로는 안 되는데? 메시아께서 오셔야 되는데, 빨리 메시아께서 오시어 이 세상을 바꾸셔야겠는데……' 이런 메시아 대망 사상의 신앙을 가지고 있었습니다. 그래서 예수님께서 지나가시면서 "나를 따르라" 하시니 "예!" 하고 따른 것입니다. 왜 그렇습니까? '저분이 메시아시다'라고 믿어졌기 때문입니다. 그리고 한 가지 중요한 것은 예수님께서 마태의 도덕성이나, 그의 의나, 그의 현재 처지를 전혀 묻지 않으셨다는 점입니다. 다만 그의 미래를 보고 계십니다. 그 세리를 부르셨기 때문에 예수님의 그 구속사역은 새로운 의미를 가집니다. 세리가 제자가 되었으니 이제 예수님께서는 누구십니까? 굉장한 사건입니다.

이 하나의 사건, 과거도 재산도 도덕성도 전혀 묻지 않으시고 따르라고 하신 사건. 마태는 즉시 따랐습니다. "저는 죄인인데요?" 하고 반문하지 않았습니다. "제가 예수님을 따라가면 예수님께서 아주 불편하게 되실 텐데요? 저 바리새인들이 얼마나 비난을 하겠습니까. 제가 예수님을 따라가는 것은 예수님 당신께, 그리고 선교사역에 전혀 도움이 안 될 텐데요?" 이렇게 말할 수도 있었습니다. 이것이 바로 마태복음에 나오는바 가버나움에 있는 백부장이 취한 태도입니다. 가버나움의 백부장이 자기 종이 병들어서 예수님 앞에 나아가 "제 종이 죽어갑니다" 할 때 예수님께서 "너희 집에 가자" 하시니까 "아닙니다. 오지 마십시오" 합니다. 여기에는 긴 설명이 필요합니다. 그는 "예수님께서 저희 집에 오시면 불편하지십니다. 예수님, 저 뒤에 지금 바리새 교인들이 비난하고 있는데, 로마군인의 집을 방문했다는 날이면 예수님께서 메시아 사역을 하실 수 없게 됩니다. 얼마나 많은 비난을 듣게 되시겠습니까. 저희 집에는 우상도 있습니다. 저희 집은 이방사람 로마군인의 집입니다. 안됩니다"라고 거절합니다. 이와 같은 말을 마태도 할 수 있었습니다. "예수님, 예수님께서 저를 긍휼히 여기시고, 불쌍히 여기시는 것까지는 고맙습니다마는, 제가 예수님의 제자가 되면 예수님 구원의 사역에 막대한 지장이 될 것입니다." 이렇게 변명할 수 있는 사람입니다. 얼마든지 그런 이야기를 할 수 있습니다.

그러나 말이 없습니다. "따르라." "예!" 따릅니다. 뿐만 아니라 "따르면 어떻게 됩니까?" 하고 여쭈는 바도 없습니다. "어디로 가십니까? 앞으로 제가 뭘 해야 되겠습니까?" 이렇게 여쭈지도 않습니다. 따르라고 하시니 따르면 됩니다. 그 다음은 어떻게 되느냐고 여쭈지 마십시오. 이 태도가 중요합니다. "어디로 가십니까? 보상은 무엇입니까? 장차 제가 어떻게 될 것입니까? 제게 주실 것이 무엇입니까?" 아무 것도 묻지 말고 그냥 따르면 됩니다. 요새 보면 많은 성도들이 예수 믿는다고 하면서 생각이 너무 많습니다. '예수 믿으면 어떻게 되나? 장차 어떻게 되나?……' 이래서는 안 됩니다.

그래서 신앙에 대하여 '세 가지 종합성(3 Totality)'이라는 말을 씁니다. 첫째는 '전적인 수락(Total acceptance)'입니다. 그냥 아멘일 뿐이요, 의심도 질문도 필요 없습니다. 그냥 수용해야 됩니다. 전적으로 수용하는 것입니다. 둘째는 '전적인 순종(Total discipline)'입니다. 어디로 인도하시든 묻지 말고, 예수 믿은 다음에 내가 잘 사느냐 못사느냐, 묻지 말아야 합니다. 그렇게 손익계산을 하는 데에서 문제가 생깁니다. 예수 믿어서 병들어도 좋고, 죽어도 좋고, 어디로 인도하시든 '전적인 순종'입니다. 하나님께서 이스라엘 백성을 광야로 인도하십니다. 광야의 홍해 길로 인도하십니다. "왜 이리로 인도하십니까?" 물어서는 안 됩니다. 그냥 따를 뿐입니다. 셋째가 '전적인 위탁(Total commitment)'입니다. 생명을 위탁하고, 장차를 위탁하고, 행복을 위탁하고, 운명을 깨끗이 위탁해버립니다. 그 순간 놀라운 역사가 이루어집니다. 잊지 말아야 합니다.

여러분이 잘 모르시는 한 사건이 있습니다. 제가 한 3년 전에 심장수술을 했습니다. 화요일에 수술을 받았는데, 제가 바로 그 주 주일에 설교를 했습니다. 그래서 제가 여기 올라올 때 힘들어서 강대상 옆을 붙들고 올라와서 설교를 했습니다. 심장수술하기 전에 의사하고 마주앉았는데, 의사가 뭘 자꾸 복잡하게 설명하는 것이었습니다. 그래 제가 "그럴 것 없어. 종이 이리 가져와" 하고는 '죽더라도 일체의 이의를 제기하지 않는다'는 각서를 쓰고 서명을 했습니다. 그리고 마음대로 하라고 했습니다. 교회에 가면 목사한테 맡기고, 병원에 가면 의사한테 위탁하고, 그래야 되는 것 아니겠습니까. 그때 그 의사가 하는 말입니다. "아, 모든 환자가 목사님 같으면 얼마나 좋겠어요? 걱정하지 마세요. 제가 째버릴게요." 그리고 수술했습니다. 병원에 가거든 의사를 놓고 이래라 저래라 그러지 마시기 바랍니다. 기왕에 죽을 판인데, 갔으면 그냥 "살리든 죽이든 당신 마음대로 해라"라고 해야 되지 않겠습니까. 병원에 가면 의사한테 맡기고, 비행기 타면 조종사한테 맡기고, 교회 오면 목사한테 맡기는 것입니다. 왜 그렇습니까? 장례식까지 목사가 해야 될 것 아니겠습니까. 복잡하게 생각할 것 없습니다. 깨끗하게 전적인 위탁(Total commitment), 생명을 완전히 그리스도께 위탁하는 것입니다. 주께서 나를 어디로 인도하시든지, 내게 앞으로 어떤 운명이 주어지든지 다 위탁해버리는 것입니다.

그런데 이 사건을 오늘본문은 "하나님의 긍휼이었다"고 말씀합니다. 긍휼이었습니다. 예수께서는 마태를 긍휼히 여기셨습니다. 이 긍휼이라는 말의 원 뜻은 '여인의 자궁'입니다. 어머니의 자궁, 그 뱃속처럼 행복한 데가 어디 있습니까. 그 속은 편안합니다. 세상에 나오면서부터 고생입니다. 그 속은 편안한데, 이것이 생명입니다. 생명을 생산하는 사랑입니다. 그 사랑, 어머니의 자궁 같은 사랑, 그것이 바로 긍휼입니다. 하나님께서는 우리를 긍휼히 여기십니다. 그렇다면 이제 남은 일은, 우리의 반응은 하나입니다. 믿고 순종하는 것입니다. 믿고 순종하면 그 놀라운 역사가 우리에게 나타납니다.

오늘본문에서 예수님 말씀하십니다. "너희는 가서 내가 긍휼을 원하고 제사를 원치 아니하노라 하신 뜻이 무엇인지 배우라 내가 의인을 부르러 온 것이 아니요 죄인을 부르러 왔노라……" 이 음성을 들으며 여러분 모두 다시 한 번 하나님께 깨끗이 자신을 위탁하는 사람이 되시기를 바랍니다. 바로 거기에 창조적 능력이 나타나는 것입니다. △

굳게 결심하시고

　예수께서 승천하실 기약이 차가매 예루살렘을 향하여 올라가기로 굳게 결심하시고 사자들을 앞서 보내시매 그들이 가서 예수를 위하여 준비하려고 사마리아인의 한 마을에 들어갔더니 예수께서 예루살렘을 향하여 가시기 때문에 그들이 받아들이지 아니 하는지라 제자 야고보와 요한이 이를 보고 이르되 주여 우리가 불을 명하여 하늘로부터 내려 저들을 멸하라 하기를 원하시나이까 예수께서 돌아보시며 꾸짖으시고 함께 다른 마을로 가시니라

　　　　　(누가복음 9 : 51 - 56)

굳게 결심하시고

언젠가 「가이드 포스트」라는 잡지의 표지에 낯익은 분의 사진이 있었습니다. 조엘 오스틴이라고 하는 젊은 목사님입니다. 미국 휴스턴에서 목회하는 목사님인데, 그분의 얼굴이 잡지에 아주 크게 나왔습니다. 커버스토리의 내용은 이렇습니다. 어느 날 목사님의 사모님이 목사님의 자동차를 몰고 나가 세차장에 가서 세차를 했습니다. 저도 주일을 위해 토요일에 꼭 세차를 합니다. 그래 사모님이 세차를 했는데, 세차기계가 돌아가다가 그만 목사님의 자동차 지붕에 흠집을 내버리고 말았습니다. 사모님이 그것을 보고 화가 벌컥 나서 소동을 좀 부리고 돌아왔습니다. 그렇게 화가 난 상태로 집에 돌아와서 남편인 목사님한테 그 얘기를 했습니다. 목사님이 나가서 보니 정말로 지붕이 좀 긁혀 있었습니다. 하지만 그렇게까지 흉하지는 않았습니다. 그때 조엘 오스틴 목사님이 그 사모님에게 하는 말씀입니다. "지붕에 무늬를 그려놓은 차는 많지 않지. 그렇게 흉하지는 않은 것 같은데, 당신은 그 가게에서 화를 냈다고? 거기서 일하는 종업원이 이걸 이렇게 하고 싶었겠어? 이렇게 차를 일부러 버려놓고 싶었겠어? 그런 마음이 있었다면 혹 모르지만, 아무렴 그런 의도나 마음은 없었지 않겠소?" 사모님이 가만히 생각해보니 맞는 말씀이거든요? 그래 그 사람한테 사과하라는 목사님의 조언을 받아들여 그 세차장으로 다시 돌아가서 사과했다고 합니다. 어떤 행위든 거기에는 지식이 동반되고, 그 다음에 의지가 함께해야 됩니다. 의지가 있을 때 그것을 철학적으로 '행위'라고 합니다. 의지가 없는 행위는 정신이 없는 일이니까 행위라고 할 수 없고, 도덕적 책임을 물을 수 없다는 이야기입니다. 모든 행위에는 의지가 중요합니다. 반드시 뜻이 함께해야 합니다.

영국의 맥래건 교수가 쓴 「Change is Everybody's Business」라는 책이 있습니다. 번역자가 이 제목을 너무나 재미있게 옮겼습니다. '바보들은 항상 결심만 한다.' 이 책 전체의 내용이 이거 하나입니다. 책 제목도 내용도 아주 마음에 듭니다. 세상은 정신없이 변합니다. 이른바 '급진적 변화(radical change)'입니다. 아예 뿌리째, 근본적으로 상상할 수 없을 만큼 변하고 있습니다. 특별히 우리처럼 나이 든 사람들은 정신이 하나도 없습니다. 어떻게 이런 일이 있나? ― 그런데 있습니다. 상상할 수 없는 일들이 우리 앞에 전개되고 있습니다. 그러면 어떻게 대응하느냐가 중요합니다. 이 변화에 어떻게 대응하느냐? ― 먼저는 지식입니다. 지식이 있어야지요. 알고 대해야지요. 모르고 대하면 안 됩니다. 그래서 공부해야 되고, 정신 차려야 됩니다. 도대체 이것이 무엇을 의미하는지, 어디로 가는지 알아야 됩니다. 지식이 있어야 합니다. 그리고 대응해야 합니다.

그 다음에 또 대응할 수 있는 능력과 기술이 있어야 됩니다. 지식은 있는데 능력이 없다면 대응할 길이 없지요. 가장 중요한 것은 신념입니다. 이 많은 변화에 대응할 수 있는 대책은 신념입니다. 확실한 신념이 있어야 됩니다. 'Say beliefs, do beliefs.' 말로 결심하고, 행동으로 결심해야 합니다. 다시 말해서 말과 행동이 함께 가야 비로소 바른 행위가 되고, 그 미래를 보장할 수 있습니다. 확실한 목적, 그 목적을 향한 결단― 아주 중요합니다.

우리가 익히 알고 있는 스티븐 코비의 「성공하는 사람들의 7가지 습관」이라는 저서는 17년 동안 무려 3,500만 부나 팔린 베스트셀러 중의 베스트셀러입니다. 이 책에 나오는 유명한 한 마디가 있는데, 제가 아직도 기억하고 있습니다. '인생에서 지름길은 없지만……' 잊지 말아야 합니다. 요행은 없습니다. 우리한테 결정적인 것이 바로 이것입니다. 우리는 흔히 지름길이 있다고 착각합니다. '인생에 지름길은 없다. 그러나 올바른 길은 있다.' 의미 있는 인생은 속도와 능률로 이루어지는 것이 아닙니다. 얼마나 빨리 하느냐, 얼마나 성공했느냐가 아닙니다. 왜 그 일을 했느냐가 중요합니다. 성공은 목적을 기준으로 평가되어야 한다는 것입니다.

칼 힐티는 이렇게 말했습니다. '인간에 있어서 최고의 날은 자신에게 주어진 사명을 발견하는 날이다.' 내가 왜 세상에 태어났나? 이것을 아는 바로 그 순간이 인생 최고의 날이 될 것입니다. 사람들은 목적 없이 사는 경우가 많습니다. 그냥 충동에 끌려서, 본능에 끌려서 살아갑니다. 배고프니 먹고, 졸리니 자고…… 이렇게 그럭저럭 살다가 한 세월이 다 지나갑니다. 무슨 목적을 가지고 살았나? 아무리 물어봐도 목적이 없었습니다. 이것이 바로 인생이 잘못 가는 길입니다.

두 번째는 잘못된 목적을 세웠다는 것입니다. 기껏 목적을 세웠는데, 잘못된 목적입니다. 그래놓고는 일생동안 후회합니다. '그러지 말았어야 했는데……' 하고 말입니다. 그래서 가장 인간적인 고통은 '후회'라는 고통입니다. '그때 그러지 말았어야 했는데……' 아니, 확실히 나는 잘못 살았다는 것입니다. 그렇게 남은 생을 산다는 것은 참 비참한 일입니다. 또 하나는 목적을 실천할 수 있는 능력, 그러니까 실천능력이 있어야 된다는 것입니다. 살아가면서 오히려 목적을 재확인합니다. 희미하게 출발했지만, 세상을 살아가면서 '아, 바로 이거였다. 과연 잘한 일이었다. 그 선택은 잘한 일이었다. 그 목적은 바른 것이었다'고 스스로 확인하며 살아가는 것입니다. 거기에 인생의 성공과 만족이 있다고 생각합니다.

문제는 인생의 자기한계와 실존을 알아야 한다는 것입니다. 역시 인생은 변하는 것 아니겠습니까. 성장해야 되고, 늙어야 되고, 은퇴해야 되고, 죽어야 되니까요. 이것을 잊어버려서는 안 됩니다. 잠시도 죽음을 잊어버리고 살아서는 안 됩니다. 어차피 우리는 끝나야 합니다. 거기서부터 인간은 지혜로운 사람입니다. 죽어야 합니다. 그렇다면 죽어야 하는 그 시점에서 오늘까지 주어진 시간이 있습니다. 이 남은 시간, 이 하프 타임(Half time), 이 마지막 결정적인 기회가 주어졌습니다. 이 기회가 참으로 중요합니다. 왜냐하면 여기서 내 일생의 성공 여부가 가늠되기 때문입니다.

오늘본문에는 신론, 기독론, 구원론에서 핵심적인 귀중한 메시지가 담겨 있습니다. 예수님께서 예루살렘을 향하여 올라가시기로 '굳게 결심하시고'라는 아주 귀중한 말씀이 나타나 있습니다. 굳게 결심하시고— 무엇입니까? 예루살렘 십자가입니다. 핍박이 있고, 음모가 있고, 모순이 있고, 십자가의 모진 고통이 있습니다. 그런데 바라보십니다. 십자가를 딱 바라보시면서 굳게 결심하셨습니다. 이것이 무엇을 의미합니까? 오늘본문의 가장 귀중한 깊은 뜻은 무엇입니까? 예수님의 십자가는 그렇게 불가피한 것이 아니었습니다. 또 음모에 이끌려서 할 수 없이 당하신 것도 아닙니다. 바로 여기에 문제가 있습니다. 기독교에서 이 십자가란 선택적인 것입니다. 주께서 자진하여 자발적으로 지신 것이지, 지지 않으려고 피해서 이리

가고 저리 가고 하다가 어찌어찌 음모에 휘말리시어 십자가를 지신 것이 아닙니다. 가야바의 음모에, 가룟 유다의 배신에, 또 로마 사람들의 난폭함에…… 그래서 할 수 없이 십자가에 죽으셨다― 이것이 아니라는 것입니다. 이 사실을 꼭 잊지 말아야 합니다. 여기서부터 기독교입니다.

문선명 씨는 기독교가 아닙니다. 본인도 그렇게 말합니다. 그는 예수의 십자가를 실패라고 말했습니다. 예수는 십자가를 안 지려고 요리요리 피했는데 할 수 없이 그만 꼼짝 못하게 걸려서 아깝게 서른세 살에 죽었다는 것입니다. 이것이 문선명 씨의 해석입니다. 그런고로 그는 기독교가 아니요, 이단입니다. 예수님의 십자가는 예수님 스스로 굳게 결심하시고 예루살렘으로 가셔서 몸소 지신 것입니다. 그래서 십자가입니다. 그래서 영광의 십자가가 되는 것입니다. 십자가는 결코 우연이 아닙니다. 또한 예측 못한 무지도 아닙니다. 미처 몰라서, 어쩌다가 이렇게 된 것이 아니라는 말입니다. 또한 무능함도 아닙니다. 예수님께서 친히 말씀하십니다. "내가 기도하면 열두 영도 더 되는 하나님의 천사가 내게 와서 저들을 진멸할 것을 모르느냐?" 예수님께서는 얼마든지 십자가를 피하실 수도 있고, 그의 원수들을 진멸하실 수도 있으십니다마는, 마치 능력이 없으신 것처럼, 아무것도 모르시는 것처럼 십자가를 지십니다. 그러나 예수 믿는 사람은 그 뜻을 알아야 합니다. 이것은 무능도 무지도 아니고 우연도 아닙니다. 예수님 스스로 오늘본문에서 말씀하십니다. "굳게 결심하시고……(51절)" 예루살렘을 향하여 자진해서 올라가십니다. 이것이 성경의 핵심이 되는 진리입니다. 무엇이 기다리고 있는지 다 알고 계십니다. 훤히 다 알고 계십니다. 제자들은 모르지만, 예수님께서는 알고 계셨습니다. 꼭 잊지 말아야 됩니다. 알고 결심하는 것이 되어야 합니다. 모르고 선택하고, 모르고 결심하는 것은 그 자체가 실패입니다. 그러나 다 알고, 그럴 줄 알고, 확실히 알고 가는 길 — 그 길을 가야 합니다.

특별히 오늘본문 51절의 '기약이 차가매'라는 말씀이 우리를 감동시킵니다. 하나님의 섭리를 알고, 하나님의 경륜을 알고, 그 속에서 나를 발견하고, 내가 할 일이 이것입니다. 이것을 잊지 말아야 합니다. 하나님의 위대한 역사 속에 내가 해야 할 부분이 있습니다. 그래서 오늘본문은 '기약이 차가매'라고 말씀하고 있습니다. 놀라운 말씀 아니겠습니까. 주님께서는 이 땅에 오실 때부터 만민을 구속하시기 위해서 오셨고, 십자가를 지시기 위해서 오셨습니다. 마태복음 20장에서 말씀하십니다. "섬김을 받으려 함이 아니요, 섬기려 하고, 대속물로 주려고 왔다." 자신을 대속물로 주려고 오신 것이 목적이고, 우리를 구원하시기 위해서 오셨습니다. 그런 큰 경륜, 큰 약속, 그 기약을 놓고 '기약이 차가매' 하나님의 그 계획에 맞춰서 승천할 기약이 이른 줄 아셨다는 것입니다. 정말 놀라운 이야기입니다. 어찌 여기에 승천이라는 말이 나옵니까? 예루살렘에 올라가시어 많은 핍박을 당하시고, 음모를 당하시고, 십자가에 들어가시고, 부활하시고, 그리고 그 다음에 승천 아닙니까. 이 모든 과정을 딱 한눈에 보고 말씀하십니다. 승천할 기약이 차가매 — 그 승천이라는 귀중한 역사가 있기 위해서는 눈앞에 이제 바로 십자가라고 하는 큰 사건이 있습니다. 이 모든 과정을 거쳐서 이루어지는 것입니다.

그래서 저는 요한복음 16장에서 예수님께서 하신 말씀을 마음에 새겨봅니다. 십자가를 지시기 바로 몇 시간 전입니다. 이제 바로 눈앞에 체포가 있고, 십자가가 있고, 그 모진 고통이 있습니다. 그야말로 기가 막힌 사건들이 눈앞에 있는데, 이 모든 과정을 거쳐서 하나님 앞으로 가십니다. 예수님께서 말씀하십니다. 아주 깊은 영적 통찰력으로 하시는 말씀입니다. "아버지께로 가노라." 나는 아버지께로 가노라— 꼭 잊지 말기를 바랍니다. 어떤 모습으로 살아도 결국은 아버지께로 갑니다. 많은 과정이 있을 것입니다. 그래서 말씀인데요, 여러분, 죽음에 대해서는 가부를 말하지 말아야 합니다. 솔직히 말해서 어떤 죽음으로 죽으면 좋겠습니까? 스스로 선택해보십시오. '며칠 앓고 죽으면 좋을까? 병원에서 죽을까? 길에서 죽을까? 어차피 죽기는 죽겠는데⋯⋯' 그러나 우리는 깊이 알아야 합니다. 어떤 모양으로 죽든지 상관없습니다. 아버지께로 가노라— 예수님 말씀입니다. 아주 달관된 세계관이요, 우주관입니다. 아버지께로 가노라— 그래서 나는 결심하고 예루살렘으로 간다는 것입니다. 얼마나 놀라운 말씀입니까.

'굳게 결심하시고'의 헬라어 원뜻은 '얼굴이 굳어졌다'입니다. 이것을 우리가 번역할 때는 '굳게 결심하시고 예루살렘 쪽을 바라보시면서 얼굴이 굳어지셨다'고 표현했습니다. 확실해진 것입니다. 큰 결심과 결단이 거기, 예수님의 마음속에 나타났습니다. 그것을 이렇게 표현하고 있습니다. 이제부터는 불변입니다. 이제부터는 타협이 아닙니다. 이제부터는 밀어붙이는 것입니다. 이 길을 가시는 것이요, 절대 타협이 없습니다. 그래서 거침없이 제사장을 향하여 말씀하시고, 바리새인을 향하여 책망하시고, "화있을진저 바리새인들이여!" 하고 야단을 치십니다. 또 "만민의 기도하는 집을 어찌하여 강도의 굴로 만드느냐?" 하시면서 예루살렘 성전을 청소하지 않으십니까. 그 온유겸손하신 예수님께서 어떻게 이렇듯 과감하게 행동하십니까. 뿐만이 아닙니다. 다음 주일이 종려주일입니다마는, 나귀를 타고 예루살렘으로 올라가십니다. 용기입니다. 이 용기는 결심에서 오는 것입니다. 그 결과까지 다 아시고, 또 마지막에 어떻게 될 것도 아시고 이 놀라운 이벤트를 하시는 것입니다. 이제 굳게 결심하셨기에 다시는 변화가 없습니다.

여러분에게 묻고 싶습니다. 여러분이 여러 가지 모양으로 살지마는, 이제 결심한 바가 있습니까? 이것은 절대 양보가 없습니다. '이 한 가지는 내가 반드시 이루겠다.' 굳게 결심하고 추진하는 그것이 바로 하나님의 사람의 모습입니다. 하나님의 뜻도 알고, 내 약함도 알고, 내 부족함도 알고 있습니다. 하나님의 은총도 압니다. 모든 것을 종합해서 굳게 결심하시고 예루살렘 쪽으로 가시는데, 사마리아 성을 지나가셨더랍니다. 한데 거기 사마리아 사람들이 예수님의 일행을 반대했습니다. 예수님께서 예루살렘으로 가시니까 예루살렘과 사마리아는 서로 원수여서 못마땅한 것입니다. 잠깐 지나가겠다고 하시는데도 막무가내로 못 가시게 막았던 모양입니다. 그러니까 야고보와 요한이 화가 나서 하는 말입니다. "예수님, 하늘에서 불이 내려와 진멸하라고 할까요?" 그 마음, 이해가 가지 않습니까. 어떻게 저 정도로 완고하나? 참 기가 막힙니다. 예수님께서 꾸짖으시고 그에게 말씀하십니다. "그런 소리 하지 마라. 가자." 그리고 다시 돌아서 먼 길로 예루살렘으로 가셨습니다. 왜 그러셨습니까? 굳게 결심하셨기 때문입니다. 그러니 시시한 일에는 신경 쓸 필요가 없습니다. 남이 오해하든 말든 길게 설명할 시간이 없습니다. 굳게 결심하시고 홀연히 가십니다. 예루살렘을 향하여 가십니다.

요한복음 10장 18절에서 예수님께서는 유명한 말씀을 하십니다. "이를 내게서 빼앗는 자가 있는 것이 아니라 내가 스스로 버리노라." 스스로 버리노라— 이것이 예수님의 길이었습니다. 삶의 목적을 선택하고, 하나님의 경륜 속에 있는 나 자신을 발견하고, 오늘 현 시점이 무엇을 의미하는지를 알고 사는 것 말입니다. 제발 모르고 살다가 뒤에 후회하지 마십시다. 허둥지둥 살다가 '잘못 살았다'고 말하지 맙시다. 다 알고, 굳게 결심하고, 차곡차곡 살아가야 할 것입니다. 한 발자국 한 발자국 내디뎌야 할 것입니다. 고린도전서에서 사도 바울은 유명한 말씀을 합니다. "내게 주신 하나님의 경륜을 따라……" 그는 확실히 예수의 제자입니다. "내게 주신 하나님의 경륜을 따라 내가 이방인의 사도가 되었다." 이 사실을 잘 알고 있는 사람입니다. 이 결단과 결심 속에 용기도 있고, 지혜도 있고, 여유도 있고, 너그러움도 있습니다. 그리고 거기에는 항상 승리가 함께할 것입니다. △

십자가, 승리의 신비

누가 철학과 헛된 속임수로 너희를 사로잡을까 주의하라 이것이 사람의 전통과 세상의 초등학문을 따름이요 그리스도를 따름이 아니니라 그 안에는 신성의 모든 충만이 육체로 거하시고 너희도 그 안에서 충만하여졌으니 그는 모든 통치자와 권세의 머리시라 또 그 안에서 너희가 손으로 하지 아니한 할례를 받았으니 곧 육의 몸을 벗는 것이요 그리스도의 할례니라 너희가 세례로 그리스도와 함께 장사되고 또 죽은 자들 가운데서 그를 일으키신 하나님의 역사를 믿음으로 말미암아 그 안에서 함께 일으키심을 받았느니라 또 범죄와 육체의 무할례로 죽었던 너희를 하나님이 그와 함께 살리시고 우리의 모든 죄를 사하시고 우리를 거스르고 불리하게 하는 법조문으로 쓴 증서를 지우시고 제하여 버리사 십자가에 못 박으시고 통치자들과 권세들을 무력화하여 드러내어 구경거리로 삼으시고 십자가로 그들을 이기셨느니라

(골로새서 2 : 8 - 15)

십자가, 승리의 신비

　　현대경영학의 대부라고 불리는 피터 드러커 교수가 지지난해에 세상을 떠났습니다마는, 그의 학설과 저서가 너무나 유명해서 저도 여러 권 가지고 있고, 읽기도 했습니다. 그의 저서가 한 40여권 됩니다. 그는 94세를 일기로 세상을 떠났는데, 그 한 해 전인 93세 때에 미국 시카고대학에 초청을 받아 학생들 앞에서 강연을 한 적이 있습니다. 93세 노교수의 강의니만큼 얼마나 놀라운 일입니까. 경영학계의 대부가 되는 피터 드러커 박사가 세 시간에 걸쳐 유명한 강연을 마치고 강의실에서 나올 때에 학생 한 명이 그를 따라오면서 아주 맹랑한 질문을 했습니다. "교수님, 교수님 책이 너무 많아요. 그 40권이나 되는 것을 다 언제 읽습니까. 그러니까 교수님 생각에 제일 좋은 책, 모든 사상을 총괄하는 딱 한 권의 책을 소개해주시면, 제가 그 책만은 정독을 하겠습니다." 그러니까 드러커 교수가 껄껄 웃으면서 하는 말입니다. "내년에 쓰는 책이오." 그래서 이 이야기를 제가 잡지에서 읽고 나서 기다렸습니다. 책이 출판되자 이 책을 주문해서 읽어보게 됐습니다. 「The Effective Executive」라는 책인데, 읽으면서 깊은 감동을 받았습니다. 과연 40권을 총괄할 만한 귀한 책이라고 느꼈습니다.

　　이 책에는 아주 인상적인 중요한 단어가 나옵니다. 바로 'Time Management'라는 말입니다. 경영이라고 하면 흔히 우리는 돈을 생각합니다. 혹은 사회구조를 생각합니다. 혹은 정치를 생각합니다. 가정도 생각합니다. 나아가 인간관계까지도 생각합니다. 그러나 드러커 교수가 지적한 마지막 결론은 Time Management, '시간 경영'입니다. 특별히 남을 애기하지 않습니다. 세상 애기도 아닙니다. 자기 시간의 경영— 시간은 내 것입니다. 하나님의 것이요, 하나님께서 나한테 부여해주시는 것입니다. 그래서 하이데거는 '인간은 던져진 생이다'라고 말했습니다. 우리가 하나님께로부터 주어진 제한된 시간이라는 소중한 것을 부여받고 있지 않습니까. 그런데 그것을 어떻게 쓰느냐가 문제입니다. 어떻게 관리하느냐가 굉장히 중요합니다. 시간 경영. 그리고 'Knowing Time'이라고 하는 논지를 펴나갑니다. 참 깊은 감동을 받았습니다.

시간 경영, 오늘 하루를 살 때에도 아침에 뭘 할까, 점심에 뭘 할까, 저녁에 뭘 할까를 생각합니다. 그 가운데 쉽게 생각하는 것 한 가지가 늦잠 자는 것입니다. 이것은 시간을 죽이는 것입니다. 이 사실을 잊지 말아야 합니다. 이 문제를 다루는 책에 따르면 성공하는 사람들은 다 일찍 일어납니다. 일이 있건 없건 일찍 일어나야 건강하고 총명해집니다. 일찍 일어나야 시간을 많이 가질 수 있습니다. 그러니 시간을 관리한다는 것이 얼마나 중요한 일입니까.

제가 미국에서 공부할 때 보니까 미국사람들이 공부를 한꺼번에 몰아쳐서 하는 버릇이 있습니다. 시험 때가 되면 페이퍼를 내야 되니까 얼마나 바쁘게 움직이는지, 밤을 꼬박 새워가면서 공부를 합니다. 한 열흘 동안은 시험 볼 때 완전히 꼬박 밤을 새우는데, 희한한 일은 시험기간이 끝나고 난 뒤입니다. 얼마나 좋겠습니까. "살았다!"는 것이지요. 그리고 그 다음에 뭐하는지 아십니까? 기어나갑니다. 그 고물 자동차 수리해서 전부 다 어디로 놀러간다는 말입니다. 제가 참 궁금해서 집에서 쉬고 잠도 자지, 왜 나가느냐고 물으니까 그들이 하는 말입니다. 아직까지 잊히지가 않습니다. "자라니요? 자는 것은 죽는 건데요?" 우리가 산 시간에서 잔 시간은 빼야 된다는 것을 알아야 합니다. 그러니까 될 수 있는 대로 적게 자야 많이 사는 것입니다. 그렇지 않습니까. 내 생을 내가 마음대로 할 수 없습니다. 어차피 주어진 시간을 사는데, 이것을 어떻게 사느냐, 그것입니다. 그러려면 될 수 있는 대로 잠을 많이 자지 말아야 됩니다.

내 시간을 내가 어떻게 관리하느냐가 아주 중요합니다. 성공하려면 자본이 있어야 되고, 지식도 있어야 되고, 기술도 있어야 됩니다. 열정도 있어야 됩니다. 이 네 가지가 반드시 필요합니다. 그러나 그에 앞서 시간이 있어야 됩니다. '시간 경영(Time Management)'을 제대로 못하면 만사는 다 헛것입니다. 정말입니다. 오늘의 시점이 어디에 와 있습니까? 내 시간을 내가 어떻게 관리해왔습니까? 하나님께서 나한테 주신 그 소중한 시간을 말입니다. 이보다 더 귀한 것은 없는데, 이것을 어떻게 관리하느냐에 따라서 인생의 성공과 실패가 결정됩니다.

누가복음 9장 51절은 말씀합니다. "승천할 기약이 차가매 예루살렘을 향하여 올라가기로 굳게 결심하시고." 예수님께서는 예루살렘으로 향하여 발걸음을 재촉하셨습니다. 십자가를 향해서 올라가십니다. 십자가를 향하여 도전적으로 예수께서 올라가신 것을 볼 수 있었습니다. 마태복음 20장 28절은 예수님에 대해서 이렇게 설명하고 있습니다. "인자가 온 것은 섬김을 받으려 함이 아니라 도리어 섬기려 하고 자기 목숨을 많은 사람의 대속물로 주려 함이니라." 예수님께서는 자신의 본래성을 알고 계셨습니다. 왜 세상에 왔나? 왜 세상에 태어났나? 오늘 하루의 시간, 이 의미가 무엇을 말하는가? 그

본래성 말입니다. 그리고 대속물로 주려 하셨다고 하십니다. 대속물 — 굉장히 중요한 말씀입니다. 다른 사람을 의롭게 만들기 위해서 내가 죄인이 되는 것입니다. 다른 사람의 행복을 위해서 내가 고난을 당하는 것이고, 다른 사람을 하나님의 자녀 되게 하기 위해서 내가 저주를 받는 것입니다. 다른 사람의 죄를 사하기 위해서 내가 십자가에서 대신 죽는 것입니다. 상상할 수 없는 은혜입니다. 이 엄청난 일이 예수님께서 세상에 오신 목적, 그 본래성이었습니다.

세상에서는 성과주의라는 것이 있습니다. 그래서 조급한 결과주의에 근거하여 성공 여부와 실패를 판단합니다마는, 참 잘못된 일입니다. 흔히 성공했다, 성공했다 하는데, 아닙니다. 부끄러운 것, 아마 그럴 것입니다. '이렇게 살아서는 안 되는 것이었는데……' 이렇게 후회스러운 시간 경영을 하고 있습니다. 오늘 이 시점에서 내가 할 일이 무엇입니까? 예수 그리스도의 십자가 사건은 너무나도 초월적입니다. 이 모든 것을 통괄하고 초월하는 엄청난 진리의 말씀이 여기에 있습니다. 어찌 십자가를 성공으로 말할 수 있다는 것입니까. 어찌 십자가를 승리로 평가할 수 있다는 것입니까. 많은 인간들의 생각으로 볼 때에는 예수님은 33살에 죽으셨습니다. 그것도 억울하게 죽으셨습니다. 십자가에 죽으셨습니다. 그 많은 누명을 쓰시고요. 우리는 그 십자가를 지금 바라보고 있습니다. 성공입니까, 실패입니까? 이 십자가를 승리요 영광으로 알 때 기독교인이요, 이 십자가의 승리의 신비를 몸으로 체험할 때, 그때부터 참된 인간이 되는 것입니다.

예수님께서는 십자가를 앞에 놓고 **Time Management**를 하십니다. 바로 이 시간, 바로 오늘, 여기에서 예수님께서는 죽으십니다.

33살에 죽어야겠다고 생각하십니다. 놀라운 얘기가 아닐 수 없습니다. 십자가는 역시 고통의 극치를 말해줍니다. 세상에 고통이 있다고 하지만, 이보다 더 어려운 고통은 없습니다. 십자가에 못박혀서 죽으셨습니다. 또한 멸시와 조롱과 모순입니다. 그러나 예수님께서는 중요한 것은 다 알고 계셨습니다. 십자가가 다가오는 것도 아셨고, 이렇게 죽을 것도 아셨습니다. 다 알고 계셨습니다. 모르고 하신 일이 아닙니다. 도망가시다가 잡히셔서 억울하게 죽으신 죽음이 아니라는 말입니다. 예수님께서는 자진해서, 선택적으로, 자발적으로 십자가를 향해 나아가셨습니다. 거기에 의미가 있는 것입니다. 예수님께서는 다 아시고 자기 십자가를 지셨습니다. 이것은 예수님의 죄 때문이 아닙니다. 의로운 죽음입니다. 또 대신 죽는 죽음이라는 것입니다. 여기에 중요한 의미가 있습니다.

　　이런 유명한 유머가 있습니다. 소크라테스가 사실은 억울하게 죄 없이 잘못된 재판으로 사형장으로 끌려 나갑니다. 제자들이 따라오면서 울었습니다. "억울합니다. 선생님께 죄가 없는데 왜 이렇게 억울하게 죽으셔야 합니까?" 소크라테스가 돌아보면서 뭐라고 한 줄 아십니까? "그럼 너희들은 내가 죄가 있어서 죽어야겠느냐?" 같은 고난을 당해도 우리는 억울하다고 말합니다마는, 솔직히 말합시다. 억울해야 인간입니다. 당연히 죽을 데에서 죽고, 벌 받을 사람이 벌 받는 것, 과연 사람다운 것입니까? 좀 억울하기는 하지만, 억울한 것이 사람답게 사는 것입니다. 죄 없이 고난을 당해야 그것이 인간입니다. 아주 천하에 죄를 지어가지고 고개도 못 들고⋯⋯ 사람이 그렇게 살아서야 되겠습니까. 예수님께서는 십자가에서 돌아가십니다. 의인의 죽음입니다. 동시에 가장 중요한 것이 부활을 바라보시면서 죽으셨다는 점입니다. 부활의 아침을 바라보시면서 말입니다. 예수님께서 아주 유머러스하게 하신 말씀이 있습니다. "조금 후에는 나를 못 보겠고, 조금 후에는 보리라. 조금 후에는 나를 못 만나겠고, 조금 후에는 만날 것이다." 그러니까 이런 말씀입니다. "조금만 기다려! 내가 십자가에서 잠깐 죽기는 죽겠다마는, 사흘 뒤에는 살아날 테니까 걱정하지 마라." 이렇게 환히 십자가 뒤에 있는 부활을 바라보시면서, 그 생명의 아침을 환히 바라보시면서 예수님께서는 십자가로 향하셨다는 것입니다. 이 신비 속에 참된 생명이 의미가 있습니다. 그뿐 아니라 죽으십니다. 그냥 죽음이 아닙니다. 속죄 제사입니다. 그가 죽으심으로 우리가 살고, 그가 죽으심으로 우리가 생명을 얻었다는 것입니다. 그가 죄인처럼 죽으심으로 우리가 의인처럼 사는 것입니다. 이 놀라운 진리를 여러분은 아십니까? '죽으면 산다'고 우리가 입버릇처럼 말합니다마는, 이거 우주적인 진리입니다.

    3천 년 된 미라가 있었습니다. 제가 미라에 흥미가 많아서 미라 해부한 것을 여러 개 보았습니다. 그 3천 년 된 미라를 갈라놓고 보니 죽은 시체의 손에 밀알 몇 개가 있었습니다. 너무나 신기해서 이 밀알을 조심스럽게 땅에다 심어보았더니 정말로 싹이 났습니다. 3천년이나 된 밀알인데도 말입니다. 여기서 우리는 깨닫습니다. 밀알 하나는 생명입니다. 그러나 죽은 자의 손에 들려 있으니까 3천 년 동안 죽은 채로 있었던 것입니다. 밀알 그대로 있으니까 여전히 이것은 밀알일 뿐입니다. 그런데 땅에 떨어져 썩으니까 싹이 나는 것입니다. 죽어야 산다— 이것은 우주적인 진리입니다. 모든 사건 하나하나에서 그런 상징과 예표와 증거를 우리가 보고 삽니다. 죽어야 삽니다.

　얼마나 놀라운 이야기입니까. 저는 좀 특별한 체험을 하나 한 바가 있어서 일생토록 잊지 못합니다. 제가 군대생활 할 때 한 8개월 동안을 수색대에 있었습니다. 아주 위험합니다. 한 번 적지에 갈 때마다 한 10여 명이 들어가는데, 돌아올 때는 그 3분의 1이 못 돌아옵니다. 참 위험합니다마는, 어쩔 수 없는 일입니다. 적지의 정황을 살펴야만 작전을 할 수 있으니까 수색이 불가피합니다. 저녁에 나가면 밧줄을 붙들고 갑니다. 깜깜한 밤이니 맨 앞의 사람만 길을 알지 뒷사람은 어디로 가는지를 모릅니다. 한밤중에 하루 종일 돌아다니고 돌아온 다음에도 어디를 갔다 왔는지 전혀 모릅니다. 그저 밧줄을 붙들고 따라가는데, 가끔 깜깜한 데에서 총소리가 울립니다. '따꿍 따꿍' 하고요. 저도 그것은 전혀 겁이 안 납니다. 깜깜한 데에서 쏴 봐야 잘 안 맞으니까 그렇습니다. 그런데 제일 무서운 것이 뭐냐 하면 '펑'하는 소리입니다. 지뢰가 터지는 소리입니다. 한 열 명이 같이 가는데도 언제는 앞에서 터져서 죽고, 언제는 맨 뒤의 사람이 죽기도 합니다. 언젠가 지뢰 하나가 제 앞에 있는 사람 쪽에서 터진 적이 있었습니다. '펑'하는 소리와 함께 공중으로 몸이 쑥 올라갔다가 떨어집니다. 그러면 뭐 목도 부러지고, 다리고 부러지고 해서 죽습니다. 그래 앞에 가던 친구가 떨어졌는데, 보니까 멀쩡합니다. 다리도 목도 그대로 있고 다 좋은데, 눈알 둘이 폭발의 충격으로 빠져 나갔습니다. 그래서 그 친구가 장님이 되었습니다. 출혈이 심해서 야전병원에서 지혈을 하느라고 너무나 고생을 많이 했고, 수술도 받았습니다. 그리고 며칠 뒤에 붕대를 풀었습니다. 붕대를 풀 때 그 의사가 하는 말을 제가 옆에서 들었습니다. "너는 틀림없이 장님이 되어야 하는데 너를 위해서 눈을 하나 기증해준 사람이 있어서 눈 하나는 볼 수 있게 됐다. 축하하네." 그리고 붕대를 풀었습니다. 뿌옇게 보이는데, 눈앞에 어머니가 서 계셨습니다. 한데 그 어머니의 한 쪽 눈이 없는 것입니다. 그때 이 청년이 "어머니!" 하고 우는 것을 제가 보았습니다.

　예수님의 십자가를 볼 때 그분이 죽으심으로 내가 사는 것입니다. 그분이 고난을 당하심으로 나한테 생명이 주어지는 것입니다. 이 신비로운 것, '대신 죽으셨다'는 것, 엄청난 이야기 아닙니까. 대신 저주를 받으셨다― 그리함으로 오늘 내가 있는 것입니다. 이것을 믿어야 그리스도인입니다. 주께서 우리를 위하여 십자가를 지셨습니다. 그 죽음의 신비, 생명의 신비, 부활생명의 신비, 이것을 우리가 날마다 확증해야 한다는 말입니다. 사랑은 십자가에서 이루어지고, 대신 죽으심으로써 이루어집니다. 문제는 그분을 믿는 믿음 안에서 대신 죽은 자의 그 거룩한 생명을 우리가 믿고, 그 생명으로 살아간다는 것입니다. 꼭 기억해야 됩니다. 주님께서는 우리를 위하여 십자가를 지셨습니다. 저가 죽으심으로 내가 죽었습니다. 저가 부활하심으로 내가 부활합니다. 그 십자가 속에 무궁무진하고 위대한 창조적 생명의 역사가 계시되어 있습니다. 그리함으로 주님의 십자가를 바라보며 우리는 영원한 찬송을 부릅니다. 할렐루야 찬송을 드립니다. 십자가, 영광된 십자가, 가장 보배로운 십자가― 그 십자가를 쳐다보며 주님의 고난에 동참하고, 곧 이어지는 주님의 부활에 동참하는 축복이 우리와 함께하기를 바랍니다.　△

사망을 이기는 권세

형제들아 내가 이것을 말하노니 혈과 육은 하나님 나라를 이어 받을 수 없고 또한 썩은 것은 썩지 아니하는 것을 유업으로 받지 못하느니라 보라 내가 너희에게 비밀을 말하노니 우리가 다 잠 잘 것이 아니요 마지막 나팔에 순식간에 홀연히 다 변화되리니 나팔 소리가 나매 죽은 자들이 썩지 아니할 것으로 다시 살아나고 우리도 변화되리라 이 썩을 것이 썩지 아니함을 입고 이 죽을 것이 죽지 아니함을 입을 때에는 사망을 삼키고 이기리라고 기록된 말씀이 이루어지리라 사망아 너의 승리가 어디 있느냐 사망아 네가 쏘는 것이 어디 있느냐 사망의 쏘는 것은 죄요 죄의 권능은 율법이라 우리 주 예수 그리스도로 말미암아 우리에게 승리를 주시는 하나님께 감사하노니 그러므로 내 사랑하는 형제들아 견실하며 흔들리지 말고 항상 주의 일에 더욱 힘쓰는 자들이 되라 이는 너희 수고가 주 안에서 헛되지 않은 줄 앎이라

(고린도전서 15 : 50 - 58)

사망을 이기는 권세

　아프리카의 사막에 서식하는 몽구스라고 하는 아주 특별한 동물이 있습니다. 우리나라에는 없는 이 족제비처럼 생긴 동물은 고양이 과에 속한다고 합니다. 그러니까 그저 쉽게 고양이 만하다고 생각하면 됩니다. 몽구스는 애굽이나 인도에 주로 서식합니다. 그 밖의 다른 나라에는 별로 없습니다. 이 몽구스는 주로 뱀이나 지렁이를 먹고 삽니다. 그런데 이 몽구스에게는 특별한 점이 하나 있습니다. 우리가 잘 아는 뱀의 종류인 코브라라고 하는 것이 있지 않습니까. 세상에서 가장 무서운 뱀 가운데 하나인 이 코브라는 맹독성으로 유명합니다. 큰 소뿐만 아니라 사자도 한 번 물려 독이 퍼지면 맥없이 죽을 만큼 치명적인 맹독을 가지고 있습니다. 그래서 모든 동물은 코브라를 무서워합니다. 그런데 이 몽구스는 전혀 코브라를 무서워하지 않습니다. 그뿐만 아니라 이 몽구스는 코브라를 먹고 삽니다. 뱀을 잡아먹고 산다는 말입니다. 그래서 코브라의 천적이 몽구스입니다. 코브라의 독을 소화하는 효소가 그 몸에 있습니다. 그래서 코브라를 잡아먹을 뿐만 아니라, 설사 코브라한테 물려도 이 몽구스는 죽지 않습니다. 이 얼마나 놀라운 일입니까. 뱀 가운데서도 무서운 코브라, 이 코브라를 잡아먹는 조그마한 몽구스라고 하는 동물이 있더라는 말입니다.
　우리가 알든 모르든 가장 무서운 것은 죽음입니다. 죽음 앞에서는 영웅이 없습니다. 부귀영화? 아무것도 아닙니다. 아름다움? 그냥 초라한 것입니다. 행복, 불행, 성공, 실패…… 죽음 앞에서는 이 모든 것이 다 헛된 푸념에 지나지 않습니다. 죽음 앞에서는 다 무릎을 꿇습니다. 모든 행복관과 가치관, 그리고 세계관, 그 무엇도 아무 의미도 없습니다. 그런데 이 죽음의 문제를 해결하기 이전에는 엄격히 말하면 성공이나 행복은 없습니다. 한 번만 더 생각하면 다 죽음으로 향하고 있는 것입니다. 죽음을 지향하는 존재들이라는 말씀입니다. 죽음과 함께 다 사라지는 것입니다. 요새 와서 특별히 장수가 어떻고, 장수의 비결을 말하고, 건강이 어떻고 합니다마는, 모두가 세상을 떠나고 맙니다. 조금 더 살아봐도 그렇고, 별것이 아닙니다. 죽음 앞에서는 모든 가치관이 다 무너집니다. 그렇다면 여기서 우리는 생각해야 합니다. '죽음의 문제를 해결하지 않고는 아무 것도 해결될 것은 없다. 행복도 성공도 노력도 다 부질없는 일이다.' 이 사실을 우리가 알고 있습니다.

성도 여러분은 신비라는 말을 믿습니까? 신비라는 말은 부정적으로 볼 때에는 모르겠다는 말입니다. 이해되지 않고, 이해되지 않기 때문에 잘 모르겠지만, 그런 일은 없다고 하는 것입니다. 이렇게 생각하는 것이 신비입니다마는, 이것은 부정적인 자세입니다. 긍정적으로 이해하면 신비라는 것은 사실은 있지만 다만 모를 뿐인 것입니다. 내가 경험하지 못한 것이지, 없는 것은 아니라는 말입니다. 어떻게 생각하면 이것입니다. '내가 경험하는 것이 확실한 것이 아니라 경험 못한 세계가 더 확실한 것이다. 내 경험이나 내 이성으로 증명되지 않기 때문에 더 확실하다.' 터툴리안의 유명한 변증학입니다. 생명은 신비롭습니다. 출생은 신비롭습니다. 성장이 신비롭습니다. 또 이 생명이 죽습니다. 죽음이라는 것이 도대체 무엇입니까? 저는 호기심도 있고 궁금해서 이 죽음의 심리학에 대한 책을 비교적 많이 읽었는데, 언젠가 엘리자베스 퀴블러 로스의 「죽음의 심리학」을 읽은 적이 있습니다. 고맙게도 뉴욕에서 공부할 때 그분을 한 번 만났습니다. 그 할머니께서 한평생 죽음에 대하여 연구했습니다. 죽음은 정말 신비롭습니다. 죽음이야말로 신비로운 것입니다. 그런가 하면 한 단 더 넘어가면 부활이 또 신비로운 것입니다. 부활이 있다 없다, 이렇게 생각하지 말아야 합니다. 믿을 수 있다 믿을 수 없다, 이거 교만한 생각입니다. 애당초부터 생명 자체가 신비로운 것입니다. 이 실재에 대해서 아무 의심도 하지 않아야 합니다. 의심, 얼마나 어리석고 미련한 짓인지 모릅니다. 지혜라는 것이 무엇입니까? 지혜라는 것은 앞으로 다가오는 죽음을 아는 것입니다. 지혜로운 사람은 죽음을 알고 사는 사람입니다. 어리석은 사람은 죽음을 모르고 사는 사람입니다. 이 세상이 영원한 것처럼 생각하는 사람은 미련한 인간이고, 모든 것이 사라진다는 것을 알고 살면 그 사람이 지혜로운 사람입니다. 건강도 무엇도 다 사라집니다. 보약을 먹으면 안 죽을 줄 압니까? 미련한 생각 하지 맙시다.

    제가 잘 아는 한 분이 있습니다. 개인적으로 잘 아는 것은 아닙니다마는, 그 부인과 남편이 늘 가게에 같이 나와 일하는 것을 보았는데, 하루는 그 부인이 안 보여서 물어봤더니 그 할아버지 대답입니다. "그 할망구가 내 말 안 듣다가 지금 병들어 누웠습니다." 그 부인이 가게에서 가는 사람 오는 사람들한테 자꾸 귀동냥을 듣고 몸에 좋다는 것을 있는 대로 다 사다 먹다가 그만 병이 들어 누워 있다는 것입니다. 병 제목이 기가 막힙니다. '보약 중독증'입니다. 그래서 남편 되는 분이 부인 할머니에 대해서 바보 같다고 나무라는 것을 들었습니다. 그만해 두면 안 되겠습니까? 어차피 갈 것 아닙니까. 곱게 갑시다. 아니, 조금 못살면 어떻고, 더 살면 어떻습니까? 그것이 대수입니까? 죽음에서 제일 중요한 것이 있습니다. 엘리자베스 퀴블러 로스의 말입니다. '어떻게 받아들이느냐?' 하는 문제입니다. 어떻게 잘 수용하느냐, 그리고 수용한 다음에 이제 뭘 해야 되겠느냐, 하는 것을 생각하는 존재가 인간입니다. 안 죽으리라고 생각하고 오래 살아야겠다는 이야기가 아닙니다.

제가 집회나 세미나에서 후배 목사님들을 만나면 이런 질문을 가끔 받습니다. "목사님, 참 건강해 보이십니다." "그래, 아직까지 그저 쓸 만해서 일하는 데에 지장이 없으니까 감사하지." 그 정도까지만 서로 말하면 좋은데, 후배들이 꼭 그 다음 말을 해줍니다. "목사님, 백 세까지는 사시겠습니다." 그때마다 제가 그런 소리 말라고, 그거 징그러운 소리라고 대답합니다. 장수하는 사람 별로 부러운 것 아닙니다. 그 사람 얼마나 고생하고 삽니까. 그냥 그저 오래오래 사는 것, 아니올시다. 비참한 것입니다. 죽음의 문제를 깨끗이 얘기하고, 깨끗이 납득하고, 그리고 깨끗하게 수용하는 자세로 남은 시간의 의미를 찾아야 합니다. 그러니까 죽음의 단계를 벗어나서 이제는 부활의 단계로, 부활을 믿는 그 신앙에서부터 살아가는 일, 바로 이것이 참된 인간의 모습입니다.

알베르트 슈바이처 박사는 이렇게 말했습니다. "이 세상은 두 가지 방법으로 살 수 있다. 하나는 '기적 같은 것은 없고, 모든 것은 합리적이다'라고 생각하며 사는 사람이 있다. 다른 하나는 '모든 것은 기적이다. 사는 것이 기적이고, 오늘도 살아 있는 것이 기적이다'라고 생각하는 사람이다." 사실 요새같이 저 북한에서 꽝꽝거리고 있는데, 오늘도 교회에 무사히 나온 것이 기적 아니겠습니까. 한 시간 한 시간이 기적이 아닐 수 없습니다. 모든 것을 기적으로 알고 감사하고 감격하며 사는 것입니다. 저녁에 잘 때 감사하고, 아침에 눈을 뜰 때 감격하며 사는 사람이 있더라는 것입니다. 여러분은 어느 쪽입니까?

예수 그리스도의 사역의 메시지를 종합하면 총 주제가 하나님 나라입니다. 그러나 실제적인 의미는 부활에 있습니다. 예수님께서는 부활을 전제로 십자가를 지신 것입니다. 부활을 믿으시고 십자가를 지신 것입니다. 부활을 앞에 놓으시고 십자가 지향적으로 살아가셨다는 말입니다. 만일 부활이 없다면 예수님의 생애는 다 헛된 것입니다. 아무 의미가 없습니다. 또한 모든 것이 헛되느냐, 헛되지 않으냐 하는 것은 부활에 그 기준이 있습니다. 이것이 사도 바울의 신학입니다. 모든 것을 이기는 것은 사망입니다. 사망을 이기는 것은 부활입니다. 모든 것이 허무합니다. 헛되지 않은 것이 하나도 없습니다. 그런데 이 헛됨, 니힐리즘(nihilism)을 이기는 것이 부활입니다. 부활생명, 그 신앙 안에서만이 모든 것이 작으나 크나 의미를 가진다는 말입니다.

성경을 읽을 때마다, 또 읽는 사람마다, 또 이 신앙을 전개하는 모든 사람들이 한 가지로 입을 모으는 것이 있습니다. 그것이 부활입니다. 그런데 부활을 설명하는 방법이 신비롭다는 것입니다. 성경은 어디를 보아도 부활을 증명하려고 한 일이 없습니다. 부활을 설명해보려고 애쓴 흔적이 없습니다. 부활은 철학이 아닙니다. 이것을 아셔야 합니다. 이것은 실제입니다. 그래서 오늘본문에도 보면 '순식간에 홀연히 변화하리라'고 말씀하고 있습니다. 사건으로 말하고 있지, 철학적 논리를 전개하지 않는다는 것이 특징입니다. 신앙에서 가장 중요한 부분입니다. 부활을 설명하려는 의도가 없습니다. 그대로 사건을 하나하나 설명해나가고 있을 뿐입니다. 아니, 그 사람들도 의심이 많을 텐데, 그럼에도 불구하고 살던 대로 설명하고 있습니다.

그리고 오늘본문은 말씀합니다. 변화하리라— 성경을 자세히 읽어보면 부활이라는 말과 변화라는 말이 같이 사용되고 있습니다. 부활(resurrection)과 변화(change)입니다. 이 둘을 함께 사용하고 있다는 사실에는 중요한 의미가 있습니다. 왜냐하면 부활에 대해서 당시에 오해가 많았기 때문입니다. 그래서 변화라는 말을 씁니다. 생명의 변화— 놀랍지 않습니까. 식물적 생명과 동물적 생명이 있습니다. 그리고 인간적 생명이 있습니다. 여기까지에서는 우리 인간이 확실하게 만물의 영장입니다. 그런데 우리 몸에는 세 가지가 다 있습니다. 식물적인 생명은 머리카락이나 손톱이 자라는 것을 말합니다. 저는 머리 농사가 잘 안돼서 좀 없는데, 이것은 식물적 생명입니다. 내 몸에서 자라는 것입니다. 사람이 죽은 다음에도 손톱이 자라듯 식물적 생명, 동물적 생명이 있습니다. 다음에 우리 인간적 생명, 역시 우리 인간은 이성적 존재로 이성과 영혼을 가진 존재입니다. 이것은 동물과는 다릅니다. 차원이 다릅니다. 여기까지만 우리가 알고 있습니다.

그러나 주께서 이 세상에 오셔서 보여주시고 계시해주신 것이 뭐냐 하면 바로 그리스도적 생명입니다. 그리스도적 단계의 생명입니다. 예수님을 본받는, 그러니까 예수님의 나심과 예수님의 생애, 곧 예수님의 사역을 본받는 것입니다. 그뿐이 아닙니다. 예수님의 죽으심과 예수님의 부활을 통해서 우리한테 참 생명이 주어집니다. 인간적 단계를 벗어나서 그리스도적 단계의 생명, 이것을 성경은 '첫 열매가 되셨다'고 말씀합니다. 첫 열매, 곧 첫 문을 연 것입니다. '이제 우리가 다 그리스도와 같은 생명으로 그리스도와 함께하리라.' 그래서 빌립보서 3장 21절은 말씀합니다. "우리의 낮은 몸을 자기 영광의 몸의 형체와 같이 변케 하시리라." 우리도 그리스도와 같이 변화하리라— 여기 오늘본문에도 변화, 곧 그리스도와 같이 변화되는 이 생명의 단계, 이것이 앞에 딱 놓여 있는 것입니다. 한 단계가 지금 남아 있습니다. 오늘까지는 자동적으로 왔습니다. 생명적 관계로 왔지만, 그 다음의 그리스도적 단계는 믿음으로 이루어집니다. 인격적으로 이루어집니다. 예수를 믿은 사람, 그리스도와 함께한 사람, 그리스도의 생명을 그리스도의 말씀을 따라 산 사람, 그리스도에 의해 중생한 사람의 생명이 그리스도적 단계로 넘어갑니다. 바로 그 변화가 바로 부활이라는 말입니다.

　한 산부인과 의사의 신앙 간증을 어느 책에서 읽었는데, 한 구절이 참 마음에 들었습니다. 이분이 한평생 산부인과에서 아이들이 태어나는 것을 받았습니다. 그때 늘 생각한다는 것입니다. 아기가 어머니 뱃속에 있을 때 얼마나 좋을까를요. 아무 걱정 없이 편안하게 그 어머니 탯줄을 통해서 영양분을 받아먹고 살다가 세상에 나올 때 한 번 웁니다. 울면서 처음부터 세상 살기 어려운 것을 아는 것입니다. 의사가 탯줄을 끊는 순간 모태에서 이 세상으로 나오는 시간입니다. 모태에서 세상으로 나올 때 모태와의 관계를 끊습니다. 그리고 이제부터 새롭게 성장해나갑니다. 살아난 것 전체를 모아서 우리가 하나의 태로 보십시다. 그러면 세태가 됩니다. 세태라고 하는 곳에 우리가 있습니다. 오늘까지 우리가 이 세태에서 살아오고 있습니다. 이 세태에서 또다시 다음 단계로 넘어갈 때 탯줄이 끊어지는데, 이것이 바로 죽음입니다. 이렇게 산부인과 의사가 설명하고 있는데, 자기 경험에서 설명하는 것이지만, 참 중요한 의미를 상징적으로 말해줍니다. 모태에서 우리가 세상으로 나와, 이 세태에서 그 다음 생명으로 가는 단계 말입니다. 부활사건이 그리스도로 말미암아 우리한테 증거되고 있습니다. 첫 열매가 되어서 우리 가운데 계십니다. 확실하게 보여주십니다. '믿음 있는 자가 되라. 의심하는 자가 되지 마라.'

미국 로스앤젤레스에 가면 박물관이 하나 있는데, 아주 재미있고 인상 깊은 그림이 있습니다. 도마를 그린 그림입니다. 참 잘 그린 그림인데, 그림의 내용이 이렇습니다. 부활하신 예수님께서 나타나시어 도마한테 말씀하십니다. "손가락을 넣어서 내 옆구리에 넣어보고 의심하는 자가 되지 마라." 이 말씀을 듣고 도마가 무릎을 꿇고 예수님의 옆구리에 손가락을 넣을까 말까 이렇게 고민하고 있는 장면을 그렸습니다. 루벤스가 그림을 참 잘 그렸습니다. 그 그림을 보면 도마의 마음이 헤아려집니다. 의심 많은 생각이 맴돌지만, 사실 필요 없습니다. "손을 넣어 보라!" 그것으로 끝입니다. 사건적이지, 철학적 설명이 아닙니다. 관념적인 설명도 필요 없습니다. 부활사건이 우리 앞에 다가올 때 우리가 부활신앙을 가지게 됩니다. 부활신앙이 확실해질 때 이 세상은 멀리 보이고, 가까워지는 하나님 나라가 환하게 열린다는 말입니다. 스데반처럼요. 스데반이 하늘을 우러러봅니다. 순교하는 그 순간에 하늘을 우러러봅니다. 주님께서 서 계십니다. "어서 올라 오너라" 말씀하시는 예수님을 쳐다보는 스데반의 얼굴은 천사의 얼굴이 되었습니다. '천사의 얼굴 같더라.' 환하고 밝고 반가운 얼굴입니다. 오랫동안 그리워하던 주님을 만나는 그런 만남, 이렇게 사는 것이 그리스도인의 삶의 모습니다. 부활신앙은 부활신앙을 증거합니다. 아니, 하루하루의 사건에서 확증하며 살아야 합니다. 그것이 바로 그리스도인의 모습입니다. 요새 봄이 성큼 다가왔습니다. 앙상하던 나무에서 싹이 나고, 다 말라버린 고목 같았는데, 올라와서 꽃이 피는 것, 이것도 조그마한 증거가 됩니다. 부활생명을 지금 오늘 확증하며 사는 것이 그리스도인이요, 부활의 증인으로 사는 것이 하나님의 사람의 모습입니다.　△

속에서 마음이 뜨거워질 때

가라사대 미련하고 선지자들의 말한 모든 것을 마음에 더디 믿는 자들이여 그리스도가 이런 고난을 받고 자기의 영광에 들어가야 할 것이 아니냐 하시고 이에 모세와 및 모든 선지자의 글로 시작하여 모든 성경에 쓴바 자기에 관한 것을 자세히 설명하시니라 저희의 가는 촌에 가까이 가매 예수는 더 가려 하는 것같이 하시니 저희가 강권하여 가로되 우리와 함께 유하사이다 때가 저물어 가고 날이 이미 기울었나이다 하니 이에 저희와 함께 유하러 들어가시니라 저희와 함께 음식 잡수실 때에 떡을 가지사 축사하시고 떼어 저희에게 주시매 저희 눈이 밝아져 그인 줄 알아보더니 예수는 저희에게 보이지 아니하시는지라 저희가 서로 말하되 길에서 우리에게 말씀하시고 우리에게 성경을 풀어 주실 때에 우리 속에서 마음이 뜨겁지 아니하더냐 하고 곧 그 시로 일어나 예루살렘에 돌아가 보니 열 한 사도와 및 그와 함께한 자들이 모여 있어 말하기를 주께서 과연 살아나시고 시몬에게 나타나셨다 하는지라 두 사람도 길에서 된 일과 예수께서 떡을 떼심으로 자기들에게 알려지신 것을 말하더라

(누가복음 24 : 25 - 35)

속에서 마음이 뜨거워질 때

　황보라는 이름의 가수가 있습니다. 한때 '샤크라'라고 하는 그룹의 멤버로서 잘 나갔던 청년입니다. 당시의 인기로서는 하늘을 찌를 듯했고, 각 방송국의 초청을 받아 밤낮없이 바쁘게 뛰었습니다. 그렇게 한때 아주 잘 나가던 가수였습니다. 그런데 2006년에 '샤크라'가 해체된 뒤로 청년은 우울증에 빠지고, 실의에 빠지고, 절망하면서 어떻게 해야 할지 방향조차 모르고 참 어려운 시간을 보냈습니다. 많은 날 동안 고생한 끝에 다시 솔로앨범을 들고 나왔습니다. 제목이 'Gift for Him(그를 위한 선물)'이라는 노래입니다. 대히트를 쳤습니다. 많은 사람들이 그에게 묻습니다. 여기 '그를 위한 선물'이라고 했는데, 그 '그'가 누구냐고, 혹시 연애하는 사람 아니냐고, 혹은 좋아하는 그 누군가가 아니냐고 이름까지 대면서 물어보았습니다. 그는 아니라고 대답했습니다. 그리고 "여기 말하는 그라고 하는 것, 'Him'은 바로 하나님이에요!"라고 말했습니다. 방송사고가 날 뻔했습니다. 왜냐하면 일반 공중파 방송에서 하나님을 찬송했다니, 이 얘기가 되는 것입니까? 그래서 큰 문제가 한 번 생겼었습니다. 그 가사가 이렇습니다. '항상 내 심장은 그대를 향해 있어 / 내 삶의 이유, 내 삶의 초점은 변하지 않아 / 언제나 나를 이끌어 준 그대의 사랑 / 이미 나는 받고 있다는 걸 나는 잘 알고 있어 / 그대를 향한 내 마음은 뜨거워요 / 바꿀 수도 없어요 / 하루 종일 그대의 생각을 해서 나는 꿈에도 그대를 만날 거야 / 나의 친한 친구들은 말해 넌 기뻐할 수밖에 없다고요 / 항상 그대 곁에 내가 갈수록 내 마음은 점점 뜨거워져.' 그 뒤에 이어서 '뜨거워져'라는 노래가 또 나왔습니다. 그 작사자도 그리스도인이었습니다. 그는 이렇게 말했습니다. '이렇게 하나님께 가까이 나아가면서 남이야 뭐라고 하든 담대하게 이 노래를 부름으로써 내가 영영 가수의 길에서 떠날지라도, 제외당해도 좋다. 나는 이 노래를 부를 것이다.' 이렇게 생각하고 하나님을 향해서, 하나님을 찬양하는 노래를 무대 위에서 과감하게 불렀습니다. 그러나 이 감동은 엄청난 것이었습니다. 이리하면서 그는 우울증과 근심과 절망을 다 날려버렸습니다. 이 노래에 내가 운명을 걸고 하나님을 찬양하는 젊은이의 고백을 볼 수 있습니다. 놀랍지 않습니까.

요새 결혼식에 가면 종종 축가로 불리는 노래가 하나 있습니다. 바로 'You raise me up'입니다. 보통 영어로 부르는데, 이것은 찬송가입니다. '주께서 나를 높은 데 세우십니다.' 영어라서 그런지 찬송가인데도 다들 그냥 좋은 노래로 알고 듣는가봅니다. 그것은 찬송가 가운데에서도 아주 일등 찬송가입니다. 어쨌든 놀라운 일 아닙니까. 심리학자 롤로메이는 인간이 지니고 있는 불안의 형태를 세 가지로 말합니다. 하나는 '환경(Umwelt)'입니다. 우리는 환경에서 나는 것을 먹어야 하고, 환경 속에 살아야 하고, 환경과 함께 우리는 어찌되었든 같이 가야 됩니다. 하지만 이 환경이라는 것은 절대 우리 마음대로 되지 않기 때문에 우리는 불안에 떨고 있습니다. 어젯밤에도 일본 오사카에 진도 6.7도의 지진이 일어난 것을 보았습니다. 참 불안한 세상입니다. Umwelt, 환경은 우리를 그렇게 순하게 내버려두지 않습니다. 아무것도 예측할 수 없습니다. 어떤 일이 생길는지 모릅니다.

또 한 가지는 '상호관계(Mitwelt)'입니다. 함께 사는 배우자 하나 내 마음대로 됩니까? 내가 키운 자식인들 내 마음대로 됩니까? 이 인간관계라는 것이 철저하게 우리를 불안하게 만듭니다. 뭐 하나 안정이라는 것은 없습니다. 그런가 하면 또 '나 자신(Eigenwelt)'입니다. 자신의 깊은 곳에 있는 내 나름의 불안이 있습니다. 이것은 실존적인 것입니다. 우리는 어차피 하나님 앞에 다가가야 하니까 말입니다. 오늘본문을 보면 엠마오로 가는 제자들한테 불안이 있었습니다. 그런데 이것이 좀 난센스입니다. 그들은 실망하고 낙심했습니다. 허탈하고 두려웠습니다. 예수님의 제자로 예수님을 3년 동안 따라 다녔는데, 그 예수님이 십자가에 돌아가시고 말았습니다. 제자들은 너무나 깊이 실망했습니다. 한데 풍문이 들려옵니다. '예수님께서 부활하셨다.' '여인들이 무덤에 갔다가 시체를 못 봤다더라.' 저는 이 제자들한테 충고를 하고 싶습니다. "그러면 당신도 한 번 가서 보면 될 거 아니야!" 왜 직접 무덤에 가보지를 않는 것입니까. 그러면서 왜 엠마오로 가고 있느냐는 말입니다. 지극히 소극적입니다. 아주 슬픈 이야기입니다.

특별히 오늘본문에서는 더욱 그렇습니다. 예수님께서 부활하시어 그들과 함께 가고 계십니다. 함께 가시면서 말씀하십니다. 그런데도 그들은 예수님을 못 알아봅니다. 같이 가면서도 몰랐다니, 이 얼마나 커다란 난센스입니까. fact하고 believe는 같은 것이 아닙니다. 사건과 신앙은 다릅니다. 엄연한 사건이라고 믿는 순간 그것은 사건화 되는 것입니다. 내가 안 믿으면 없는 것입니다. 그런데 예수님께서 부활하시어 저들과 함께 가고 계시는데도 불구하고 저들은 예수님을 몰라보았습니다. 그저 불안에 떨고만 있습니다. 왜 그랬을까요? 왜 그들은 예수님을 몰라보았을까요? 오늘 예수님께서 가르쳐주십니다. 왜 너희가 예수를 몰랐고, 왜 예수의 부활을 몰랐고, 왜 불안에 떨어야 하는지를 확실하게 일러주십니다. 다른 까닭이 아닙니다. 그들이 성경을 몰랐기 때문입니다. 성경을 바로 이해하지 못했기 때문입니다. 성경을 읽지 않은 것이 아닙니다. 다만 성경이 지시하는 핵심을 몰랐던 것입니다. 무엇입니까? 오늘본문은 말씀합니다. "눈이 어두워져서………" 눈이 어두워져서 예수를 몰라본 것입니다. 정욕과 명예욕과 인간에 대한 불안, 이런 모든 불안에 싸여 있는 동안 예수님이 보이지를 않았습니다. 같이 가면서도 보이지 않습니다. 말씀을 들으면서도 그분이 누구신지를 모르더라는 것입니다. 이런 이상한 관계가 돼버렸습니다. 예수님께서는 그들에게 성경을 들어 설명하십니다. 너무나도 중요한 말씀입니다. 당연히 메시아는 고난을 받아야 하는 것이 아니냐고 말입니다. 그렇습니다. 진리 중의 진리, 그것이 바로 고난의 진리요, 고난 다음에 영광이 있다는 진리입니다.

피겨스케이팅 선수 김연아가 요새 아주 세계적으로 좋은 명성을 쌓고 있습니다. 우리한테도 참 좋은 기쁨을 주고 있는데, 그가 한 명언이 있습니다. 'No pain no gain.' 고난이 없다면 얻어지는 것도 없습니다. 아주 귀한 진리입니다. 많은 아픔이 있고, 많은 수련을 하고야 오늘이 있는 것입니다. 공짜로 되는 것이 없다는 말입니다. 가장 중요한 진리가 이것입니다. 헬라의 어느 왕이 나이 많아서 세상을 떠나게 되었는데, 떠나기 전에 무엇인가 좀 더 질서를 잡아서 역사에 남는 귀중한 왕이 되고 싶었답니다. 그래서 지혜로운 사람들을 불러서 "내가 남은 세월동안 정치를 잘 해서, 지난 40년 동안 그런대로 잘했지만, 앞으로 남은 시간에 훌륭한 정치를 해 역사에 남는 인물이 되고 싶다. 한번 연구해 와라"라고 명령을 내렸습니다. 그랬더니 학자들이 열두 권의 책을 가지고 왔더랍니다. 왕이 말하기를 "나이 많은 내가 언제 다 보겠느냐? 한 권으로 줄여라." 합니다. 그래 학자들이 그걸 한 권으로 줄여 왔답니다. 그러자 왕이 또 말합니다. "한 장으로 만들어라." 그래 또 한 장으로 만들어서 갔더니 왕의 마지막 말은 이렇습니다. "한마디로는 안 되겠느냐? 한마디로 어떻게 정치를 해야 온 백성이 평안하고, 나도 또한 역사에 남는 인물이 되겠느냐? 한마디로." 그랬더니 그들 가운데서 가장 지혜로운 자가 이렇게 대답했습니다. "될 수 있습니다." "무엇이냐?" "'공짜는 없다'라는 것입니다." 간단하지요? 세상에 공짜는 없다는 것을 알아야 됩니다. 공짜가 있다는 것이 공산당이고, 공짜는 없다는 것이 자본주의입니다. 모든 문제에서 이 고난 없는 영광, 수고 없이 뭐가 잘되기를 바랍니다. 특별히 우리는 샤머니즘적 배경이 있고 무당 끼가 있어서 만사를 그냥 마술적으로 해결하려고 하는 경향이 있습니다. 아닙니다. 공짜는 없습니다.

믿음이 철야기도 한 번 했다고 주어집니까? 적어도 이만한 믿음의 사람이 되려면 많은 시련을 겪어야 합니다. 엎치락뒤치락, 수많은 시련을 겪고 오늘이 있는 것 아니겠습니까. 공짜는 없습니다. 예수께서 이제 영광을 누리시고 메시아가 되시겠는데, 그러면 고난이 없는 메시아를 생각하면 안 됩니다. 십자가 없는 부활을 생각할 수는 없습니다. 그런데 제자들은 예수님께서 십자가를 지지 않으시고 그렇게 희한한 능력과 함께 메시아가 되시기를 바랐습니다. 고난 없는 영광을 바랐습니다. 그래 예수님께서 성경을 풀어 단호하게 말씀하시기를 "메시아가 마땅히 고난을 받아야 한다고 성경에 기록하지 않았느냐? 성경을 똑바로 보아라. 고난 없는 영광이 어디 있으며, 십자가 없는 부활이 어디 있더냐?" 하십니다. 그런고로 성경을 똑바로 알아야 한다는 것입니다.

그런데 성경을 읽기는 읽는데 기복사상으로 읽습니다. 예수 믿으면 일이 잘 되고, 형통하고, 복 받고, 건강하고, 만사형통하고…… 아닙니다. 고난이 없이는 영광도 없습니다. 그래서 예수님께서는 그 어려운 십자가를 지시고, 부활하시고, 영광에 이르게 되시는 것입니다. 오늘본문은 더 중요한 메시지를 주고 있습니다. 예수님께서 제자들에게 설명하실 때, 성경을 풀어주실 때, 성경을 해석해주실 때, 십자가 중심으로 성경을 해석하실 때 마음이 뜨거워지더라는 것입니다. 마음이 뜨거워지더라— 놀라운 이야기 아닙니까. 뜨거워진다는 것, 사랑에 대한 총체입니다. 아는 것, 느끼는 것, 의지가 모두 통합되어 마음이 뜨거워집니다. 뜨거워지는 순간 눈이 밝아집니다. 뜨거워지는 순간 세상이 밝아집니다. 전혀 다른 세계를 보게 됩니다. 그리고 성경도 알게 됩니다. 파스칼은 「팡세」에서 이렇게 말합니다. '자신이 비참함을 모르고 하나님을 안다면 그는 교만하게 되고, 하나님을 모르고 비참하다면 절망에 이른다.' 확실히 성경을 읽되 성경에서 고난의 메시아와 십자가를 통하여 부활로 가는 거룩한 영광을 볼 때 비로소 그리스도를 알게 되고, 마음이 뜨거워진다는 말입니다. 그리스도를 만나면서 뜨거워집니다. 성경을 읽으면서 그리스도를 만나게 됩니다. 이것이 그리스도인의 모습입니다.

제가 좀 나이가 있으니까 이제는 부득불 제 개인의 말씀도 드리게 됩니다. 제가 어렸을 때 어머니가 그 어려운 여건에서도 늘 성경을 읽으셨습니다. 제가 그 모습을 보면서 자랐습니다. 그 시절에는 '성경통독회'라는 것이 있어서 한 해 동안 성경을 가장 많이 읽은 사람한테 상을 주었습니다. 우리 어머니가 언제나 1등이셨습니다. 구약을 한 번 읽을 동안 신약을 다섯 번 읽으셨습니다. 어려운 시절이어서인지 상이 주로 밥그릇 아니면 숟가락이었습니다. 어머니는 상으로 받아오신 밥그릇에 밥을 담아서 "야, 이거 내가 상 탄 거다" 하시며 제게 주셨습니다. 그 기억이 납니다. 어머니가 늘 성경 읽으시는 모습을 제가 늘 보았는데, 그냥 읽으시는 것이 아닙니다. 어떤 때는 읽으시다가 예수님께서 고난당하신 장면에서는 막 흐느껴 우셨습니다. 그런가 하면 성경을 다 읽은 다음 찬송을 부르십니다. "내 진정 사모하는……" 그래서 오늘 제가 찬송을 바꾸어서 이제 어머니가 즐겨 부르시던 찬송을 다 같이 부르려고 합니다. 성경을 읽으면서 그리스도를 만나고, 그리스도를 만나 뜨거워진 마음으로 세상을 보면 전혀 세상이 다르게 보입니다. 그때까지와는 전혀 다른 아름다운 세상을 보게 될 것입니다. 그리고 예수 그리스도를 보고, 그분이 저 앞에서 나를 인도하고 계심을 알고 그분을 따라가는 밝은 그리스도인이 될 것입니다. △

깨닫지 못하는 사람

저희의 이 행위는 저희의 우매함이나 후세 사람은 오히려 저희 말을 칭찬하리로다(셀라) 양같이 저희를 음부에 두기로 작정되었으니 사망이 저희 목자일 것이라 정직한 자가 아침에 저희를 다스리리니 저희 아름다움이 음부에서 소멸하여 그 거처조차 없어지려니와 하나님은 나를 영접하시리니 이러므로 내 영혼을 음부의 권세에서 구속하시리로다(셀라) 사람이 치부하여 그 집 영광이 더할 때에 너는 두려워 말지어다 저가 죽으매 가져 가는 것이 없고 그 영광이 저를 따라 내려가지 못함이로다 저가 비록 생시에 자기를 축하하며 스스로 좋게 함으로 사람들에게 칭찬을 받을지라도 그 역대의 열조에게로 돌아가리니 영영히 빛을 보지 못하리로다 존귀에 처하나 깨닫지 못하는 사람은 멸망하는 짐승 같도다

(시편 49 : 13 - 20)

깨닫지 못하는 사람

인도의 유명한 교육학자인 캐리 여사는 현대인에게 이렇게 경고하고 있습니다. '현대인에게 세 가지 정신적 죄악이 있다. 첫째는 모르면서도 배우지 않는 것이다.' 사람이 가진 기능 가운데 가장 중요한 것이 배움인데, 그 기능을 포기하는 것입니다. 부지런히 배워야 됩니다. 세상 끝 날까지 배워야 됩니다. 이것이 바로 인간의 도리입니다. 그런데 모르면서도 배우지 않는다는 것이 문제입니다. '둘째는 알면서도 가르치지 않는 것이다.' 나만 알아서는 안 됩니다. 모든 사람이 이 진리를 공유해야 될 것 아니겠습니까. 그러므로 가르쳐야 하는 의무가 있습니다. '셋째는 할 수 있으면서 하려고 하지 않는 것이다.' 실천의지가 없다는 것입니다. '이렇게 해야 되겠다. 저렇게 하면 안 된다.' 상당히 많이 알고 있습니다마는, 실천에 옮기지를 못하는 것 자체가 죄악입니다. 능력을 소실하는 것이니까요. 모든 것에는 기회가 있습니다. 기회를 놓치는 것 자체가 하나님께서 주신 기회라는 은사를 포기하는 일입니다. 이 자체가 죄입니다.

이보다 더 중요한 일이 있습니다. 바로 자기 자신을 잃어버리는 것입니다. 물질을 잃어버리는 것이 아니라 자기 자신을 잃어버리는 것, 명예를 잃어버리는 것이 아니라 자신의 존재를 잃어버린다는 것입니다. 더 중요한 것은 잃어버리면서 그걸 깨닫지 못한다는 것입니다. 자기 자신을 잃어버리고도 자기가 무엇을 잃어버리는지도 모르고 있다는 것입니다. 더욱 더 비참한 것은 자기 자신을 스스로 포기한다는 것입니다. 잃어버려져서 잃어버리는 것이 아니고, 내가 스스로 오늘도 잃어버리고 있다는 것입니다. 그 좋은 예가 바로 술 마시는 사람의 이야기입니다. 술 먹으면 몸에 나쁘다는 것을 모르는 사람이 어디 있습니까. 한데도 엄청들 마십니다.

제가 미국으로 1963년 그 옛날에 유학을 갔을 때입니다. 여름방학에 공장에 가서 좀 일을 했는데, 제 옆에서 일하는 사람이 꼭 목요일이 되면 술을 많이 마시고 금요일에 회사에 나오지를 못하는 것입니다. 일주일에 한 번씩은 꼭 못 나옵니다. 그래서 제가 한번은 왜 그러느냐고, 그러면 안 되지 않느냐고 충고를 했더니, 그 옆에 있는 사람이 말하기를 이 사람 술 많이 먹다가 병들어서 위를 반 넘게 잘라버렸다는 것입니다. 그런데도 저렇게 술을 마신다는 것입니다. 그래 제가 그에게 이렇게 물어보았습니다. "당신, 술 먹으면 안 된다며? 그런데도 왜 그렇게 술을 많이 마셔?" 그러자 그가 대답하기를 술 먹으면 죽는다는 말을 잊어버리기 위해서 마신다는 것입니다. 그 다음 말이 중요합니다. "제가 이 공장을 20년 다녔는데, 그만 다니고 가렵니다." 그리고 '에이, 죽어라'하고 마시는 것입니다. 이것이 자포자기라고 하는 것입니다. 자기를 포기한 사람이 얼마나 많습니까. 이성을 포기하고, 양심을 포기하고, 살기를 이미 포기하고…… 이 얼마나 비참한 일입니까. 죽어져서 죽는 것이 아니라, 자기가 스스로 죽음을 재촉하고 있다는 말입니다. 이런 인간, 어떻게 보아야 되겠습니까?

오늘본문은 말씀합니다. "존귀에 처하나 깨닫지 못하는 사람은 멸망하는 짐승 같도다(20절)." 사람도 아니라는 말씀입니다. 세계적인 경영 컨설턴트인 니콜라스 카가 쓴「생각하지 않는 사람들」이라는 책은 이와 관련하여 우리에게 큰 경고를 줍니다. 우리는 스마트

폰의 시대에 삽니다. 그래서 검색에 익숙합니다. 검색하면 많은 정보가 뜹니다. 그래서 얕고 단편적인 지식에만 매이고, 반대로 깊이 있는 생각은 잘 못합니다. 이것이 바로 우리 전부가 빠져 들어가는 함정과 같은 무서운 현상입니다. 또 멀티태스킹, 이 현상은 한 가지 일에 깊이 집중하게 못하게 합니다. 너무 많은 것을 이리 누르고 저리 누르고 하다보면 그만 컴퓨터 속에 빠져 들어가서 어리벙벙해집니다. 이것이 문제입니다.

요새 매스미디어 때문에 우리한테 주는 참 좋지 않은 영향이 많습니다. 그래서 우리 교회에는 스크린이 없습니다. 요새 교회마다 다 대형 스크린이 있습니다. 거기에 목사님의 얼굴이 커다랗게 비쳐 보입니다. 별로 잘 생기지도 않았는데, 그렇게 크게 확대해서 보여줍니다. 저는 개인적으로 이에 반대합니다. 왜냐하면 스크린문화라고 하는 것은 집중문화가 아닙니다. 스크린을 집중해서 보는 것 봤습니까? 텔레비전을 집중해서 보는 사람이 어디 있습니까? 대충대충 봅니다. 얼마 전 어떤 텔레비전 프로그램에서 사람들이 부부싸움을 하는 이유 열 가지를 전부 거론했습니다. 그 첫째가 무엇인지 아십니까? 텔레비전을 보다가 싸운답니다. 자기가 보아야 할 장면을 보지 않다가 놓쳐가지고 "여보! 여보! 아, 그 사람 어떻게 됐지?" 하면 "아, 네가 보지 그것을 왜 나한테 물어?" 하면서 싸운다는 것입니다. 왜요? 한 사람도 집중하는 사람은 없기 때문입니다. 모두가 정신없이 보기 때문입니다. 이것이 그만 문화화 되어버렸습니다. 이 스크린을 보다보면 설교도 집중적으로 듣지를 못합니다. 앞에 동그란 목사님의 얼굴이 있고, 뒤에 또 커다란 스크린이 있고 하니까 이것 보고 저것 보고 하다 집중성이 떨어지고 맙니다. 그래서 우리 교회에는 스크린을 설치하지 않았습니다. 집중하도록 하기 위해서입니다.

깊이 생각을 해야 되는데, 정신없이 보다가 집중하지 못하고, 제 모습이 스크린에 크게 보이면 '어쩌다 목사님 저렇게 머리가 많이 빠지셨나?', '피곤해 보이는데 감기 드셨나?' 하는 생각이나 하지 않겠습니까. 그러니까 설교를 제대로 못 듣게 되고 마는 것입니다. 이것이 매스미디어가 주는 함정입니다. 그러다보니 성경도 설교도 대충 듣게 됩니다. 복잡한 일은 하지 않고, 언제나 단순작업만을 좋아하는 뇌의 양상이 되어버렸습니다. 뇌구조가 바뀌어가고 있다는 것입니다. 바로 여기에 현대인의 문제가 있다고 니콜라스 커는 말하고 있습니다.

오늘본문은 확실하게 말씀합니다. "인간은 존귀하다. 깨닫지 못하는 사람은 짐승과 같다." 깨달음이라는 것이 무엇입니까? 우리는 '아는 능력'이라는 것을 가지고 있습니다. 그것이 바로 인간입니다. 경험하지 않고도 압니다. 내가 직접 살아보지 않아도 인생을 압니다. 죽어보지 않았지만 죽음을 압니다. 적어도 인간은 알 수 있습니다. 경험하지 않은 세계를 배워서 충분히 알고 있습니다. 경험 이전에 지식이 오는데, 이것을 포기하면 어떻게 됩니까? 짐승이 되고 마는 것입니다. 배우지 않으면 그 머리는 빈 상자가 되고 맙니다.

그리고 깨달음이라고 하는 것은 좀 더 특별한 의미가 있습니다. 제가 옛날 인천에서 목회할 때입니다. 지금 시무하고 있는 우리 곽요셉 목사가 아주 어렸을 때입니다. 사택이 좀 좋지 않아서 겨울에 추우니까 방 안에다 연탄난로를 놓았습니다. 교인들이 와서 보고는 깜짝 놀랐습니다. 어린아이가 노는데, 철조망으로 울타리를 쳐야지,

위험하다는 것이었습니다. 그래서 제가 그 교인에게 그랬습니다. "걱정하지 마세요. 우리 아이들은 절대로 이 난로에다 손을 대지 않습니다. 난로가 천천히 뜨거워질 때 아이들이 만졌다가 한 번씩 다 데어서 엄청 운 적이 있거든요. 그 다음부터는 난로 가까이 가라고 해도 안 갑니다. 걱정 안 하셔도 됩니다." 이것이 깨달음입니다. 경험 속에서 깨닫는 것입니다. 아무리 말해도 안 될 때가 있습니다. 한 번 부딪쳐보면 압니다. '아, 이거 엄청 무섭다!' 울타리를 쳐놓으면 거길 붙잡고 올라가다가 떨어지고 맙니다. 한 번 손을 데어봐야 합니다. 이것이 인간입니다. 깨달음이란 바로 이런 것입니다. 직접 경험한다는 것, 아주 중요합니다.

깨달음이 없으면 짐승만도 못하다— 깨닫지 못한다면 그것은 심판받은 심령이기 때문입니다. 구약성경에 보면 바로 왕이라는 사람이 있습니다. 그가 재앙을 만납니다. 무려 열 가지 재앙을 차례로 모두 겪습니다. 한 가지 재앙을 경험하고 항복하는 것 같다가 다시 뒤집기를 번번이 계속합니다. 마침내 열 가지 재앙을 다 받고야 말았습니다. 깨달음이 없었던 이 미련한 바로 왕, 심판 받은 것입니다. 그래서 출애굽기는 묘한 말씀을 합니다. 하나님께서 바로로 하여금 하나님의 말씀을 듣지 못하도록 하셨다고요. 들을 수 있을 때 듣지 않았더니 듣지 못하게 됐다는 것입니다. 깨달을 수 있을 때 깨닫지 않았더니, 또 순종하지 않으니까 이제는 깨달을 수 없도록 심판을 받게 되었다는 것입니다. 그래서 강퍅케 되었다고 성경은 말씀합니다. 이제는 들을 수 없는 상태가 되고야 말았습니다. 이것이 바로 심판이라는 말씀입니다.

그러나 더 중요한 것이 있습니다. 뉘우침이 없는 것입니다. 한 번 큰 사고가 났습니다. 큰 어려운 시련을 겪습니다. 그런데 뉘우침이 없습니다. 꼭 에서와 같이 말입니다. 에서는 동생 야곱이 팥죽을 만들어주자 그것을 먹고 일어나 갔습니다. 이때 간사한 야곱이 장자의 명분을 자기한테 달라고 하지 않습니까? 지금 말로 거래하자고, 그럴 때 먹고 나서 "야, 아까 말한 것 취소다. 그럴 수 없잖아?"라고 한마디 하고 갈 수도 있었습니다. 하지만 에서는 먹고 마시고 그대로 가버리고 말았습니다. 멍청합니다. 또 뉘우침도 없습니다. 이것이 문제입니다.

　지옥에 있던 어떤 사람이 자기 아들을 만났습니다. 그 아들도 지옥에 온 것입니다. 그러니까 아버지가 하는 말이 "애야, 나는 너 좀 잘 살게 해주려고, 또 편하게 해주려고 돈을 많이 벌었다. 그러기 위해서 많은 부정을 저질렀고, 못된 짓도 많이 해서 나는 하는 수 없이 지옥에 왔다." 그러니까 아들이 하는 말입니다. "아버지가 그렇게 모아 놓은 돈 가지고 방탕하다가 저도 지옥에 왔습니다." 깨달아야 하고, 뒤늦게라도 뉘우쳐야 합니다. 성경은 우리한테 분명히 말씀합니다. 깨달음이 없다면 멸망하는 짐승과 같다— 강한 말씀입니다. 깨닫는 가운데 가장 상식적이고 유치한 것이 하나 있습니다. 치부하는 것이 의미가 없다는 점, 돈이 사람을 구제하지 못한다는 점, 돈이 삶의 목적이 될 수 없다는 점, 돈은 절대로 우상이 못 된다는 점— 이쯤은 알아야 하지 않겠습니까.

　둘째로 알아야 하는 것이 있습니다. 사람은 장구하지 못합니다. 돈을 많이 벌어놔도 죽어야 되고, 공부를 많이 해도 죽어야 됩니다. 어차피 끝이 있습니다. 인생의 끝이 있다는 사실을 알고 사는 것이 지혜입니다. 이것을 모르고 산다면 얼마나 어리석습니까. 멀지 않앉습니다. 제가 은퇴하고 나서 여기저기 집회를 인도하러 다닙니다. 국내 국외 할 것 없이 여러 군데를 다니면서 말씀을 전하고 있는데, 가끔 제게 전화가 올 때가 있습니다. 집회날짜를 물으시는 것입니다. 그 때마다 수첩을 꺼내서 보면 그날이 비어 있을 때가 있습니다. 갈 수 있는 것입니다. 그런데 순간 갈까 말까 고민될 때가 있습니다. 그런데 동시에 이런 생각이 납니다. '갈 수 있는데 안 가면 하나님께서 아예 그만두라고 하시지 않을까?'라는 생각이 나서 무조건 시간이 되면 간다고 합니다. 그러다보니 이번에는 미국에 가서 3일씩 세 교회에서 집회를 인도하고 왔습니다. 왜 그런 줄 아십니까? 이 기회는 다시 오지 않기 때문입니다. 또 멀지 않았기 때문입니다. 제가 은퇴한 지가 벌써 10년이 되었습니다. 제가 아는 상식대로 제 나이만큼 됐을 때 이렇게 일한 사람은 없습니다. 그러니 이것이 어디 보통 소중한 일입니까.

여러분도 잊지 말아야 됩니다. 한 시간 한 시간 설교를 신중하게 들어야 합니다. 다음 시간에 내가 설교를 할는지 못할는지는 아무도 모릅니다. 이것을 알아야 됩니다. 저도 그런 마음으로 설교합니다. 인생은 철저하게 종말론적입니다. 모든 것은 끝이 있습니다. 끝을 알고 오늘을 살아야지요. 그래서 오늘본문은 말씀합니다. 사람은 존귀하다— 하나님의 형상으로 지어졌기 때문에 영원을 지향하는 속성을 가지고 있고, 또 사랑을 알고 사랑을 베풀 줄 알고, 행복을 아는 하나님과 소통하는 영적 존재이기 때문입니다. 그러니 얼마나 소중합니까. 그런데 하나님의 형상이 사라져버렸습니다. 짐승만도 못하게 되었다는 것입니다. 그러면 이것은 아니지 않습니까.

또한 깨달음이 있다는 것입니다. 은혜를 알고, 은혜를 깨닫게 하시기 위하여 예수님께서 이 땅에 오셨고, 성령께서 우리와 함께 계시고, 우리한테 계시의 영을 주십니다. 여러분이 지금 말씀을 듣고 있지마는, 여러분의 마음속에서는 성령께서 말씀하고 계십니다. 성령께서 친히 보혜사가 되셔서 말씀을 해석하시고, 말씀을 적용하시고, 우리한테 계속 말씀하시고 계십니다. 이 성령의 역사를 거역하면 안 됩니다.

또한 미래에 대한 약속이 있습니다. 오늘 우리 앞에는 없는 것 같지만, 저 앞에 약속이 있습니다. 하늘나라의 약속이 있고, 내일의 약속이 있습니다. 깊이 생각해야 합니다. 때때로 우리는 고난을 당할 때가 있고, 어려움에 직면할 때가 있습니다. 그러나 그 고난 속에 하나님의 음성이 있습니다. 더러 매를 맞을 때도 있습니다. 그 매 속에 하나님의 공의로운 사랑이 있습니다. 이것을 잊지 말아야 합니다. 로마서 11장 34절은 말씀합니다. "누가 주의 마음을 알았느뇨 누가 그의 모사가 되었느뇨." 내가 어찌 그 놀라운 것을 다 알 수 있겠습니까. 하루하루 세월이 가면서 더 깨닫고, 더 깊이 알고, 감격할 뿐입니다. 누가 주의 마음을 알 수 있다는 말입니까. 이렇게까지 될 줄을 누가 알았습니까. 하나님의 그 은총과 능력이 우리를 인도해주고 있습니다. 더욱 깊이 생각해야 합니다. 깨달음은 인간됨의 극치입니다.

로마서 8장 32절은 말씀합니다. "자기 아들을 아끼지 아니 하시고 우리 모든 사람을 위하여 내어 주신 이가 어찌 그 아들과 함께 모든 것을 우리에게 은사로 주지 아니하시겠느뇨." 십자가를 볼 때마다 저렇게 나를 사랑하신 분인데, 왜 사랑하지 않겠느냐고, 십자가를 볼 때마다 엄청난 사랑을 깨닫고, 그 깨달은 사랑으로 모든 것을 소화하게 됩니다. 그런고로 이 은혜를 알고 보면 사랑 아닌 것이 없습니다. 작은 일이나 큰일이나 순간순간 이루어지는 도든 사건에서 주의 사랑을 확증하게 된다는 말씀입니다.

깨달음이 있는 인생은 존귀합니다. 하나님께서 주신 선물, 그 거룩한 믿음을 가진 자는 소중합니다. 그 믿는 자는 깨달을 수 있기 때문입니다. 깨달음이 있다면 오늘은 영원한 것입니다. 깨달음이 있으면 오늘 사는 의미는 엄청난 하나님의 창조적 능력이 나타나는 계기가 되는 것입니다. 오늘도 새롭게 깨닫고, 그 깨달음에 응답하고, 깨달음에 감격하면서 하나님의 자녀의 본분을 다해야 할 것입니다. △

끝까지 견디는 자

예수께서 감람산 위에 앉으셨을 때에 제자들이 종용히 와서 가로되 우리에게 이르소서 어느 때에 이런 일이 있겠사오며 또 주의 임하심과 세상 끝에는 무슨 징조가 있사오리이까 예수께서 대답하여 가라사대 너희가 사람의 미혹을 받지 않도록 주의하라 많은 사람이 내 이름으로 와서 이르되 나는 그리스도라 하여 많은 사람을 미혹케 하리라 난리와 난리 소문을 듣겠으나 너희는 삼가 두려워 말라 이런 일이 있어야 하되 끝은 아직 아니니라 민족이 민족을, 나라가 나라를 대적하여 일어나겠고 처처에 기근과 지진이 있으리니 이 모든 것이 재난의 시작이니라 그 때에 사람들이 너희를 환난에 넘겨 주겠으며 너희를 죽이리니 너희가 내 이름을 위하여 모든 민족에게 미움을 받으리라 그 때에 많은 사람이 시험에 빠져 서로 잡아주고 서로 미워하겠으며 거짓 선지자가 많이 일어나 많은 사람을 미혹하게 하겠으며 불법이 성하므로 많은 사람의 사랑이 식어지리라 그러나 끝까지 견디는 자는 구원을 얻으리라 이 천국 복음이 모든 민족에게 증거되기 위하여 온 세상에 전파되리니 그제야 끝이 오리라

(마태복음 24 : 3 - 14)

끝까지 견디는 자

아브라함 링컨(Abraham Lincoln)이 상원의원 선거에 입후보해 더글러스(Stephen Douglas)라고 하는 후보와 겨루게 되었을 때의 이야기입니다. 두 후보가 합동유세를 벌이게 되었는데, 더글러스 후보가 링컨의 과거경력을 문제 삼아 그를 마구 비방하기 시작했습니다. "아브라함 링컨, 이 사람은 그가 경영하던 상점에서 팔아서는 안 될 술을 팔았습니다. 이런 사람이 상원의원이 돼서야 되겠습니까. 이런 과거를 가진 사람이……" 청중은 술렁거렸습니다. 그때 링컨은 태연한 얼굴로 이렇게 대답했습니다. "예, 더글러스가 한 말은 전부 사실입니다. 그러나 그때 그 술집 최고의 고객이 바로 이 사람입니다." 덧붙여서 "저는 그 상점을 떠난 지 오랬습니다마는, 제가 알기로 이 사람은 지금도 그 술집에 다니고 있습니다"라고 말했습니다. 그러자 다시 더글러스가 말했습니다. "이 아브라함 링컨은 두 얼굴의 사내입니다." 그러니까 아브라함 링컨이 대답하는 말입니다. "아, 참 고마운 말씀입니다. 제가 두 얼굴이 있다면 지금 이렇게 못생긴 얼굴을 가지고 여러분 앞에 나왔겠습니까. 기왕이면 좀 더 보기 좋은 얼굴로 나왔지요."

우리가 어려운 일을 당할 때, 혹은 비난을 당할 때, 환난을 당할 때 어떤 자세로 임하느냐는 참으로 중요합니다. 제가 지난 주간에 일본에 다녀왔습니다. 월요일에 갔다가 수요일에 돌아왔는데, 거기서 교역자들을 위한 세미나를 인도했습니다. 지진 때문에 사람들 얼굴에 전부 수심이 있습니다. 특별히 이번에는 고베에 들러서 오래 전에 있었던 고베지진을 기념하기 위해서 만든 박물관을 방문하여 한 2시간 동안 돌아봤습니다. 지진 날 때를 재현해놓은 시설도 있었습니다. 지진이 5도까지는 좌우로 지축이 흔들립니다. 그 고베지진 때 맨 위는 3미터가 좌우로 왔다 갔다 했다고 합니다. 그런데 5도 이상 7도나 8도 쯤 가면 이제 상하로 흔들립니다. 이것은 정말 속수무책입니다. 우리가 흔히 내진성을 말하는데, 이것은 지진을 감안해서 만들어놓은 건물을 말합니다. 그런데 아래위로 흔들리면 견디지를 못합니다. 그저 우리가 인정을 하고 항복해야 합니다. 하나님께서 하시는 일을 어떻게 하겠습니까. 우리는 점점 더 깊이 느낍니다, 그 위대한 역사를요. 개인적으로 생각하면 우리 한 사람 한 사람한테 죽음을 재촉하고 있습니다. 이제 어떤 대비가 있습니까?

인간이 임종하게 되면 세상 떠날 때 누구나 공통적으로 세 가지를 후회한다고 합니다. 일생을 돌아보면서 후회합니다. 첫째가 '좀 더 즐길 걸!'입니다. 충분히 즐길 수 있었는데 그렇게 슬퍼하고 괴로워했다는 말입니다. 사실 그럴 필요가 없었는데 말입니다. 아옹다옹하고 몸부림칠 것 없었는데 그렇게 하지 못했습니다. 충분히 좀 더 즐길 수 있었는데 내가 인생을 잘못 산 것 같다는 후회를 합니다. 둘째는 '좀 더 베풀 걸!'입니다. 너무 인색하게 살았습니다. 조금 더 베풀어도 되는데 말입니다. 조금 더 여유 있게 살아도 되는데 너무 인색하게 산 것을 임종 때 가서 후회한다고 합니다. 셋째가 참 중요합니다. '좀 더 참을 걸!'입니다. 모든 것이 참지 못해서 된 일입니다. 조금만 더 참았으면 됐는데 말입니다. 그것을 참지 못하고 그만 터져버리고 말았습니다. 망가지고 말았습니다. 마지막 승부는 인내로 결정이 납니다.

오늘본문에 나타난 말씀은 예수 그리스도의 종말론이요, 종말론적 역사관입니다. 역사를 볼 때 흔히 두 가지로 바라봅니다. 하나가 유토피아니즘(Utopianism), 또는 옵티미즘(Optimism)입니다. 한마디로 낙천적 세계관입니다. 다른 하나는 페시미즘(Pessimism), 염세적 세계관입니다. 세상을 밝게 보고 사느냐, 아니면 세상을 어둡게 보고 사느냐 하는 이 두 가지 역사관으로 나눌 수 있습니다. 오늘도 보면 사람마다 '세상은 아름다운 것이다!'라고 생각하고 사는 사람이 있고, 한 사람은 '세상, 이놈의 세상!'이라고 비관적으로 사는 사람이 있습니다. 하루하루 살아갈 때 이런 세계관을 가지고 살아갑니다. 이 낙천주의라는 것은 세상은 점점 나아지고 있다, 좀 더 나아지고, 많이 나아질 것이라고 믿고 사는 것입니다. 의학이 발달하니까 120세는 살 것 같고, 경제적으로도 교육적으로도 좋아지고, 그래서 세상은 좋아지리라는 것입니다. 지금 비록 이렇지만, 좀 더 좋은 세상이 앞으로 오고 있을 것이라고 생각합니다. 그런가하면 다른 한쪽에서는 아니라는 것입니다. 망가진 지 오래되었고, 세상은 어둡고 더럽고 추하다고 생각합니다. 뿐만 아니라, 무섭고 살기 힘든 세상으로 보는 세계관입니다.

이것들은 우리가 가지는 인생관입니다마는, 오늘본문은 간단한 말씀 속에서 그 해답을 줍니다. 핵심은 이것입니다. "주의 임하심과 세상 끝에는……(3절)" 주의 임하심과 세상 끝, 이 둘을 함께 보고 있습니다. 오늘본문은 전부 환난과 지진과 가난과 고생이 있다고 말씀하고 있습니다. 사랑까지 식어버리는 이런 어두운 세상을 예수님께서는 내다보고 계십니다. 세상이 그렇게 될 것이라는 말씀입니다. 확실히 그렇습니다. 벌써 우리가 경험하고 있지 않습니까. 점점 더 어려운 세상이 오고 있습니다. 그도 그럴 것이, 옛날에는 모르고, 그저 그런 일이 있는가보다 하고 지냈는데, 이제는 매스미디어 때문에 너무 많이 알아서 걱정입니다. 이것은 없던 일이 아닙니다. 다 있던 일입니다. 지진도 있었고, 여러 재난들이 있어왔습니다. 뉴스를 자세히 들어보면 뭐라고 합니까? '50년 전에 있었다, 100년 전에 있었다, 100년 만에 있는 일이다……' 그렇지 않습니까. 그때도 있었다는 말입니다. 다 있던 일이 또 있는 것입니다. 없었던 일이 있는 것이 아닙니다. 우리가 지금 너무 많이 알게 되었습니다. 아이큐 90이하의 사람들은 절대로 정신질환에 걸리지 않는답니다. 걱정거리가 없습니다. 너무 생각이 많고 머리가 좋은 것, 아이큐 높은 것, 별로 좋은 것 아닙니다. 운명을 재촉합니다. 그 많은 복잡한 것 알아서 뭘 하겠습니까? 어떻다는 것입니까?

어쨌든 세상은 점점 더 어려워져가는 세상이요, 이대로 가면 얼마 안 가서 이 우주는 끝납니다. 재산도 다 없어지고, 자원도 다 고갈되고, 심지어 물까지도 고갈됩니다. 우리가 지금 물을 마음대로, 그야말로 물 쓰듯 하고 있지마는, 그것도 얼마 못 간다고 합니다. 그런 세상에 삽니다. 점점 어려워집니다. 그런데 이런 것을 예수님께서는 오늘본문 7절, 8절에서 미리 말씀하고 계십니다. "민족이 민족을, 나라가 나라를 대적하여 일어나겠고 처처에 기근과 지진이 있으리니 이 모든 것이 재난의 시작이니라." 아직도 시작이라고 하십니다. "끝은 아직 아니니라(6절)." '또 있을 일이 있다'고 말씀하십니다. 그렇게 확실하게 말씀하십니다. 그런데 중요한 것은 주의 날과 재림이 함께 있다는 것입니다. 아주 귀중한 말씀입니다. 하나님의 진노와 사랑이 함께 있습니다. 심판과 구원이 함께 있습니다. 감당할 수 없는 환난과 하나님의 구원의 역사가 함께 있다는 것입니다. 이 역사의식을 우리가 분명히 해야 됩니다. 고난 따로 행복 따로, 이것이 아닙니다. 고난 속에 행복이 있습니다. 「전쟁과 사랑」이라는 소설이 있습니다. 읽어보니 전쟁 따로 사랑 따로인 줄 알았더니, 아닙니다. 전쟁 속에 사랑이 있고, 환난 속에 사랑이 있습니다. 하나님의 역사가 이렇게 이루어지고 있습니다. 하나님의 무서운 심판, 그 속에 구원이 있고, 하나님의 무서운 진노의 채찍 속에 하나님의 사랑이 계시되고 있습니다.

칼 바르트(Karl Barth)는 이런 말을 합니다. 'God's love is concrete his wrath(하나님의 사랑은 그 진노 속에서 구체화된다).' 이것은 역사관만 뿐만 아니라 개인적으로도 그렇습니다. 사랑이 따로 있습니까? 사랑과 고통이 따로 있습니까? 아닙니다. 동시에 있습니다. 이것을 알아야 합니다. 재림과 종말, 이것은 동시 사건입니다. 주님께서 재림하시는 것, 이 얼마나 아름다운 역사입니까. 얼마나 우리가 바라고 기다리는 것입니까. 주님의 재림, 그 바로 직전에는 큰 환난이 있으리라고 우리한테 말씀하고 있습니다. 예수님께서 말씀하십니다. 오히려 재난의 시작이라— 이런 일이 있거든 시작이라고 생각하고 대비하라는 말씀입니다. 도덕적으로, 종교적으로 타락해서 많은 사람들이 서로 미워하고, 잡아주고, 사랑이 식어진다고 하십니다. 그렇습니다. 인간의 도덕성도 한계에 올 것입니다.

이제 예수님께서 결론을 내리십니다. 끝까지 견디는 자는 구원을 얻으리라— 견딘다는 말이 무엇입니까? 큰 환난을 당하면서도 하나님의 능력을 의심하지 않는 것을 말합니다. 어떤 분이 사업에 실패했습니다. 그만 부도가 나서 어려움을 겪고 있습니다. 그분한테 예배드리러 갔는데, 어떻게 할 말이 없었습니다. 그런데 한쪽에서 한 분이 위로한다고 한 마디 했습니다. "아니, 하나님께서 살아 계시면 어찌 집사님의 사업을 이렇게, 이렇게, 이렇게, 이렇게까지 어려움을 당하게 하실까요?" 그랬더니 오히려 그 어려움을 당하고 있는 집사님이 담담하게 말합니다. "하나님께서 살아 계시기 때문에 내 사업이 망한 것입니다." 하나님께서 나를 사랑하시기 때문에 망한 것입니다. 이것을 잊지 말아야 됩니다. 하나님의 능력을 조금도 의심하지 말아야 됩니다. 지진이 있다고 하나님의 능력이 없고, 전쟁이 있다고 하나님의 능력이 없는 것이 아닙니다. 오히려 하나님의 능력이 거기에 나타난 것입니다. 그런고로 우리가 끝까지 견딘다는 말은 하나님의 크고 위대하신 능력에 대해서 조금도 의심이 없다는 것을 뜻합니다. '과연 하나님께서는 살아 계시다. 과연 하나님께서는 우리와 함께 계시다.' 이 믿음이 흔들리지 않거든, 그것이 끝까지 견디는 것입니다. 또한 하나님의 사랑을 의심하지 않습니다. 오히려 사랑을 더 강하게 느낍니다. 여러분은 부모님의 사랑을 느껴보았습니까? 항상 느끼지만, 더 강하게 느낄 때가 언제입니까? 내가 병들었을 때입니다. 내가 건강할 때, 잘 되고 잘나갈 때는 어머니가 살아 계신지 안 계신지 몰랐습니다. 그러나 어려운 일을 당하고 볼 때 과연 나를 위해서 기도하시는 분은 저 분 뿐이라는 사실, 곧 나를 사랑하는 이는 어머니 한 분밖에 없다는 사실을 깨닫게 됩니다. 모든 것을 잃었다 하더라도 아무것도 아닙니다. '끝까지 견디는 자, 끝까지 사랑하는 자, 사랑을 느끼는 자, 사랑에 감격하는 자는 구원을 얻으리라.' 끝까지 소망합니다. 환난을 통해서 천국을 바라봅니다. 환난과 역경을 볼 때 더 신령한 믿음으로 향합니다. 영원 지향적인 믿음의 사람으로 바뀝니다.

　순교자라는 말을 우리가 알고 있습니다. 기독교는 순교와 함께 부흥됐고, 발전했고, 오늘에 이르렀습니다. 순교적 신앙이라는 것이 무엇입니까? 간단합니다. 순교자는 하나님의 능력을 부정하지 않습니다. 하나님의 능력이 없어서 내가 오늘 순교한다고 생각하지 않습니다. "하나님께서는 어디에 계십니까?" 하고 죽는다면 그는 순교자가 아닙니다. 순교자는 순교하면서 하나님의 사랑의 능력, 하나님의 위대한 능력을 체험합니다. 하나님의 손길이 부족해서 내가 순교하게 되는 것이 아닙니다. 또한 하나님의 특별한 사랑을 느낍니다. 나한테 이 귀한 시간, 이 영광을 주신다고 감사하며 하나님께로 갑니다. 바로 이 사람이 순교자입니다. 또한 천국을 바라보며 스데반처럼 인자가 하나님 우편에 서신 것을 보며 그 얼굴이 환한 천사의 얼굴이 됩니다. 이것이 바로 끝까지 견디는 사람입니다. 끝까지 믿음, 끝까지 사랑, 끝까지 확실한 소망…… 그럴 때 견디는 것입니다.

　샌프란시스코에 사는 어떤 사업 잘하는 분이 있었는데, 그분의 가까운 친구가 소망교회 장로님입니다. 아주 가까운 친구라서 주일마다 소망교회 설교 테이프를 그에게 보내주었습니다. 정성껏 주일마다 3년을 보내주었는데, 쌓아놓기만 하고 듣지를 않았습니다. 친구가 보내준 것이라 내버릴 수는 없고 해서 그냥 쌓아놓기만 했습니다. 그러던 중에 이분의 사업이 부도가 났습니다. 어려워져서 사느냐 죽느냐 하는 상황까지 왔는데, 설교 테이프가 눈에 보이는 것입니다. 본인 말이, 그걸 사흘 동안 내리 계속 들었답니다. 듣고, 듣고, 또 들었습니다. 그리고 소망교회를 찾아와서 예수를 믿고, 지금도 신앙생활을 하고 있습니다. 하나님의 말씀은 들렸습니다. 그러나 내가 들을 수 있을 때는 내 인간의 한계가 온 때입니다. 환난과 핍박 속에 비로소 하나님의 사랑을 알게 됩니다. 하나님의 능력도 알 수 있습니다. 이것은 동시적인 사건이요, 주의 임함과 세상 끝은 하나의 사건입니다. 그래서 성경은 말씀합니다. "끝까지 견디는 자는 구원을 얻으리라(13절)." 히브리서 12장에 보면 더욱 귀중한 말씀이 있습니다. 예수님의 십자가 사건을 말씀하면서 '예수 그리스도께서 십자가를 참으사'라고 십자가를 인내의 사건으로 해석하고 있습니다. 십자가는 인내입니다. 견디는 것입니다. 바로 여기에 승리가 있습니다.

 누가복음 22장에 보면 가룟 유다가 예수님 앞에 나서면서 "선생님, 안녕하십니까?" 하고 인사합니다. 간사하게 예수님을 체포하려고 포옹하며 입까지 맞춥니다. 그때 옆에 있던 제자가 환도를 들어서 내려치려고 하지 않습니까. 그러나 그때 예수님 말씀이 얼마나 귀중한 말씀인지 모르겠습니다. "이것까지 참으라……(51절)" 이것까지 참으라— 이것은 하나님의 능력 밖에 있는 일이 아니고, 하나님의 사랑 밖에서 되는 일이 아니기에 그렇습니다. 예수님께서 말씀하십니다. '환난이 있고, 고통이 있고, 재난이 있을 것이다. 그리고 복음이 땅 끝까지 전해지리라.' 저는 이 성경에서 딱 한 절을 추가하고 싶다면 '환난과 핍박을 통해서 전해지리라'입니다. 그러나 그 뜻만큼은 분명합니다. '환난과 핍박과 고난이 있을 것이다. 그리고 복음이 땅 끝까지 전해지리라. 그제야 끝이 오리라.' △

어린이를 용납하라

때에 사람들이 예수의 안수하고 기도하심을 바라고 어린아이들을 데리고 오매 제자들이 꾸짖거늘 예수께서 가라사대 어린아이들을 용납하고 내게 오는 것을 금하지 말라 천국이 이런 자의 것이니라 하시고 저희 위에 안수하시고 거기서 떠나시니라
(마태복음 19 : 13 - 15)

어린이를 용납하라

　　외교관 직업을 가진 한 남자가 있었습니다. 외국출장을 비롯하여 늘 일에 쫓기던 이 사람은 아이들한테 신경을 쓰지 못했고, 가정에 대해서도 별로 충실하지 못했습니다. 어느 날 그에게 모처럼 하루 쉴 기회가 생겼습니다. 그는 생각했습니다. '오랜만에 낮잠이나 잘까? 그리고 미루어왔던 책이나 몇 권 볼까?' 그런데 그의 아내는 "그러지 말고 아이들과 바람이라도 한 번 쐬고 오세요. 아이들과 같이 한 번 낚시라도 가면 좋지 않겠어요?" 하고 다그쳤습니다. 아이들도 아빠를 졸라서 결국 함께 낚시를 가게 되었습니다. 아이들은 너무나 좋아서 정말 재미있게 하루를 보냈습니다. 이 아버지는 돌아와서 일기장에다 이렇게 썼습니다. '소중한 하루를 낭비해버렸다.' 그 아들이 자라서 뒤에 역사가가 됐습니다. 그가 어린 시절을 회상하면서 쓴 일기장에는 이렇게 정반대의 말이 씌어 있었습니다. '오늘은 아버지와 함께 낚시를 갔다 왔다. 내 일생에서 가장 기쁘고 행복한 날이었다.'

　　어른들 생각에 좋은 것이 어린이들한테 다 좋은 것은 아닙니다. 어린이들한테 좋은 것이라야 정말로 좋은 것일 텐데, 우리는 어른들의 입장에서 어린이들을 생각할 때가 많습니다. 도대체 행복이라는 것이 무엇입니까? 행복이라는 것을 우리는 어떤 환경이나 물질로 생각하기가 쉽습니다마는, 사실 행복은 간단히 생각하면 입맛입니다. 아무리 좋은 음식이 있어도 입맛이 없으면 소용없습니다.

　　제가 잘 아는 장로님 한 분은 아주 옛날에 구두닦이를 하면서 공부했습니다. 자리에 누워서 자본 일이 별로 없을 정도로 열심히 살았습니다. 책상에 잠간 머리를 대고 자고 일어나서 일하고 공부했습니다. 그 정도로 바쁘고 부지런했습니다. 그렇게 공부해서 박사가 되고 교수가 된 분입니다. 한데 이분하고 같이 식사를 하면 그 먹는 속도가 얼마나 빠른지, 제가 숟가락을 들고 좀 먹을까 싶으면 그분은 벌써 다 먹어버립니다. 그냥 확 국에다 말아서 그대로 훅 뜹니다. 그래서 제가 "여보세요. 그래도 국제신사이신데, 식사매너가 영 틀렸소. 앞에 앉은 사람하고 얘기도 해가면서 보조를 맞춰야지, 내가 시작도 하기 전에 다 먹어버리면 됩니까" 하고 여러 차례 충고했습니다. 한데 그 대답하는 말이 너무나 재미있습니다. "그래야 되는 줄은 나도 압니다. 그런데 요 음식이 입에 들어가기만 하면은 그냥 그저 쏙 넘어가고 마는 걸 어떻게 합니까?" 실은 이것이 행복입니다. 행복이란 입맛이 좋은 것입니다. 음식이 좋아야만 맛있는 것이 아닙니다. 뭘 먹어도 맛이 있는 것, 바로 이것이 행복입니다. 다른 말로 바꾸면 세계관입니다.

사람의 입맛은 보통 네 살 때 형성된다고 합니다. 그때 무엇을 먹었느냐가 아주 중요합니다. 그러니까 남편한테 좋은 음식 대접하려고 애쓸 것 없습니다. '저 남자가 4살 때 뭘 먹었나?' 이것을 알아야 합니다. 여기에 초점을 딱 맞춰야 잘했다는 소리를 듣습니다. 잘못하면 "우리 엄마가 해준 건 이게 아닌데?" 하고 나옵니다. 어렸을 때 형성된 입맛 그대로 일생을 사는 것입니다. 음식에 대한 이야기가 됐습니다마는, 이것을 사상적으로, 신앙적으로 바꾸어보면 네 살 때 가졌던 인상 그대로 일생을 사는 것입니다. 그때 받았던 인상이 무엇인지, 내가 뭘 생각하고 살았는지, 그때 내 입맛이 형성된 것입니다. 그때 늘 얻어맞고 산 아이들은 일생동안 불평입니다. 만사를 어둡고 부정적으로 봅니다. 참 힘듭니다. 그때의 인상이 있습니다. 이 얼마나 중요한 것입니까.

 제가 아는 어떤 사람이 모든 음식을 좋아하는데, 유독 닭고기만은 절대 안 먹습니다. 어렸을 때 이웃집을 돌아다니다가 그만 어느 집에서 닭 잡는 걸 보았답니다. 닭 한 마리가 목이 비틀어져서 피를 흘리고 죽는 광경을 보고는 "악!" 비명을 지르며 울고 나서, 그 뒤로 일생동안 닭을 못 먹습니다. 이 얼마나 충격적인 사건입니까. 우리가 어린아이들한테 지금 무엇을 보여주고 있습니까? 그래서 이스라엘 사람들 책에 이런 이야기가 있습니다. 어떤 사람이 랍비한테 이렇게 물었습니다. "아이들을 어떻게 하면 잘 가르치나요? 어떻게 하면 이스라엘 사람처럼 아이들을 훌륭하게 가르칠 수 있을까요?" 랍비가 딱 한마디로 답합니다. "부부싸움이나 하지 마세요." 무슨 말입니까? 아버지 어머니가 행복하게 사는 모습을 보아야 자녀들 머릿속에 행복이라는 것이 들어가 박힌다는 것입니다. 그것이 입맛으로 박히는 것입니다. 그럼 일생동안 행복하게 살 수 있습니다. 또 그래야 노처녀가 안 됩니다. 부모님이 행복하게 사시는 것을 보면 질투가 나서 '에이, 나도 빨리 시집가야지 안 되겠다' 하지 않겠습니까.

 어떤 젊은 여자가 이런 말 하는 것을 들어보았습니다. 자기 아버지 어머니가 어째서 아직까지 함께 사는지를 모르겠답니다. 보기가 너무나 안 좋은 것입니다. 그래서 그 젊은이가 그만 노처녀 되고 말았습니다. 얼마나 중요합니까. 부모를 보고 받은 그때의 인상이 굉장히 중요합니다. 문화인류학에서는 이렇게까지도 말합니다. '사람은 마흔이 넘으면 네 살 때 먹던 음식으로 입맛이 돌아간다.' 그러니까 어린 시절에 어떤 말을 들었는지, 어떤 것을 보았는지, 어떤 것을 경험했는지, 그때 받은 인상이 자기 일생에 영향을 미친다는 것입니다. 이 얼마나 귀중한 말씀입니까. 들어야 할 것을 듣지 못하고, 보아야 할 것을 보지 못하고, 보지 말아야 할 것을 보았고, 들어서는 안 될 말을 들었다면 그 일생이 어떻게 되겠습니까.

오늘본문에는 간단하지만 중요한 말씀이 있습니다. 어렸을 때 이스라엘 사람들은 어린이들한테 하나님의 말씀을 가르칠 뿐만 아니라, 어린이들을 데리고 그 동네를 찾아온 훌륭한 어른을 찾아갔습니다. 이것이 이스라엘 사람, 랍비의 교육입니다. 랍비가 그 마을에 오면 모든 부모들이 어린아이들을 데리고 가서 랍비한테 보입니다. 여러 가지 의미가 있습니다. 그리고 아이한테 안수하고 복 주기를 바랍니다. 복, 아주 중요하지 않습니까. 사람의 노력 가지고 됩니까? 복을 받아야 합니다. 건강을 위해서 사람들이 무척 애를 많이 씁니다마는, 제가 얼마 전에 충격적인 글을 한 줄 읽었습니다. '건강의 85퍼센트는 유전이다.' 어찌하겠습니까? 조상으로부터 물려받은 것입니다. 내가 몸부림친다고 됩니까? 그래봤자 15퍼센트 정도밖에는 효력이 없습니다. 나머지는 전부 유전입니다. 이것이 복 아닙니까. 어떤 가정에 태어나느냐, 이것이 복입니다. 태어나서 어렸을 때 어떤 장면을 보고 자라느냐, 축복을 받는 분위기, 축복받는다는 것, 얼마나 중요합니까. 복을 받아야 합니다. 특별히 부모로부터 복을 받아야 합니다.

성경에 나타난 야곱과 에서가 아버지 이삭으로부터 복을 받습니다. 그 복 받는 것을 그렇게 소중히 여기지 않습니까. 그 자체가 중요한 것입니다. 부모로부터 복을 받아야 됩니다. 가끔 보면 부모가 반대하는 결혼을 하겠다고 몸부림치고 나와서 주례해달라고 하는 사람이 있습니다. 나를 낳아준 부모님으로부터 축복을 받지 못한다면 어떻게 그 일생이 복될 수 있겠습니까. 먼저는 부모로부터 복을 받아야 합니다. 아버지, 어머니, 할머니, 할아버지로부터 복을 받아야 합니다. 그들이 자녀를 위해서 복을 비는 것, 참 좋은 풍속입니다. 그리고 하나님께로부터 복을 받습니다. 좀 더 구체적으로 이스라엘 사람들은 축복이 중요하기 때문에 이 마을에 어른이 옵니다. 그런 존경받는 어른이 오면 아이들을 데리고 가서 "복을 주세요. 이 아이 머리에 손을 얹고 축복기도 해주세요" 하고 간청합니다. 복을 받으려는 이 간절한 마음이 아주 중요합니다. 이렇게 어린이들을 인도했습니다.

또 하나 중요한 것은 존경입니다. 이 귀한 어른을 보라— 존경을 생활화했습니다. 아주 중요합니다. 가정에서도 무슨 말을 할 때 아이들 앞에서 이런 분들이 훌륭하다고, 이분은 장로님이신데 존경스러운 분이라고, 또 이분은 아주 훌륭한 분이라고 하는 이야기를 해야 아이들이 그쪽으로 생각을 돌립니다. '아, 나도 저 사람처럼 돼야겠다. 저분을 본받아야겠다' 하는 생각이 드는 것입니다. 우리 부모들이 가정에서 조심해야 될 것이 있습니다. 아이들 앞에서 나쁜 이야기를 해서는 안 된다는 것입니다. 이 세상이 망했느니 죽었느니, 하고 못된 말만 하면 그 모두가 아이들 마음속에 박힙니다.

저는 잊을 수 없는 어린 시절의 사건이 하나 있습니다. 옛날 시골에는 특별한 것이 없어서 호박이나 오이 같은 채소류를 따거나, 아니면 집에서 두부나 식혜 같은 것을 만들면 이것이 먹을거리가 됩니다. 어머니가 이런 것들이 있으면 목사님 댁에 가지고 가십니다.

그래 드리고 나서 우리가 나머지를 먹게 하셨습니다. 언젠가는 집에 들어갔더니 아버지가 혼자 앉아 계셨습니다. "어머니 어디 가셨어요?" 하고 물었더니 "목사님한테 갔다. 또 무얼 꿍쳐 가지고 가는가 보더라" 하셨습니다. 그리고 나서 우리 아버지가 그걸 질투하면서 하시는 말씀입니다. "네 어머니가 목사님만큼 나를 위해주면 열녀문 세운다. 열녀문!" 아직도 생생하게 기억납니다. '우리 어머니가 목사님을 저렇게 위하셨구나!' 하는 생각이 납니다. 굉장히 중요합니다. 그러니까 제 마음속에 '목사가 최고다!' 하는 생각이 있었기에 제가 목사가 되지 않았습니까. 반대로 어머니가 목사 흉이나 보고 계셨다면 제가 목사 되었겠습니까. 그러니까 우리 아이들 앞에서 존경이라는 것을 중요하게 생각해야 합니다. 요즘 제일 어려운 것이 이 존경이 없어졌다는 것입니다. 남편도 존경하지 않고, 부모도 존경하지 않습니다. 문제입니다. 가정에는 그렇듯 존경하는 분위기가 있어야 합니다. 오늘 예수님께서 이 마을에 오셨습니다. 그러니까 부모님들이 아이들을 데리고 와서 '자 봐라. 저분이 우리가 존경하는 분이시다. 저런 분을 존경해야 한다. 저런 분을 본받아야 한다' 하고 가르친 것입니다. 존경이 있는 교육이 일생을 좌우합니다. 존경하는 사람이 있어야 됩니다. 그리고 존경하는 사람을 만나게 해줘야 됩니다.

오늘본문을 자세히 읽으면 아주 재미있는 이야기가 있습니다. 사람들이 어린이들을 데리고 왔는데, 제자들이 그들을 꾸짖습니다. 아이들 데리고 오지 말라고요. 시끄럽다는 것입니다. 왜 그랬을 것 같습니까? '아, 설교도 못 알아듣는 아이들이 왜 여기 와서 예수님을 괴롭히나?' '우리 어른들이 여기 와서 하나님 말씀을 들어야지. 아이들은 어차피 못 알아듣는데, 내버려둬.' 이런 생각이었습니다. 그래서 데리고 오지 말라고 하는 것입니다. 그러나 예수님께서는 아니십니다. "저들이 내게 오는 것을 용납하라." 귀로 듣고 이성으로 생각하는 것이 복음이 아닙니다. 존경하고, 믿음으로 쳐다보고, 가슴으로 받는 것이 복음입니다. 복음은 어린이들이 받을 수 있다는 것입니다. 오히려 어린아이와 같은 마음으로 받을 수 있는 것이 복음이지, 잔머리나 굴리는 것이 복음이 아니라는 말씀입니다. 복음은 지적으로 해결할 문제가 아닙니다. 인격적으로 해결하고, 가슴으로 풀어야 하는 문제입니다. 그런고로 '어린아이들이 내게 오는 것을 용납하고 금하지 말라' 하신 것입니다. 아이들이 알아듣느냐 못 알아듣느냐의 문제가 아니라, 아이들이 예수님을 만난다는 것이 문제라는 말씀입니다. 그들의 가슴에 깊은 인상을 주는 것이 문제입니다. 아니, 축복의 문제입니다. 이것이 예수님의 말씀입니다. 얼마나 귀한 말씀인지 모르겠습니다. 험담만 듣고, 비난만 듣고, 한숨소리만 들었습니다. 그리고 어떻게 그 인생이 바로 되겠습니까. 존경을 듣고, 신뢰를 듣고, 칭찬을 듣고, 찬송을 들어야 되겠는데 말입니다. 그리고 기도를 듣고 자라야 하겠는데 말입니다.

    제가 오래 전에 한 기도문을 발견하고, 영어로 된 이 기도문을 번역해서 교인들한테 나누어준 적이 있습니다. 맥아더 장군의 아들을 위한 기도문입니다. 맥아더 장군이 신앙이 좋은 분이라서 '제게 이런 아들을 주십시오'라고 하는 기도문을 만들었습니다. 그 기도문이 유명한 기도문이 되어 많은 사람들한테 알려졌습니다. 이것입니다.

'오, 주여!
제 아이가 이런 사람이 되게 하소서.
약할 때에 자신을 분별할 수 있는 힘과
두려울 때 자신을 잃지 않는 용기를 주소서.
정직한 패배 앞에 당당하고 태연하며,
승리의 때에 겸손하고 온유한 사람이 되게 하소서.

내 아이가 이런 사람이 되게 하소서.
자신의 본분을 자각하여
하나님과 자신을 아는 것이
지식의 기초임을 깨닫는 사람이 되게 하소서.

그를 요행과 안락의 길로 이끌지 마시고,
자극받아 분발하도록 고난과 도전의 길로 인도하소서.
모진 비바람을 견뎌내게 하시고,
실패한 자를 긍휼히 여길 줄 아는 사람이 되게 하소서.

내 아이가 이런 사람이 되게 하소서.
마음이 깨끗하고 높은 이상을 품은 사람,
남들을 다스리기 전에 먼저 자신을 다스리는 사람,
웃을 줄 알면서도 우는 법을 결코 잊지 않는 사람,
미래를 향해 전진하면서도
과거를 결코 잊지 않는 사람이 되게 하소서.

이 모든 것들 외에 그에게 유머 감각을 주소서.
그리하면 항상 진지하면서도
결코 지나치게 심각해지지는 않을 것입니다.
그에게 겸손을 가르쳐주소서.
그리하면 진정한 위대함은 소박하며,
진정한 지혜는 열려 있으며,
진정한 힘은 너그럽다는 것을
언제나 기억할 것입니다.

그 애가 이런 사람이 되었을 때
저는 감히 그에게 속삭일 것입니다.
내가 인생을 결코 헛되이 살지 않았노라고.' △

한 어머니의 큰 믿음

예수께서 거기서 나가사 두로와 시돈 지방으로 들어가시니 가나안 여자 하나가 그 지경에서 나와서 소리 질러 가로되 주 다윗의 자손이여 나를 불쌍히 여기소서 내 딸이 흉악히 귀신들렸나이다 하되 예수는 한 말씀도 대답지 아니하시니 제자들이 와서 청하여 말하되 그 여자가 우리 뒤에서 소리를 지르오니 보내소서 예수께서 대답하여 가라사대 나는 이스라엘 집의 잃어버린 양 외에는 다른 데로 보내심을 받지 아니하였노라 하신대 여자가 와서 예수께 절하여 가로되 주여 저를 도우소서 대답하여 사라사대 자녀의 떡을 취하여 개들에게 던짐이 마땅치 아니하니라 여자가 가로되 주여 옳소이다마는 개들도 제 주인의 상에서 떨어지는 부스러기를 먹나이다 하니 이에 예수께서 대답하여 가라사대 여자야 네 믿음이 크도다 네 소원대로 되리라 하시니 그 시로부터 그의 딸이 나으니라

(마태복음 15 : 21 - 28)

한 어머니의 큰 믿음

　　유대사람들의 지혜를 모아놓은 「탈무드」에 나오는 이야기입니다. 제목이 특별히 마음에 듭니다. '아버지에게 살찐 닭을 대접하고도 지옥 가는 사람이 있고, 아버지에게 물레방아 돌리는 일을 시키고도 천국 가는 사람이 있다.' 아버지께 맛있는 닭을 대접해드렸다면 좋은 일 한 것 아닙니까. 그런데도 지옥에 가고, 아버지께 물레방아 돌리는 일을 시켜드린 자식은 어찌된 일이지 천국에 간다는 것입니다. 사연은 이렇습니다. 어떤 날 아들이 아버지께 아주 실하고 맛있는 닭을 잘 잡아서 대접해드렸습니다. 아버지가 맛있게 잡수시면서 "이 닭 어디서 났느냐?" 하고 아들한테 물었습니다. 아들이 하는 말입니다. "이 노친네야, 개가 먹을 때 조용히 하듯이 그저 먹기나 해라!" 이 아들은 지옥 갔습니다. 다른 집 아들 이야기는 이렇습니다. 아버지가 물레방아 일을 하고 있었는데, 그 나라 임금님이 방을 붙였습니다. 좀 특별히 일이 좀 있어서 '온 나라에 물레방아 돌리는 사람들을 다 모으라'는 명령입니다. 물레방아 돌리는 일을 하는 사람들을 모아 작품 하나 만들려고 그렇게 작업을 했습니다. 그래서 노력동원을 시켰습니다. 이제 아버지도 여기에 가야 되는데, 아들이 생각했습니다. "안 됩니다. 아버지께서 노력동원에 나가시면 그 일 시키는 사람들이 불량하게 일을 시킬 수도 있고, 언짢은 말을 할 수도 있고, 혹은 잘못하면 매질도 할 수 있고, 그럴 텐데요. 아버지께서 이런 어려운 고난을 당하시면 안 됩니다. 아버지께서는 물레방아 일을 계속 하시고, 노력동원에는 제가 아버지 대신 나가겠습니다."

이 아들은 아버지를 물레방앗간에 보내 일을 시키고, 자기는 아버지 대신 그 큰 부역에 나가서 어려운 일을 했더랍니다. 이 아들한테는 천국이 허락되었다는 이야기입니다. 이것은 무엇을 말합니까? 눈에 보이는 현상의 문제가 아니라는 것입니다. 마음과 정성의 문제입니다. 심중에 지금 무엇을 생각하고 있느냐는 것이 관건입니다.

에리히 프롬의 유명한 「사랑의 기술」이라는 책이 있습니다. 이 책의 요지는 '사랑은 관심'이라는 것입니다. 상대방이 지금 무슨 생각을 하고 있는지, 어떤 처지에 있는지에 대해서 마음을 써야 됩니다. 마음이 가지 않으면 아무 일도 되지가 않습니다. 될 수 없습니다. 관심이 중요한데, 이보다 더 중요한 것은 존경입니다. 상대방을 높이고, 나를 낮추는 것입니다. 부모님을 공양하고 대접한다고 하지만, 사실 쓸데없는 소리입니다. 부모님은 공경하는 것입니다. 공경이란 사랑하고는 다릅니다. 영어로는 honor입니다. 사랑(love)과 공경은 서로 좀 다릅니다. 공경은 높이는 것입니다. 부모님을 높이되 그 과거를 생각하며 높이는 것이 아니요, 현재를 생각하는 것입니다. 현재 어머니, 쓸모없는 분이 아닙니다. 그에게 지혜가 있고, 경륜이 있습니다. 이것을 잊지 말아야 합니다. 현재의 부모님을 존경해야 됩니다. 거지에게 돈 주는 것처럼 생각해서는 안 되고, 개한테 먹이 주는 것처럼 착각해서는 안 됩니다. 부모님을 대할 때 모든 면에서 나보다 낫고 높은 분이라는, 그런 존경이 먼저 있어야 합니다. 이것이 바로 사랑이라는 것이요, 깊은 이해입니다. 부모님 지금 처지가 어떠할까, 그 연세와 건강에 부모님이 지금 마음이 어떠할까 하는 깊은 이해를 가져야 합니다. 그 다음에는 책임입니다. 책망하는 것이 아니고, 책임을 지는 것입니다. 사랑이란 책임을 지는 것입니다. 사랑은 남을 탓하지 않습니다. 그 책임이 내게 있다고 생각합니다. 부모가 자식을 생각할 때도 그저 잘못된 것은 다 자기 잘못이라고 생각합니다. 이것이 부모님의 마음이요, 모든 책임을 지는 것입니다. 남을 비판하는 것이 아니요, 나 자신을 희생하는 것입니다. 어느 사이에 희생하게 됩니다. 이것을 사랑이라고 부릅니다. 사랑은 실용적 가치가 있다고, 유명한 매드린 헤케 교수가 말합니다. '사랑하게 되면 기적이 나타난다.' 실용적 기적이 나타나는데, 아주 신비로운 것입니다. 나도 모르게 저는 높아지고 나는 작아지고, 저는 귀하고 나는 천하고, 저는 위대하고 나는 아무 것도 아닌 것으로 생각하게 됩니다. 사랑하면 저절로 자연스럽게 희생하게 되는 것이라는 말입니다.

    오늘본문에 나타나는 이 말씀은 이 문제에 대해서 아주 웅변적으로 우리에게 알려주는 중요한 사건입니다. 아주 위대한 사랑, 사랑이 준 기적을 우리한테 계시해주고 있습니다. 여기 한 어머니가 있습니다. 그리고 그에게 딸이 있습니다. 내 자녀가 건강하냐 못 하냐, 공부를 잘 하냐 못 하냐, 소망이 있느냐 없느냐, 하는 이야기가 아닙니다. 아주 극단적인 사연이 있습니다. 귀신들렸습니다. 어떡하면 좋습니까? 이 귀신들린 이야기만 나오면 제게 생각나는 것이 있습니다. 오래전 제가 고향에 있을 때 새벽기도를 다녔는데, 갈 때는 어둡지만 돌아올 때는 좀 날이 밝습니다. 돌아오는 길에 긴 다리가 있습니다. 이름이 석교, 돌다리입니다. 그 다리를 건너오면 거기 목수간이 있습니다. 나무로 여러 물건을 만드는 곳인데, 그 집에 귀신들린 여자가 있었습니다. 묶어놓고 때리기도 하고, 어떤 때는 소리를 그렇게 지르는데, 정말 안타깝습니다. 묶어놓지 않으면 어떤 때는 처녀가 옷을 홀랑 벗은 채로 거리에 뛰어다닙니다. 그러면 동네 아이들이 따라다니면서 구경하고 놀립니다. 매어놓으면 어떤 때는 구슬프게 웁니다. 성경 읽을 때 '귀신들린 여자' 하면 그 생각이 늘 납니다. 참 불쌍합니다. 어떻게 사람이라고 봅니까? 아주 불필요한 존재일 수 있습니다. 그 부모님이 다 이 딸 때문에 그야말로 웃음이 없습니다. 아무런 수고를 해도 보람도 없습니다. 귀신들린 딸, 어떡하면 좋습니까?

오늘본문에 귀신들린 딸이 나옵니다. 이 딸 때문에 이 여자는 예수님 앞에 다가옵니다. 무엇을 의미합니까? 지금 어머니는 딸에 대한 소망을 버리지 않았습니다. 이 딸은 지금 확실하게 귀신들려 정신없는 쓸데없는 존재요, 불필요한 사람입니다. 귀찮은 존재일 뿐 아니라, 있어서는 안 될 존재입니다. 그러나 어머니의 마음은 그렇지 않습니다. 귀신들렸을 뿐이고, 그 속에는 깨끗한 영혼이 있다고 믿고 있습니다. 귀신만 나가면 된다고 생각하고 있습니다. 유명한 말씀이 있지 않습니까. 누가복음 13장에 18년 된 귀신들린 여자의 이야기가 나옵니다. 귀신들린 지 18년이니까 20살에 들렸으면 지금 38살입니다. 인생을 이렇게 보냈습니다. 게다가 허리도 꼬부라져서 꼽추입니다. 육체로 보나 정신으로 보나 완전히 폐물인 여자입니다. 18년 동안이나 귀신들려 있는 이 여자를 예수님께서 보시고 "저도 아브라함의 딸"이라고 하십니다. 귀신에 붙잡혀 있을 뿐이지, 그 속에는 깨끗한 영혼이 있다고요. 예수님께서는 그를 사랑하셨습니다.

이 사실을 잊지 말아야 합니다. 그 속사람을 사랑하고, 영혼을 사랑하고, 깊은 세계의 아름다움을 믿는 어머니가 오늘 나를 사랑하고 계십니다. 이 딸에 대한 믿음을 버리지 않았습니다. 이 딸에 대한 소망도 버리지 않았습니다. 그리고 예수님 앞에 다가옵니다. 얼마나 놀라운 이야기입니까. 미모도 없고, 재능도 없고, 쓸모도 없습니다마는, 어머니에게는 소중합니다. 그 무엇과도 바꿀 수 없는 소중한 딸이었더라는 것입니다. 그리고 더 중요한 것은 이 딸을 위해서라면 무슨 수고라도 할 수 있습니다. 어떤 굴욕도 참을 수 있고, 어떤 어려움도 견뎌낼 수 있습니다. 여자는 약지만, 어머니는 강합니다. 사랑하는 어머니, 믿음이 있는 어머니, 소망이 있는 어머니는 강합니다. 아주 강합니다. 저는 그렇게 믿습니다. 이것이 바로 어머니입니다.

제 개인적인 간증입니다. 제 어머니가 마흔 한 살에 저를 얻으셨습니다. 그래 정성껏 저를 키우셨고, 1951년에 제가 고향을 떠날 때 성경책 하나를 제 손에 들려주셨습니다. 그걸 들고 떠났습니다. 어머니는 그때 제게 "내가 너를 위해서 기도하마. 걱정하지 마라. 새벽마다 기도 중에 너를 만나자" 하셨습니다. 그리고 제가 북한에 갔을 때 어머니는 뵐 수 없었지만, 호적을 찾아왔습니다. 호적을 가져와 뒤적여 보니 호적대로는 어머니가 94세까지 사셨습니다. "아, 어머니! 이 열악한 환경에서 왜 이렇게 오래 사셨습니까?" 제가 그렇게 부르짖었습니다. 어머니의 목소리가 제 귀에 들려옵니다. "너를 위해 기도하노라고 오래 살았다." 기도하는 어머니는 낙심하지 않습니다. 기도하는 어머니는 94세까지 사셨습니다. 이 모든 역경을 다 이길 수 있습니다. 기도하는 어머니는 위대합니다.

오늘본문에 나타난 이 어머니는 귀신들린 딸을 위해서라면 무슨 희생을 못하랴, 하는 간절한 마음으로 예수님 앞에 왔습니다. "내 딸을 불쌍히 여기소서. 아니, 저를 불쌍히 여기소서. 귀신들린 딸을 가진 저를 불쌍히 여기소서." 이렇게 울부짖고 있습니다마는, 예수님께서 잠깐 시험을 하신 것 같습니다. 첫마디를 대답하지 않으셨습니다. 그러나 그 어머니는 계속 부르짖었습니다. 제자들은 방해했습니다. "시끄럽습니다. 이 여자를 보내소서. 이 여자가 아주 이 분위기를 망칩니다." 그런데 이 여자는 뒤로 물러서지 않았습니다. 마침내 예수님께서 말씀하십니다. "나는 이스라엘의 잃어버린 자에게 왔노라." 이 말씀은 '너 가나안 여자, 이방 여자 너하고는 나와 관계가 없다'는 뜻입니다. 그러나 이 여자는 끝까지 부르짖습니다. "저를 불쌍히 여기소서. 귀신들린 딸을 가진 저를 불쌍히 여기소서." 이 상황에서 예수님께서는 마지막으로 시험하십니다. "자녀의 떡을 취하여 개에게 줄 수 없다." 여기는 중요한 해석이 필요합니다. 원래 이스라엘 사람들은 이방사람들을 개 취급 했습니다. 도덕적으로 너무 문란하기 때문입니다. 이 가나안 여자들은 더욱더 문란해서 사람 취급도 안 했습니다. 그래서 별명이 개입니다. 모든 유대 사람들이 가나안 사람들을 개 취급을 하는데, 예수님께서도 똑같은 말씀을 하시는 것입니다. "자녀의 떡을 취하여 개에게 줄 수 없다."

참 감당하기 어려운 시험입니다마는, 여기 우리 마음을 뜨겁게 하는 감동되는 말씀이 있습니다. "주여, 옳습니다." 아니라고 하지 않았습니다. "주여, 옳습니다. 저는 개입니다. 그러나 개도 주인의 상에서 떨어지는 부스러기를 먹어야 합니다. 개도 주인의 개입니다." 예수님께서 감동되셨습니다. 그리고 하시는 말씀입니다. "네 믿음이 크다." 칭찬이 요샛말로 하면 메가톤급입니다. 그 믿음이 메가톤급, 큰 믿음이라는 것입니다. 그래 칭찬하시고 "네 소원대로 되리라" 하십니다. 그리고 여기서 아이가 깨끗해집니다. 이 여자가 자기를 위해서라면 이런 굴욕을 참았겠습니까. 자기가 병들어서, 자기가 불편해서 예수님께 다가오는데, 이런 시험을 걸었다면 "아니, 병들은 대로 살다가 죽으면 될 거 아니오? 이렇게 멸시하지 마시오" 하고 가버리고 말았을 것입니다. 그러나 어머니이기에 사랑하는 딸을 위해서라면 이것은 문제가 안 됩니다. 그래서 이 모든 굴욕을 참고, 이 어려움을 견디고 이 시험을 이깁니다. "옳습니다." 부정하지 않았습니다. "개는 분명히 개지만, 개도 주인의 상에서 떨어지는 부스러기를 먹습니다." 예수님께서 크게 감동하시고, 큰 믿음이라고 칭찬하십니다. 이것이 축복받은 자의 마음입니다. 내가 지금 어떤 처지에 있더라도. "옳습니다. 저는 이것밖에는 받을 수 없는 사람입니다. 제가 받는 처우, 옳습니다. 제가 받은 처지, 분에 넘칩니다. 옳습니다." 이 얼마나 굉장한 믿음입니까. 이 믿음이 어디서 나왔습니까? 어머니이기 때문입니다. 자기 병을 위해서라면 이런 굴욕을 참기 어렵습니다. 그러나 딸을 위하는 마음이기 때문에 그는 자기를 부정했고, 겸손하게 대했고, 메시아에 대한 위대한 믿음을 가지고 나오게 됩니다. 버려진 자요, 저주받은 자처럼 보입니다마는, 그 마음속에 딸을 사랑하는 마음, 그 거룩한 마음으로 마침내 이 여인은 축복받는 하나님의 사람이 됩니다.

감리교의 창시자인 요한 웨슬리(John Wesley)는 이렇게 말합니다. "나는 모든 영국의 신학자들로부터 배운 것보다, 내 어머니로부터 기독교와 신학을 배운 것이 더 많다." 그렇습니다. 어머니로부터 배우는 것이 그 모든 것 가운데 가장 위대한 신학이요, 성경이요, 지혜요, 능력입니다. 옛날에 심방 갔을 때 그 집에 소아마비 자녀가 한 명 있었습니다. 이런저런 훈련을 받고, 소아마비로서 건강하게 되어

보려고 노력을 했습니다. 제가 갔을 때 많이 좋아졌다고 했습니다. 보조다리를 붙이고 있었는데 "일어서!" 하니까 아이가 일어섰습니다. 방긋방긋 웃습니다. 함께 심방 갔던 분들이 "걸어와 봐. 이리 와 봐" 하니 아이가 걸어왔습니다. 하나, 둘 셋, 걸어오다가 그만 푹 하고 쓰러지면서 아이가 "엄마!" 하고 울었습니다. 그때 보니 어머니가 통곡을 했습니다. 소아마비로 아파서 쓰러지는 이 아이를 보면서 어머니의 마음은 찢어집니다.

그런데 오늘본문에 나타난 이 여인은 귀신들린 딸을 가지고도 낙심하지 않았습니다. 그리고 예수께 나아왔습니다. 마침내 "네 소원대로 되리라" 하는 위대한 축복을 받게 됩니다. 모든 일에 실수도 있고 부족함도 있겠지만, 제발 어머니의 거룩한 마음을 배신하지 말아야 합니다. 이것을 꼭 잊지 말아야 합니다. 어머니의 거룩한 사랑을 멸시하지 마시기 바랍니다. 최소한 사랑의 배신은 없어야 합니다. '네 믿음이 크다. 네 소원대로 되리라.' 이 위대한 믿음에 응답이 있고 부흥이 있는 거룩한 역사가 있어야 할 것입니다. △

그리스도의 사람의 실체

그러므로 이제 그리스도 예수 안에 있는 자에게는 결코 정죄함이 없나니 이는 그리스도 예수 안에 있는 생명의 성령의 법이 죄와 사망의 법에서 너를 해방하였음이라 율법이 육신으로 말미암아 연약하여 할 수 없는 그것을 하나님은 하시나니 곧 죄를 인하여 자기 아들을 죄 있는 육신의 모양으로 보내어 육신에 죄를 정하사 육신을 좇지 않고 그 영을 좇아 행하는 우리에게 율법의 요구를 이루어지게 하려 하심이니라 육신을 좇는 자는 육신의 일을 영을 좇는 자는 영의 일을 생각하나니 육신의 생각은 사망이요 영의 생각은 생명과 평안이니라 육신의 생각은 하나님과 원수가 되나니 이는 하나님의 법에 굴복치 아니할 뿐 아니라 할 수도 없음이라 육신에 있는 자들은 하나님을 기쁘시게 할 수 없느니라 만일 너희 속에 하나님의 영이 거하시면 너희가 육신에 있지 아니하고 영에 있나니 누구든지 그리스도의 영이 없으면 그리스도의 사람이 아니라 또 그리스도께서 너희 안에 계시면 몸은 죄로 인하여 죽은 것이나 영은 의를 인하여 산 것이니라 예수를 죽은 자 가운데서 살리신 이의 영이 너희 안에 거하시면 그리스도 예수를 죽은 자 가운데서 살리신 이가 너희 안에 거하시는 그의 영으로 말미암아 너희 죽을 몸도 살리시리라

(로마서 8 : 1 - 11)

그리스도의 사람의 실체

　요사이 우리는 날마다 특별한 증후군 현상을 길거리에서 볼 수 있습니다. 참 어찌 생각하면 안됐다 싶습니다. 담배가 몸에 나쁘다는 것은 누구나 다 아는 이야기입니다. 직접 흡연을 하는 것도 나쁘지만, 간접흡연도 좋지 않습니다. 심지어 유전자에까지 악영향을 끼쳐서 후손에까지 크게 문제가 될 수 있다는 사실을 상식으로 우리는 다 알고 있습니다. 담배 피우는 사람의 입장에서 생각해보면 지금이 아주 수난기입니다. 도대체 피울 데가 없습니다. 여기도 금연, 저기도 금연…… 이렇게 다 써 붙여놓아서 가끔 사람들이 한데 모여앉아가지고 담배를 빨고 있는 장면을 보면 참으로 안됐다는 생각이 듭니다. 담배 끊는 것 하나를 못하니, 얼마나 기가 막힌 이야기입니까. 사람이 이렇게 초라하다는 말입니까? 멀쩡하게 생긴 사람들이 거기 앉아서 담배 피우는 것을 보면 지나가다가 한참씩 구경을 하곤 합니다. 한 번 설교를 하고 싶지만 안 들을 것 같아서 안 합니다. 참으로 불쌍한 사람들입니다. 왜 그럴 것 같습니까?
　그들만 불쌍히 여기지 마십시오. 사실은 우리 모두가 다 나약한 존재입니다. 끊어야 될 것 못 끊고, 버려야 될 것 버리지 못합니다. 얼마나 나약한 존재입니까. 해야 할 일은 할 수 없고, 해서는 안 될 일만 거듭거듭 하게 된다는 말입니다. 사도 바울이 로마서 7장에서 과감하고 솔직하게 우리에게 말씀해주었습니다. "원하는 소원을 행할 수 없고, 원치 않는 죄만 짓는 사람이로다." "오호라 나는 곤고한 사람이로다. 이 사망의 몸에서 누가 나를 건져내랴?" 해서는 아니

될 일은 자꾸 하게 되고, 하지 말아야 될 일은 자꾸 하게 되고……
어째서 이 모양이 되느냐는 말입니다. 얼마나 나약한 존재입니까.

캐나다의 브래들리(K. R. Bradley) 교수의 「Slave and Master in Roman Empire」라는 저서가 있습니다. 이 책에서 그는 옛날 로마 나라의 인구 3분의 1이 노예였다고 말합니다. 노예한테는 한마디의 교리가 있었습니다. 그것은 라틴어로 'Fides, Obseqium'입니다. '충성과 복종'이라는 뜻입니다. 이것뿐입니다. 충성과 복종, 여기에 익숙해지면 살고, 이것을 거절하면 죽습니다. 가축 정도의 비참한 대우를 받으면서 살아갑니다. 그러나 길들여진 노예가 있습니다. 쇠사슬에 묶을 필요가 없고, 매로 칠 필요도 없습니다. 잘 길들여진 노예가 있더라는 말입니다. 그래서 그 당시 노예해방이 있었다는 것입니다. 왜냐하면 너무나 충성되고 온유하니까요. 때릴 것도 없고, 명령할 것도 없습니다. 내버려둬도 일을 잘 하니까요. 도망가지 않는 길들여진 노예입니다. 어떤 경우에는 주인이 세상 떠날 때 노예가 너무나 충성스러웠기에 그 노예를 해방시켜주었습니다. 노예증서를 없애버리고 '너는 자유이니라' 하고 해방시켜주었다는 말입니다.

그런데 문제가 있습니다. 이 노예생활에서 벗어나 자유롭게 살지를 못합니다. 오히려 더 비참해지는 경우가 많고, 어떤 사람은 다시 자발적으로 들어와서 또 노예가 된다는 것입니다. "저는 노예가 좋습니다. 나가 사는 것 원치 않습니다. 자유를 원치 않습니다." 이런 노예가 많이 있었다고 합니다. 이것이 무엇입니까? 길들여진 노예, 여기서 헤어나지를 못하는 것입니다. 몸은 헤어나도 정신이 헤어나지 못하고, 생활양식이 헤어나지를 못합니다. 이것이 바로 노예생활입니다.

그러면 사람은 어찌 자유할 수 있겠습니까? 삼분설로 말합니다. 첫째, 육체 주도적 인간이 있습니다. 육체적 욕망이 전부입니다. 이것을 이루면 행복하고, 이루지 못하면 불행합니다. 이것만을 추구하면서 살아갑니다. 육체적 욕망을 채우기 위해서입니다. 참 비참한 것입니다. 그런가 하면 이성 주도적 인간이 있습니다. 도덕성과 이성으로 판단합니다. 그러나 나약해서 이성을 따라간다고 하면서도 이성 주도적으로 살아가지는 못합니다. 생각일 뿐입니다. 비참한 것입니다. 그런가 하면 영 주도적 인간이 있습니다. 이것은 중생하는 시간부터, 복음을 받아들이는 순간부터 성령께서 우리 안에 계셔서 말씀하십니다. 그를 따라갈 때 영 주도적 인간이 되는 것입니다.

오늘본문에는 우리한테 귀중한 말씀이 있습니다. 그리스도의 영이 없으면 그리스도의 사람이 아니라— 그리스도의 영이 없으면 그리스도의 사람이 아닙니다. 제가 가끔 문학 작품으로 중요한 소설을 보든가, 아니면 드라마를 보기도 합니다. 아주 재미있게 봅니다. 마지막에 가서 어떻게 끝나나 보자니까 흐지부지하게 죽어버리고 맙니다. 인생무상으로 끝납니다. 그럴 때 저는 그 작가를 생각해봅니다. '이 사람이 예수를 안 믿어서 인생의 종말은 인생무상 밖에 모르나?' 훌륭한 작품, 이른 바 실존주의적 작품이라는 것도 마지막에 가서는 참 비참하게 끝납니다. 왜 그럴까요? 그것이 인간 자체의 모습이요 실존이기 때문입니다.

그런고로 다시 한 번 생각해봅시다. 그리스도의 영이 없으면 그리스도의 사람이 아니다— 정신이 문제가 아니고, 도덕성이 문제가 아니고, 경제생활이 문제가 아닙니다. 마음 속 깊은 곳에 그리스도의 영이 없으면 그리스도의 사람이 아니라는 것입니다. 성령 주도적 인간을 우리한테 말씀합니다. 성령께서 우리에게 임하시면, 먼저는 우리에게 믿음을 주십니다. 하나님에 대한 믿음, 십자가에 대한 믿음, 거룩한 믿음을 가지게 됩니다. 믿음은 성령께서 주시는 선물입니다. 내 의지로 되지 않습니다. 믿어져야 믿을 수 있습니다. 믿음에 다른 이유가 없습니다. 성령에 의해서 내가 믿어지는 것입니다. 바로 이 믿음으로 말미암아 의롭다 함을 얻는 것이요, 그 다음에는 이제 믿었으니 성령께서 내 안에 계셔서 내 생활을 주도하십니다. 내 의식, 내 도덕성, 내 몸, 내 라이프 스타일을 지배해주시면서 성화의 길이 생깁니다. 나도 모르게 변화됩니다. 마치 담배를 피우던 사람이 어느 순간에 담배 생각이 싹 없어지는 것과 같습니다. 이것은 신비로운 기적입니다. 우리는 모릅니다마는, 본인들한테는 놀라운 사건입니다.

　어떤 분이 우리 교회에서 예수를 믿고 집사가 되어서도 담배를 못 끊었습니다. 마음 가운데 께름칙하고 죄송스럽게 생각하는데, 어느 날 끊었습니다. 어떻게 끊었느냐고 물었더니 말씀이 너무나 재미있습니다. 8월 15일 기념예배 때 제가 이렇게 설교했다고 합니다. 저는 잊어버렸지만, 그분은 기억하고 있습니다. "하나님께서 주신, 그 창조주께서 주신 고귀한 자유를 하찮은 담배에 빼앗긴 불쌍한 심령이 있다……" 이 말씀을 듣자마자 '맞다. 내가 그런 비참한 놈이다' 하고 깨달았고, 그 순간 이후부터 담배 생각이 안 났다는 것입니다. 그래서 담배를 끊었습니다. 이것을 뭐라고 해야겠습니까? 성령께서 역사하시는 성화의 역사입니다. 성령께서 성화되게 하십니다. 내 성품도, 내 생활도, 내 철학도, 내 가치관도 다 바꾸어주신다는 말씀입니다.

그런가 하면 하나님의 자녀의 특권을 항상 보증해주십니다. 어떤 형편에도 '너는 하나님의 자녀요, 병들어도 하나님께서 너를 사랑하시기 때문'이라고 말입니다. 어느 순간 어떤 고통을 당해도 성령께서는 말씀하십니다. "하나님께서 너를 특별히 사랑하셔서 오늘 여기가 있다." 이렇게 성령께서 내가 하나님의 자녀 됨을 증거해주신다고 성경은 말씀합니다. 또 한편 성령께서는 내가 얼마나 소중한 존재인지를 알게 하십니다. 하나님의 자녀요, 영원한 기업을 누릴 사람이요, 성도입니다. 이 성도의 기업을 오늘도 느끼고 체험하게 하십니다. 이것이 성령의 역사입니다.

그런데 오늘본문에는 깊이 생각해야 하는 말씀이 하나 있습니다. 로마서 8장 26절에 '성령의 탄식'이라는 말씀이 있습니다. 성령께서 깊이 탄식하십니다. 성령과 우리의 관계는 기계적 관계도, 본능적 관계도 아닌 인격적 관계입니다. 이것을 잊지 말아야 합니다. 인격적 관계— 그래서 우리 마음에 두 마음이 있고, 갈등을 일으키기도 합니다. 인도 사람들의 격언대로 말하면 우리 마음에는 언제나 개 두 마리가 있습니다. 하나는 흰 개요, 다른 하나는 검은 개입니다. 종종 검은 개와 흰 개가 싸우는데, 흰 개가 이기면 영혼이 기뻐하고, 검은 개가 이기면 육체가 기뻐한다고 합니다. 재미있는 비유 아닙니까.

우리 안에 양심이 있고, 우리 속에 귀중한 영의 역사가 있습니다. 예수 믿는 날부터, 중생한 날부터 주의 성령께서 나와 함께하시면서 계속하여 그 성령과 나 사이에 인격적 관계를 이루십니다. 계속해서 말씀하십니다. 그리고 내가 성령의 역사를 거역할 때 성령께서는 탄식하십니다. '그러면 안 되는데, 네가 그래서는 안 되는데……' 성령께서 탄식하십니다. 거역하면 성령께서 물러가십니다. 이것을 잊지 말아야 합니다. 성령께서는 우리 안에서 계속 말씀하십니다. 우리 마음을 다스리십니다. 그래서 성령께서 우리한테 아주 확실하게 말씀하십니다. 갈라디아서에 보면 '성령의 열매'라는 말씀이 있습니다. 우리가 실수하기 쉬운 말씀입니다. 우리는 성령의 열매가 사랑과 희락과 화평이라고 해서 "사랑합시다. 희생합시다. 화평합시다. 인내합시다" 하기 쉬운데, 이것은 성령의 열매가 아닙니다. 열매는 성령께서 임하실 때 자동적으로 맺히는 것입니다. 사랑은 우리의 도덕성이 아닙니다. 사랑은 우리 안에 있는 성령의 열매라는 것을 잊지 말아야 합니다.

내가 내 마음으로, 내 의지로 이것을 행하고, 이것을 버리는 것은 그리스도인의 자유가 아닙니다. 쉽게 말하면 성령께서 우리 안에 계시고, 성령으로 인해서 말씀이 우리 마음 가운데 계실 때, 요새 젊은이들이 쓰는 말로 하면, 자동적으로 사랑하게 됩니다. 자동적으로 기뻐하게 됩니다. 이유가 없습니다. 화평과 인내가 이루어지고, 성령의 아홉 가지 열매가 주렁주렁 맺히는 것입니다. 사랑과 희락과 화평과 인내와 자비와 양선과 충성과 온유, 그리고 절제의 아홉 가지 열매가 성령으로 인해서 주렁주렁 맺히는 것입니다. 이것이 바로 그리스도인의 모습입니다.

성령께서 오늘도 말씀하십니다. 아마 여러분도 이 말씀을 다 듣고 있을 것입니다. 말씀으로 인격적 관계를 맺어서 기도할 때 말씀하십니다. 설교 들을 때 성령께서 말씀하십니다. 내가 고민할 때, 어려운 일로 인해서, 질병으로 인해서, 실패로 인해서 여러 가지로 어려움 가운데 있을 때 성령께서는 나를 위로하시고, 그때 말씀하십니다. 내가 찬송할 때 말씀하십니다. 내가 순종할 때 성령께서는 기뻐하십니다. 그리고 충만함의 역사를 이루십니다. 특별히 예수님께서 하신 말씀을 들어보십시오. "너희가 공회에 끌려갈 때가 있느냐? 재판받기 위해서 공회에 끌려갈 때 두려워하지 마라. 거기 가서 어떻게 할 것인가 걱정하지 마라. 가서 담대하게 현장에 서라. 그러면 성령께서 무슨 말을 할 것인지 가르쳐주시리라." 얼마나 중요한 이야기입니까.

우스운 이야기입니다마는, 제 간증입니다. 이것은 개인적인 간증입니다. 제가 북한에 자주 다니는데, 오래 전에 갔을 때 이분들이 저를 망신시키려고 김일성대학 철학과 교수를 한 사람 데려왔습니다. 그리고 저한테 질문을 하게 하는 것입니다. "하나님 믿으신다면서요?" "믿지요." "하나님 믿는다고 하시는데, 하나님을 보셨습니까?" "못 봤지요." "못 본 걸 어떻게 믿습니까? 우리는 과학적이라서 못 본 것은 안 믿습니다." 이렇게 아주 비아냥거리면서 질문을 합니다. 그때 성령께서 제게 말씀을 가르쳐주셨습니다. 제가 웃으면서 말했습니다. "못 본 것은 없는 것입니까? 선생님이 못 본 것은 없는 거냐고요?" 대답을 못합니다. 다시 물었습니다. "못 본 게 없나요?" 그 사람이 겨우 대답하기를 "있지요" 합니다. 그래서 제가 한마디 더했습니다. "그러면 본 것과 못 본 것 가운데 어느 쪽이 더 많습니까?" 그 교수가 대답을 못합니다. "당신들은 본 것만을 가지고 말하지만, 저는 못 본 세계까지 다 믿고 알고 있습니다. 거 유치한 말 좀 그만하라고요." 제가 그랬더니 그 교수가 더 이상 말을 못하고 얼굴이 새까매졌습니다. 그 간부가 그 교수를 보고 "동무, 뭐라고 말 좀 하라우" 합니다. 그런데도 교수는 대답을 못합니다. 그러면서 벌벌

떠는 것을 보고 제가 속으로 '내가 이겼다' 그랬습니다.

성령께서 가르쳐주십니다. "핍박을 당할 때, 내가 어려운 일을 당할 때 현장에 서라. 그러면 내가 무슨 말 할 것인지 말해주리라." 분명히 실감했습니다. 제가 미리 준비했던 것도 아닙니다. 성령께서 말씀하십니다. 이제는 성령의 말씀에 순종해야 됩니다. 스스로 바로 설 수 없고, 스스로 보일 수도 없습니다. 내가 끊지 못합니다. 내가 참지도 못합니다. 그러나 성령 안에 살면 참을 수 있습니다. 이길 수 있습니다. 넉넉히 이깁니다. 성령의 역사 안에서 넉넉히 이길 수 있습니다. 성령께서 조용하게 말씀하실 때 마음을 열고 순종하기 바랍니다. 엎드려 기도하면서 순종하면 어느 사이에 그 음성이 커질 것입니다. 더 크게 크게 말씀하시고, 확실하게 우리의 심령에 말씀하시고, 나를 의의 길로 인도하십니다. 이것이 바로 성령충만이라고 하는 것입니다. △

주의 종이 듣겠나이다

아이 사무엘이 엘리 앞에서 여호와를 섬길 때에는 여호와의 말씀이 희귀하여 이상이 흔히 보이지 않았더라 엘리의 눈이 점점 어두워가서 잘 보지 못하는 그 때에 그가 자기 처소에 누웠고 하나님의 등불은 아직 꺼지지 아니하였으며 사무엘은 하나님의 궤 있는 여호와의 전 안에 누웠더니 여호와께서 사무엘을 부르시는지라 그가 대답하되 내가 여기 있나이다 하고 엘리에게로 달려가서 가로되 당신이 나를 부르셨기로 내가 여기 있나이다 가로되 나는 부르지 아니하였으니 다시 누우라 그가 가서 누웠더니 여호와께서 다시 사무엘을 부르시는지라 사무엘이 일어나서 엘리에게로 가서 가로되 당신이 나를 부르셨기로 내가 여기 있나이다 대답하되 내 아들아 내가 부르지 아니하였으니 다시 누우라 하니라 사무엘이 아직 여호와를 알지 못하고 여호와의 말씀도 아직 그에게 나타나지 아니한 때라 여호와께서 세번째 사무엘을 부르시는지라 그가 일어나서 엘리에게로 가서 가로되 당신이 나를 부르셨기로 내가 여기 있나이다 엘리가 여호와께서 이 아이를 부르신 줄을 깨닫고 이에 사무엘에게 이르되 가서 누웠다가 그가 너를 부르시거든 네가 말하기를 여호와여 말씀하옵소서 주의 종이 듣겠나이다 하라 이에 사무엘이 가서 자기 처소에 누우니라

(사무엘상 3 : 1 - 9)

주의 종이 듣겠나이다

사랑하는 아들과 식사를 함께할 때마다 늘 기도하는 어머니가 있었습니다. 아들이 유치원에 다니는 정도 나이이기 때문에 어머니는 항상 똑같은 말로 기도했습니다. "하나님 아버지, 제 아들이 어미 말을 잘 듣는 아들이 되게 해주세요." 늘 이렇게 기도했는데, 몇 년 지나서 아들이 좀 컸습니다. 어느 날은 그러더랍니다. "엄마, 오늘은 내가 기도해도 돼?" 너무나 기특해서 어머니는 아들이 기도를 하게 해주었습니다. "하나님 아버지, 우리 엄마가 제 말 잘 듣게 해주세요!"

제 가까운 친구 목사님이 새벽기도에 나오다가 차 사고가 났습니다. 내외분이 아주 크게 부상을 입어서 병원에 입원하게 됩니다. 무려 두 주간이나 의식이 없었습니다. 제가 방문했을 때 마침 입원실에는 아무도 없고 그 환자만 누워 있습니다. 그런데 의식은 없습니다. 벌써 보름동안이나 깨어나지 못했습니다. 그 가까이 귀에다 대고 제가 아무래도 세상 떠날 것 같아서 성경을 읽고 늘 하는 대로 임종기도를 했습니다. "하나님이시여, 이 영혼을 거두어주세요. 요단강을 편히 건너가게 하시고, 주님의 얼굴을 반가이 대하게 해주세요." 종말적인 임종기도를 간절하게 드렸습니다. 그런데 그 한 시간 뒤에 살아났습니다. 나중에 만나서 이야기를 하는데, 글쎄 보름동안이나 의식이 없었는데도 제가 기도하는 것을 다 들었답니다. 그대로 다 들었습니다. 그래서 제가 농담으로 한마디 했습니다. "내가 조금 더 세게 했더라면 아주 건너가는 건데, 내 기도가 약해서 당신이 살

앉어."

조심하십시오. 우리 오감 중에 제일 마지막까지 남아 있는 것이 청각입니다. 눈도 보지 못하고, 의식도 없는 것 같지만, 듣고 있습니다. 그러니까 환자 앞에서 함부로 말하지 말아야 합니다. 다 듣고 있습니다. 요단강을 건너가는 그 시간까지 듣습니다. 듣는 기능은 가지고 있다는 말입니다. 그러기에 정말 소중한 것입니다. 눈은 끊임없이 감았다 떴다 하지 않습니까. 그러니까 보기도 하고 못 보기도 합니다. 그런데 귀는 귀를 막는 일이 별로 없습니다. 항상 열려 있습니다. 그래서 아침에 알람 맞추어놓은 것이 울릴 때 일찍 일어날 수 있는 것 아닙니까. 이 청각은 항상 깨어 있다는 말입니다. 우리가 하나님께 향한 우리의 마음의 눈, 귀는 마음의 귀는 항상 열려 있다는 그런 귀한 진리를 여기서 찾게 됩니다.

로마서 10장 17절은 말씀합니다. "믿음은 들음에서 나며 들음은 그리스도의 말씀으로 말미암았느니라." 듣는 것, 참 중요합니다. 그런데 이상한 것이 하나 있습니다. 사람들의 귀는 열려 있지만, 마음의 귀가 열리지 않으면 사람들은 꼭 듣고 싶어 하는 말만 듣는다는 것입니다. 많은 말을 들었지만, 진짜로 들은 말은 몇 마디 안 됩니다. 왜냐하면 듣고 싶어 하는 말만 듣기 때문입니다. 듣기 싫은 말은 안 듣는다는 데에 문제가 있습니다. 자기 마음에 좋아하는 말만 듣는 나쁜 진실이 있다는 것입니다. 들리지 않는 마음, 이것은 벌써 심판받은 것입니다. 우리가 듣고, 마음으로 결심하고, 깨닫고, 늘 생각하지만, 육신이 약해서 늘 하나님의 말씀을 듣고 그대로 하지는 못합니다. 못하는 일이 너무나 많습니다. 그러나 이것은 가능성이 있습니다. 아직도 들리고 있으니까 말입니다. 지금도 하나님의 말씀이 나한테 들리고 있기에 소망이 있습니다. 그러나 문제가 뭐냐 하면, 들리지 않는 것이 있다는 것입니다. 어느 때인가 들리지 않습니다. 내가 듣지 않고 거역하고, 거역하고, 또 거역하면 마지막에는 성령의 역사가 떠나면서 마침내 들리지 않게 됩니다. 성경을 보아도 보이지 않습니다. 교회에 나와도 어떤 말씀도 들리지 않습니다. 심판받은 심령입니다. 바로 왕처럼 말입니다. '그 마음이 강퍅케 되니라. 하나님께서 강퍅케 하시니라.' 이것이 무엇입니까? 하나님께서 그 마음의 귀를 닫아놓으셨고, 이제 안 들리는 것입니다.

세상에 제일 불쌍한 사람이 안 들리는 사람입니다. 교회에 나와 앉아서도 안 듣는 것이 아니라 안 들리는 것입니다. 그래서 굉장히 미안한 이야기입니다마는, 교회만 나오면 조는 사람이 있습니다. 이것 문제입니다. 가끔 조는 것이 아니라, 늘 좁니다. 왜 이렇게 다른 때는 안 졸리다가 교회만 오면 졸음이 옵니까? 그것도 보통 병이 아닙니다. 어쨌든 중요한 것은 들린다는 것입니다. 우리가 들리는 대로 다 응답하고, 다 순종하고, 다 행동하는 것은 아닙니다. 하지만 아직도 들린다는 것은 정말 중요한 말씀입니다. 들려지지 않을 때 문제가 있습니다. 이 들리는 바에 우리가 어떻게 응답하며 사느냐가 참 중요합니다.

헨리 블랙가비라는 유명한 목사님이 쓴 책이 한 권 있습니다. 아주 재미있는 책입니다. '하나님의 음성에 응답하는 삶'이라고 하는 중요한 신앙서적에 나오는 이야기입니다. 이 목사님이 젊었을 때 처음 목사가 되었습니다. 30대에 목사가 되었는데, 첫 번째로 장례식을 하게 되었습니다. 죽은 아이 나이가 4살입니다. 어느 교인 가정에 4살짜리 아이가 차 사고로 죽었습니다. 이 장례식을 하면서 이 목사님이 슬퍼서 많이 울었습니다. 너무나 답답해서 큰 충격을 받았습니다. 왜냐하면 아이가 어려서가 아닙니다. 이 집에 전에 심방을 간 적이 있었습니다. 몇 번 그 집에 갔을 때 그 애와 그 온 식구가 같이 노는 것을 보았는데, 아이가 무척 예쁩니다. 그런데 문제가 하나 있습니다. 이 아이가 아주 청개구리 띠가 돼가지고 꼭 하지 말라는 일만 합니다. 가라면 오고, 오라면 가고, 먹으라면 내던지고…… 꼭 반대로만 합니다. 그런데도 아버지, 어머니, 할아버지, 할머니가 모두 다 그것을 재롱으로만 보고, 아이가 아무리 정반대로 해도 다들 웃으면서 그렇게 아이가 자라는 것을 보며 지냈습니다. 그런데 어느 날 할아버지가 그 애 손을 잡고 거리에 나갔다가 차가 많이 오가는데 그리로 아이가 달려가는 것을 보고 "이리와!" 했는데도 아이가 그냥 달려가다가 그만 죽고 말았습니다. 이 집에서 아이한테 "아니요" 하면서 즐기는 것을 그대로 두었고, "네" 하고 순종하면서 기뻐하는 것을 가르치지 못했습니다. 꼭 반대로만— 이것 큰 문제 아닙니까.

오늘도 우리가 하나님의 말씀을 들을 때 그저 100퍼센트 "아멘!" 하고 듣습니다. 이렇게 듣는 사람이 있는가 하면, 어떤 사람은 꼭 반대로만 듣습니다. 가라면 오고, 오라면 갑니다. 이것이 결정적인 것입니다. 이 목사님이 이 4살짜리 어린아이 장례식을 하면서 그 때를 생각하면서 일생 잊을 수 없는 기억이었노라고 말하고 있습니다. "Yes, I do. Yes, I am." "그렇게 하겠습니다. 맞습니다." 이렇게 그 애한테 날마다 기뻐하는 순종을 가르치지 못했습니다. 거꾸로 가는 것 보고 그냥 즐기고 있는 동안에 성품이 빗나갔습니다. 결국은 4살짜리가 죽었습니다. 이 목사님은 아이가 죽어서가 아니라 그 집안의 그 분위기와 그 아이하고 지내던 그 잘못된 교육, 이것을 생각하면서 그렇게 많이 울었다고 말하고 있습니다. 오늘도 우리 조심해야 됩니다. "예, 그렇습니다. 예, 나도 그렇게 생각합니다." 이 얼마나 중요한 말씀입니까. 그렇지를 못하고 꼭 반대로 하면서 이것이 성품화될 때 그 일생의 운명이 망가지는 것입니다.

제가 어릴 때 책에서 너무나 재미있게 봐서 많은 사람한테 이 이야기를 합니다. "네가 무슨 말을 할 때 적어도 처세로 성공하려면 상대방으로부터 'Yes, I do. Yes, I am(예 그렇습니다. 나도 그렇게 생각합니다)' 하는 대답이 나올 수 있는 말만 하라. 내가 무슨 말을 할 때 저쪽에서 '말도 안 돼' 하고 말할 수 있는 말이라면 아예 하지를 마라." 맞는 말입니다. 제가 언젠가 김동길 박사가 방송에 나와 인터뷰하는 것을 봤는데, 그때 옆에 있던 비서한테 이렇게 가르쳐주었습니다. 이것이 바로 지성인이라는 것이라고요. 이쪽에서 무슨 말 하면 저쪽에서 "예, 예. 그렇습니다. 저도 그렇게 생각합니다" 말하고, 또 저쪽에서 말하면 "예, 저도 그렇습니다" 하고 주거니받거니 하면서 대화를 이끌어갑니다. 적어도 지성인이라면 "그걸 말이라고 하냐?" 하는 식의 험한 말은 할 수 없는 것입니다. 사실 그런 말이 나올 수 있을 정도라면 애당초 대화를 하지 말아야 하지 않겠습니까. 이것이 바로 지혜라는 것입니다.

듣는 마음 참 중요합니다. 바로 듣고, 깨끗이 듣고, 같이 응답하는 것이 중요합니다. 오늘본문에서 어린 사무엘이 하나님의 음성을 듣습니다. 그러나 아직도 신비를 모르는 사람이요, 하나님의 음성을 들어본 바가 없는 상태입니다. 하나님의 음성이 들리는데도 불구하고 그는 엘리 제사장에게 가서 제사장이 불러서 내가 왔노라고 그렇게 세 번이나 말하지 않습니까. 처음 듣는 음성이기 때문에 그는 분별할 수가 없었습니다. 처음 듣는 말을 잘 들어야 됩니다. 듣던 말만 듣는 것은 쉽습니다. 듣고 싶은 말만 듣는 것은 초짜입니다. 생전 처음 듣는 말을 잘 들어야 합니다. 생전 처음 보는 것에 마음을 기울이고 심각하게 보아야 됩니다. 이것이 중요합니다. 처음 듣는 것, 우리 일생은 그런 것 아니겠습니까.

요행이라는 것이 무엇입니까? 전에 못 보던 것을 보고, 전에 못 먹어봤던 음식을 먹고, 전에 듣지 못하던 내용을 듣고, 그렇게 함으로써 우리의 인격이 성장해나가는 것입니다. 특별히 하나님의 역사에 대한 신비, 하나님의 음성에 대한 우리의 응답, 예수 영성이란 아주 중요합니다. 내 일생 경험해보지 못했고, 한 번도 들어보지도 못했고, 그런 일이 있다는 얘기도 못 들어보았습니다. 그러나 오늘은 들어야 됩니다. 이것을 들을 수 있는 신비로 향한 우리의 마음이 열려 있어야 한다는 말입니다. 아무 의심도 편견도 없이 깨끗한 마음으로요.

그런데 오늘본문에 신비로운 말씀이 있습니다. '내가 듣겠나이다. 말씀하소서.' 아직 말씀하지 않았습니다. 엘리가 가르쳐준 것입니다. 하나님의 소리가 '사무엘아' 하고 들리거든 '주의 종이 듣겠나이다. 말씀하소서' 하고 답하라고 가르칩니다. 얼마나 중요합니까. 우리는 대체로 우선 들어보고 난 다음 손익계산을 한 뒤에야 대답하려고 합니다. 말씀이 있으면 '네, 알았습니다' 하고 순종할 생각은 없고, '일단 말해보세요' 하고 우리는 흔히 말합니다. 들어보고 합당하면 듣고, 손익계산 해보고 별로 일이 없으면 안 듣겠다는 것 아닙니까. 이것이 바로 현대인의 가정교육이 빗나가는 것입니다. 그냥 들어야 합니다. 무슨 말이냐고 묻지 말고, 일단 부모의 말씀이면 듣고,

"Yes, I do. Yes, I am" 하고 말해야 하지 않겠습니까. 들어보고? 이 무슨 소리입니까?

여러분이 오늘 교회에 나왔습니다. 한데 '예배드릴 때 우선 들어보고……' 한다면 이것은 바른 믿음이 아닙니다. 듣기 전부터 순종해야 합니다. '말씀하소서. 듣겠나이다.' '말씀하소서. 순종하겠나이다.' '모든 편견을 버리고 고집을 버리고 깨끗한 마음으로 순종하겠나이다.' 얼마나 좋습니까. '주여, 말씀하소서. 듣겠나이다.' 이 듣는다는 말은 곧 순종을 뜻합니다. 전인적 운명을 걸고 순종하는 것입니다. 듣고 나서 순종하는 것이 아니라, 듣기 전에 순종하는 것입니다. 이런 자세가 얼마나 좋습니까. 여러분의 자녀들이 이런 자세로 나오면 얼마나 좋겠습니까. '말씀하소서. 듣겠나이다.' 그런데 요새 아이들은 '어디 한 번 해봐요. 내가 듣나.' 여기에 벌써 잘못되고 있는 것입니다.

사무엘상 3장 11절에 이런 말씀이 있습니다. "내가 이스라엘 중에 한 일을 행하리니 그것을 듣는 자마다 두 귀가 울리리라." 그리고 미래에 대해서, 엘리의 가정에 대해서, 이 날 이스라엘의 운명에 대하여 하나님께서 말씀하십니다. 창조주 하나님께서는 오늘도 말씀하십니다. 말씀이 곧 능력이요 권세입니다. 문제는 우리의 응답자세입니다. 어떤 자세로 임하느냐는 것입니다. 깨끗한 마음으로, 적어도 하나님의 말씀에 관한한 '말씀하소서. 듣겠나이다. 말씀하소서. 따르겠나이다' 하는 자세여야 합니다. 하나님의 말씀에 소망이 있다면 있는 것입니다. 이의를 제기하지 말라고 하시면 그렇게 할 수 있는 것입니다. 가라면 갈 수 있습니다. 홍해를 건너가라고 하시면 갈 수 있는 것입니다. 갈 수 있다 없다는 따질 필요가 없습니다. 이 얼마나 중요한 자세입니까.

재미있는 전설이 하나 있습니다. 하나님께서 말씀하시기를 모세에게 "네 지팡이를 들어 홍해를 치고 건너가라" 하셨습니다. 그래서 지금 아우성을 치는 이스라엘 백성들을 이렇게 모아놓고 홍해 언덕에서 모세가 지팡이를 들어서 홍해를 내려칩니다. 하지만 안 갈라지더랍니다. 전설에 의하면, 그래서 옆에서 여호수아가 말했습니다. "모세여, 치고 건너가라고 했는데, 왜 서 계십니까?" 그래서 물속으로 텀벙하고 들어가니까 쫙 갈라지더라는 것입니다. 그 장면이 마음에 듭니다.

듣는다는 것이 무엇입니까? 곧 순종이요, 곧 행동입니다. 하나님의 말씀을 듣기 전에 마음을 열고, 듣기 전에 벌써 순종을 약속하고. 그리고 이 말씀을 영접하게 될 때 말씀의 능력과 창조적인 권능이 우리 가운데 나타나게 되는 것입니다. 말씀 앞에 겸손하십시다. 우리는 지금 어려운 세대를 살아가고 있습니다. 그러나 고맙게도 하나님의 말씀은 지금도 들리고 있습니다. 그런고로 소망이 있습니다. 아무 의심도 할 필요 없습니다. 하나님의 그 크신 능력과 주시는 말씀 외에 순간순간 순종하기를 바랍니다. 저는 그렇게 합니다. 이 설교준비를 할 때마다 성경을 펴놓고 땅에 엎드리고 "하나님이시여, 오늘 말씀하소서. 내가 듣겠나이다. 듣는 대로 전하겠나이다" 하고 이 말씀을 준비합니다. 이 말씀은 바로 오늘 우리한테 주시는 말씀입니다. 그냥 듣고, 그냥 받아들이시기를 바랍니다. 그리할 때 주의 위대한 역사가 우리 가운데 나타나게 될 것입니다. △

흩어진 자가 깨달은 사명

사울이 그의 죽임 당함을 마땅히 여기더라 그 날에 예루살렘에 있는 교회에 큰 핍박이 나서 사도 외에는 다 유대와 사마리아 모든 땅으로 흩어지니라 경건한 사람들이 스데반을 장사하고 위하여 크게 울더라 사울이 교회를 진멸할새 각 집에 들어가 남녀를 끌어다가 옥에 넘기니라 그 흩어진 사람들이 두루 다니며 복음의 말씀을 전할새 빌립이 사마리아 성에 내려가 그리스도를 백성에게 전파하니 무리가 빌립의 말도 듣고 행하는 표적도 보고 일심으로 그의 말하는 것을 좇더라 많은 사람에게 붙었던 더러운 귀신들이 크게 소리를 지르며 나가고 또 많은 중풍병자와 앉은뱅이가 나으니 그 성에 큰 기쁨이 있더라

(사도행전 8 : 1 - 8)

흩어진 자가 깨달은 사명

　영국에는 유명한 문호 셰익스피어에 버금가는 시인 존 밀턴이라고 있습니다. 그의 천재성은 벌써 10대 때부터 인정받을 정도였다고 합니다. 그는 3, 40대가 되었을 때에는 영국의 당시 복잡한 정치 문제에 비판을 가하면서 정치계에 입문했습니다. 그는 공화제를 간절히 바랐지만, 공화제가 좌절되고 왕정이 복고하게 됨에 따라서 모든 노력이 수포로 돌아가고 말았습니다. 자신의 신변에도 위험을 느끼고 감옥에 투옥되는 일도 많았습니다. 설상가상으로 그는 두 눈의 시력을 잃어버렸습니다. 이런 그를 두고 사람들은 이기 이제 인생의 막을 내렸다고 불쌍하게 여기고 수군거리기 시작했습니다. 그러나 밀턴은 실명 중에 그 유명한 저서인 세계적인 고전 「실낙원」을 탄생시켰습니다. 그는 말합니다. '실명이 비참한 것이 아니다. 실명을 이겨낼 수 없는 나약함이 비참함이다.'
　이 세상에 고난은 분명히 있습니다. 우리가 다 같이 겪는 대로, 날마다 느끼는 대로 고난은 있습니다. 여러 모로 고난이 있습니다. 그런데 이 고난의 성격을 우리가 바로 분석해야 합니다. 베드로전서 2장 18절 이하에 보면 암시된 바가 있습니다. 고난은 크게 세 가지가 있습니다. 하나는 내 죄 때문에 당하는 고난입니다. 어디까지나 그것은 내 죄 때문입니다. 내가 잘못한 것, 젊었을 때 잘못한 것, 인간관계에서 잘못한 것, 사회에서나 가정에서 부모님께 잘못한 것, 모든 잘못된 것으로 인해서 내가 오늘 고난을 당하는 것입니다. 어디까지나 내 죄 때문이요, 내 허물 때문에 당하는 마땅한 고난입니다. 둘째는 애매한 고난입니다. 왜 고난을 당해야 하는지 잘 모릅니다. 왜 이렇게까지 고난을 당해야 하나, 하고 아무리 생각해도 그 원인을 알 수가 없습니다. 이것은 하나님만이 아시는 일입니다. 어쩌면 먼 뒷날에나 알 수 있을지도 모릅니다. 현장에서 아무리 생각해도 내가 왜 이런 고난을 당해야 하는지 잘 모르는 애매한 고난이 있습니다. 그러나 하나님을 생각하고 참으면 은혜가 된다고 성경은 말씀합니다. 셋째는 의를 위한 고난입니다. 자원해서 당하는 고난입니다. 의와 높은 뜻을 위하여 자진해서 당하는 고난입니다.

그러나 우리는 이 세 가지를 옳게 분석하기가 참 어렵습니다. 이것을 확실히 설명하기도 어렵습니다. 그러나 좀 더 높은 뜻을 생각해서 이해해야 합니다. 요한복음 9장에 보면 참 어려운 수수께끼가 있습니다. 나면서부터 맹인 된 사람이 있었습니다. 지금으로 말하면 나면서부터 시각장애인입니다. 이 사람이 나타나는 순간 제자들이 예수님께 질문합니다. "이 사람이 맹인이 된 것이 뉘 죄 때문입니까?" 본인의 죄라면 나기 전에 무슨 죄가 있으며, 또 부모의 죄라면 본인은 억울하지 않습니까. 예수님께서 참 우주적이고 대단히 신비롭고 중요한 대답을 하십니다. "본인이나 그 부모가 죄를 지은 것이 아니라……" 죄가 없다는 말씀이 아닙니다. 이 소경으로 태어난 것과 관련된 죄는 아니라는 말씀입니다. 하나님의 하시고자 하시는 일을 나타내고자 함이라— 원인이 과거에 있는 것이 아니고, 그 원인이 놀랍게도 미래에 있다는 것입니다. '하나님의 하시고자 하시는 그 위대한 일을 이루기 위해서 저 사람은 40년 동안 장님으로 태어나서 오늘까지 고생을 했다'는 뜻입니다.

대단히 중요한 대답입니다. 하나님의 하시고자 하시는 일— 오늘본문을 보면 '흩어진 사람들'이라는 말씀이 나옵니다. '흩어졌다'는 특별한 호칭입니다. 안정된 생활로부터 떠나서 강요된 현실로 몰려가는 것을 뜻합니다. 초대교회는 성령 충만한 교회입니다. 예수님께서 부활승천하시고 난 다음 오순절에 성령께서 강림하시어 교회가 부흥되고 은혜로 충만합니다. 한 번에 3천 명이 회개하고 예수님께 돌아오는 베드로의 설교의 위력도 있었습니다. 온 교회가, 온 예루살렘이 이렇게 은혜로 충만한 오순절 거룩한 교회에 왜 핍박이 있어야 합니까? 왜 고난이 있어야 합니까? 왜 순교가 있어야 합니까? 스데반이 순교 당한 다음에 그 스데반을 죽인 사람들이 계속해서 예수 믿는 사람을 다 잡아 죽이려고 발악을 합니다. 그리스도인들은 집을 떠나서 난민이 됩니다. 흩어진 사람들— 강요된 현실입니다. 왜 이런 일이 있어야 합니까? 은혜 충만한 교회인데, 왜 그 속에 핍박이 있고, 환난이 있고, 흩어진다고 하는 이런 엄청난 일이 있어야 합니까?

    초대교회에 스데반이 순교한 것도 이해하기 어렵습니다. 또 그로 인해서 그 여파로 계속 핍박이 생기는 많은 사람이 끌려가서 고생을 하게 되고, 순교하게 된 것은 더욱 그렇습니다. 왜 이런 일이 있으며, 아니, 누구 때문에 이런 일이 있느냐고 끝없는 질문이 있었습니다. 고통에서 헤매고 있을 때 이제 해답을 얻어야 합니다. 오늘 본문에는 귀중한 해답이 있습니다. "흩어진 사람들이 두루 다니며 복음의 말씀을 전할 새(4절)." 흩어진 사람들이 이제 무엇을 해야 할 것인지 깨닫게 됩니다. 아니, 좀 더 나아가서는 왜 흩어지게 되었는지 알게 됩니다. 왜 이 고통이 있어야 했는지 깨닫기 시작합니다. 여기서 놀라운 신비로운 역사가 이루어집니다. 이 깨달음이 참으로 중요합니다. 여러분이 고통을 당할 때 물론 죄가 생각납니다. 내 잘못인 것도 아닙니다. 세상이 이렇고, 왜 이런 일이 있어야 하나, 왜 내게만 있어야 하나, 하는 여러 가지 질문들이 있습니다. 우리는 결정적인 시간에 마지막 깨달음을 얻어야 합니다. '왜 이 사건이 여기에 있는가?' 선교적 의미를 알아야 합니다. 저들이 흩어졌다— 아주 중요한 것입니다.

사도행전 1장 8절에서 예수님 말씀하십니다. "성령이 너희에게 임하시면 너희가 권능을 받고 예루살렘과 온 유대와 사마리아와 땅끝까지 이르러 내 증인이 되리라……" 말씀하셨습니다. 여기서 '땅 끝까지'라고 분명히 말씀하셨는데, 예루살렘 교회의 사람들은 땅 끝까지 갈 생각을 안 했습니다. 왜 그렇습니까? 여기가 좋으니까 움직일 생각을 하지 않습니다. 예수 믿고 충만하고, 이적이 나타나고, 하나님께 영광 돌리던 그 사건 속에서 안주하려고 했습니다. 편안함을 추구했습니다. 만족하려고 했습니다. '땅 끝까지 이르러 증인이 되리라'는 말씀은 까맣게 잊어버리고 있었습니다. 그리고 핍박이 있습니다. 순교자가 나옵니다. 또 모든 사람을 잡아서 감옥에 처넣습니다. 이때에 저들은 도망을 하게 되고 난민이 됩니다. 본문의 흩어졌다고 하는 말은 고향을 떠났다는 뜻입니다.

창세기 12장에 보면 하나님께서 아브라함에게 말씀하십니다. "네 고향과 친척을 떠나라." 이 떠나라는 말씀이 참 중요합니다. 우리는 어딘가 모르게 안일하고 평안하게 안주하려고 하는 마음이 있습니다. 그것만 바랍니다. 나도 그렇고, 자식에게도 그저 평안함과 만사형통이 있기만을 바랍니다. 그러나 그렇게 말하는 평안함은 없습니다. 고향을 떠나도록 강요하십니다. 안일한 생활에서 떠나도록 하나님께서는 강권적으로 역사하십니다. 바로 거기에 하나님의 귀한 선교적 의미가 있습니다. 고향을 떠나는 마음, 아주 중요합니다. Easy going, 편하고 그냥 순탄한 것만 가지고는 안 됩니다. 고향을 떠나는 마음, 그 다음에 고향을 떠나면 어떻게 되겠습니까? 낯선 곳으로 가게 됩니다. 결국은 낯선 사람들을 만나야 합니다. 가고 싶지 않은 곳으로 갑니다. 만나고 싶지 않은 사람들을 만나야 하고, 원치 않은 현실 속으로 들어갑니다. 강요된 현실 속에 삽니다.

여기에 선교적 의미가 있음을 잊지 말아야 합니다. 우리는 생각이 좁습니다. 우리는 흔히 우리가 단일민족, 백의민족이라고 자랑을 합니다. 요새는 다문화라고 하지 않습니까. 그 단일민족이라는 것이 겉으로는 좋아 보이지만, 속이 좁습니다. 항상 협소합니다. 이것 가지고는 되는 일이 없습니다. 세계로 뻗어나가야 되는데 말입니다. 낯선 곳으로 가서 낯선 사람을 만날 줄 알아야 합니다. 자녀교육을 시킵니까? 낯선 사람을 만나게 해야 합니다. 생전 처음 본 사람한테도 "안녕하십니까? 반갑습니다" 할 줄 알아야 합니다. 그런데 전부 마마보이가 되어가지고 아무도 만나지를 못합니다. 이리 도망 다니고, 저리 위축됩니다. 방안에 갇혀가지고 마지막에는 우울증 환자가 되어버리고 맙니다. 자폐증 환자가 되어버렸습니다. 정말 기가 막힌 노릇입니다. 문화적 자폐증에서 헤어나지를 못합니다. 우리한테는 약점이 있습니다. 우리한테는 개척정신이 부족합니다. 고향을 떠난다는 것은 모험입니다. 신앙 또한 모험입니다. 낯선 곳으로 갈 필요가 있습니다. 아주 중요합니다. 저는 이런 생각을 종종 합니다. 왜냐하면 제가 6·25 전쟁 때문에 결국은 남쪽으로 오지 않았습니까. 와서 이렇게 낯선 곳에 생전 처음 왔습니다. 아무도 아는 사람이 없습니다. 이렇게 살아오면서 느껴봅니다. '내가 만일에 이 전쟁이 아니었다면 내가 고향을 떠났을까?' '고향을 못 떠나고 거기서 뱅뱅 돌았다면 내가 무엇이 되었을까?' 생각해봅니다. 낯선 지방으로 보내다 — 보냄을 받습니다.

이방 사람의 집, 그렇게도 편견이 심해서 성경에 보면 재미있는 이야기가 있지 않습니까. 유대인들은 사마리아 땅을 지나가기 싫어했습니다. 이 유대사람들이 갈릴리로 갈 때에 멀리 돌아서 갔습니다. 이 더러운 땅을 지나가지 않는다는 것입니다. 그런데 핍박이 있으니까 할 수 없이 사마리아로 들어갑니다. 생각해야 합니다. 핍박이 낯선 사람을 만나게 해줍니다. 전에 경험하지 못했던 것을 경험하게 해줍니다. 협소한 자기중심적 생각을 넓히게 해줍니다. 이렇게 낯선 곳으로 보냄을 받고, 낯선 사람들을 만나 거기서 새로운 역사를 창조합니다. 그런가하면 그들은 두루 다니며 복음을 전했습니다. 가정을 떠났고, 직업도 떠났습니다. 할 일이 없습니다. 이제는 전도 밖에 없습니다. 강요된 현실 속에서 그들은 전도하기 시작합니다.

여기에 아주 중요한 일이 있습니다. 이렇게 핍박과 환난 속에서 복음을 전하는 사람들의 메시지는 절대로 기복사상이 아닙니다. 이렇게 피난민이 되었습니다. "예수 믿으면 잘 삽니다" 하면 뭐라고 그러겠습니까? "너나 잘 살아!" 그러지 않았겠습니까. 이렇게 핍박 속에서 복음을 전하는 사람의 메시지는 절대로 번영신학이 아니요, 순수한 영적인, 그리고 천국 중심의 복음을 전하게 됩니다. "예수 믿고 구원 받읍시다." "예수 믿고 천당 갑시다." 이것이 복음입니다. "예수 믿으면 잘 삽니다. 예수 믿으면 병 낫습니다. 예수 믿으면 출세합니다." 바로 이것 때문에 교회가 안 되는 것입니다. 이 생각을 버리게 하는 것이 바로 핍박과 환난입니다. 이렇게 흩어진 사람들이 두루 다니면서 복음을 전할 때 그들의 전하는 메시지는 순수한 복음이었습니다. 협소한 민족주의에서 벗어나고, 유대적인 우월감에서부터 벗어난 온전한 복음을 전하게 되었다는 말입니다.

제게는 잊지 못할 제자 한 사람이 있습니다. 목사님인데, 중앙의료원에서 환자들을 위한 전도를 하는 원목으로 오래 있다가 돌아간 분입니다. 그 목사님은 특별한 분입니다. 이 폐결핵이 잘못되어 무려 병원에서 3년 동안 있으면서 수술도 여러 번 받았습니다. 그리고 마지막에는 죽었습니다. 시신을 영안실 냉장고에 넣어야겠는데, 냉장고가 꽉 차서 들어갈 데가 없었습니다. 그래서 내일 아침에 시체 하나 끌어내고 그 자리에 넣을 생각으로 그냥 냉장고 앞에다가 놔두었습니다. 다음 날 아침에 가 보니 이분이 살아났습니다. 그리고 다시 건강해졌습니다. "아, 내가 이렇게 구원받았는데, 내가 이 목숨을 가지고 무얼 할까? 전도해야지. 바로 이 환자들을 위해서 전도해야지!" 그렇게 생각하고 목회를 하셨습니다. 이분은 원목으로서 최고입니다. 원목회 회장까지 했습니다. 왜냐하면 환자들이 몇 개월씩이나 병원에 있다고 하면 "나는 3년이요"라고 대답하고, 또 아프고 힘들다며 환자들이 하소연하면 "나는 냉장고 앞에까지 갔다 왔어요!" 하면 끝납니다. 그 누구도 할 말이 없습니다. 이분이 가기만 하면 전도가 됩니다.

'환난과 핍박 때문에 흩어졌다.' 굉장한 의미가 있는 사건입니다. 이것이 축복임을 알아야 됩니다. 이것을 통해서 하나님께서는 위대한 역사를 이루십니다. 예수님께서 말씀하십니다. '자기를 부인하고 자기 십자가를 지고 나를 좇으라.' 자기가 자기를 부인할 수 있습니까? 부자가 가난한 척할 수 있습니까? 아는 자가 무식한 사람처럼 살 수 있습니까? 넉넉하면서 스스로 가난해진 마음으로 살 수 있습니까? 참으로 어렵습니다. 내가 나를 부인하기가 어려운데, 하나님께서 하십니다.

예수님께서 하신 유명한 말씀이 있습니다. "부자가 천국에 들어가기가 약대가 바늘구멍으로 들어가는 것보다 어렵다." 그러니까 제자가 여쭈어봅니다. "그러면 누가 들어가겠습니까?" 예수님께서 간단하게 대답하십니다. "하나님께서는 하시느니라." 무슨 말씀입니까? 이 부자를 낮추고 또 낮추어서 바늘구멍으로 쏙 들어갈 때까지 하나님께서는 하신다는 말씀입니다. 하나님께서는 하십니다. 자기를 부인하는 것, 하나님께서 하십니다. 게으른 것, 하나님께서 하십니다. 약한 것을 하나님께서는 강하게 하십니다. 그래서 하나님께서 원하시는 위대한 역사를 창출하는 것입니다. 스스로 자기를 부인하기 어렵습니다. 그러나 핍박과 환난, 현실적으로 말하면 실패와 질병을 통하여, 강요된 현실을 통해서 하나님께서는 위대한 역사를 이루십니다. "그 흩어진 사람들이 두루 다니며 복음의 말씀을 전할새(4절)." 여기에 추가하고 싶은 내용이 있습니다. '흩어진 사람들이 이제야 비로소 두루 다니며 복음을 전하더라.' △

가장 사랑하는 자에게 주는 선물

여호와께서 집을 세우지 아니하시면 세우는 자의 수고가 헛되며 여호와께서 성을 지키지 아니하시면 파숫군의 경성함이 허사로다 너희가 일찌기 일어나고 늦게 누우며 수고의 떡을 먹음이 헛되도다 그러므로 여호와께서 그 사랑하시는 자에게는 잠을 주시는도다 자식은 여호와의 주신 기업이요 태의 열매는 그의 상급이로다 젊은 자의 자식은 장사의 수중의 화살 같으니 이것이 그 전통에 가득한 자는 복되도다 저희가 성문에서 그 원수와 말할 때에 수치를 당치 아니하리로다

(시편 127 : 1 - 5)

가장 사랑하는 자에게 주는 선물

　제가 생생하게 겪은 체험 한 가지가 있습니다. 1950년 3월, 저 북한에는 아주 어려운 일이 있었습니다. 6·25전쟁을 일으키기 위해서 먼저 북한에서는 숙청바람이 있었고, 대대적인 검거가 시작되었습니다. 교회마다 목사님들이 전부 체포되었고, 유력한 장로님들도 많이 잡혀갔습니다. 뿐만이 아닙니다. 청년들 가운데서도 뭔가 활발한 리더십이 있다 싶은 사람들은 어김없이 체포되었습니다. 이상하게도 이런 일은 떳떳하게 고소장을 가지고 와서 잡아가지 않고 몰래몰래 행합니다. 그래서 많은 사람들이 피신을 하게 되었는데, 저도 그 시절 교회에서 성가대와 주일학교 활동으로 다양하게 봉사하고 있었기에 어쩔 수 없이 도피생활을 하였습니다. 잠도 우리 집이 아니라 친척이나 친구 집에서 자면서 전전긍긍 초조하게 시간을 보냈습니다. 누가 끌려갔다는 소식이 들려올 때마다 '나는 언제 잡혀갈까? 이제 내 차례인데……' 하며 불안하게 지냈습니다. 그래도 예배시간에는 빠질 수 없어서 수요일 저녁이면 꼭 교회에 나갔습니다. 그러다가 어느 날 예배를 드리고 집으로 돌아오는 골목길에서 결국 체포가 되고 말았습니다. 그래 얼마동안 유치장에 갇혀 있다가 광산으로 끌려갔습니다.
　그때 광산은 지금으로 치면 강제노동수용소입니다. 거기에는 시계가 없습니다. 그저 날이 훤하게 밝으면 일을 시작하고, 해가 져서 어두워지면 일을 멈춥니다. 그렇게 하루 종일 일했습니다. 그런데 그 일의 정해진 분량이 있었습니다. 조금도 게으름을 피울 수가 없습니다. 만에 하나라도 조금 허술히 했다가는 밤에 일을 더해야 합니다. 그만큼 일이 힘들고 어려웠습니다. 게다가 먹을 것도 아침과 저녁, 이렇게 딱 두 번만 줍니다. 밥도 보리가 반 수수가 반입니다. 그런 거친 밥을 한 그릇 주면 마당에서 먹고 바로 일터로 나가야 됩니다. 그렇게 하루 종일 일을 합니다. 그러다가 저녁이 되면 움막 같은 숙소에 돌아오는데, 이 움막도 겨우 비만 피할 수 있게 만들어놓은 것이라서 바닥이 그냥 흙입니다. 거기에다 가다니 떼기를 깔고 꼭 외양간처럼 지푸라기를 쌓아 그 위에 눕는 것입니다. 옷 갈아입을 생각조차 못합니다. 입고 있는 옷 그대로 누워서 자고, 아침에 눈을 뜨면 또 그 옷 그대로 툭툭 털고 일어나서 일하러 갑니다. 그런 생활을 제가 일곱 달이나 했습니다. 한데, 지금 돌이켜봐도 그때처럼 단잠을 잔 일이 없습니다. 정말 깊이 잤습니다. 춥든 덥든 아무것도 모르고 그저 누우면 깊은 잠이 듭니다. 얼마나 단잠을 잤는지 모릅니다. 꿈 한 번 꾸지 않고 깨끗하게 자고 일어나면 아침입니다. 아주 꿀잠이었습니다. 제 평생 그때만큼 단잠을 잔 일이 없습니다. 이유가 있었습니다. 첫째는 더는 쫓겨 다니지 않으니 체포될 걱정이 없었던 것입니다. 이미 체포된 신세여서 아무 걱정이 없었습니다. 그런가하면 하루 종일 힘들게 일해서 피곤하니까 그냥 누우면 곯아떨어집니다. 또 부족하지마는, 그래도 그리스도인의 이름으로 왔고, 여기 와서 이 고생을 하니, 오늘이라도 죽으면 천당은 보장받은 것이라는 생각이 있었습니다.

거기서 제일 괴로운 것 가운데 하나가 말을 못하는 것이었습니다. 누구하고라도 말을 했다가는 언제든 맞아 죽을 수 있었습니다. 거기서는 모두가 벙어리입니다. 지도하는 사람들의 이래라 저래라 하는 말만 들리지, 우리는 아무 말도 못합니다. 그러니까 서로 만나도 그저 눈으로만 보고 웃을 뿐, 말은 없습니다. 그런데 거기에 비밀이 있습니다. 일하면서 휘파람을 붑니다. '내 주를 가까이', '내 주여 뜻대로'…… 이런 찬송들을 휘파람으로 불면 옆에서 일하는 사람이 따라서 휘파람을 부릅니다. 그러면 우리가 서로를 눈으로 보면서 생각합니다. '아, 이 사람도 다 교인이구나. 저 사람은 목사님 같고, 이 사람은 장로님 같고……' 그러면 그렇게 편할 수가 없었습니다. 정말 안식이 무엇인가를 생각해볼 수 있는 시간입니다.

　톨스토이가 세 가지를 우리에게 물어봅니다. '세상에서 가장 중요한 시간이 언제냐?' 그는 스스로 '바로 지금'이라고 대답합니다. 과거도 아니고, 미래도 아니고, 지금이 가장 중요한 시간입니다. '세상에서 가장 귀중한 사람은 누구냐?' '지금 당신이 만나고 있는 사람이다.' '세상에서 가장 중요한 일은 무엇이냐?' '그것은 바로 지금 내가 하고 있는 일이다. 이것을 깨닫는 데 진정한 행복이 있다.' 사실입니다. 정말 그렇습니다. 다시 한 번 생각해봅시다. 복 중에 최고의 복은 뭐니 뭐니 해도 단잠입니다. 잠을 잔다는 것, 이보다 큰 행복은 없습니다. 행복이 무엇입니까? 오늘본문은 말씀합니다. "여호와께서 그 사랑하시는 자에게는 잠을 주시는도다(2절)." 행복이 어디에 있습니까? 돈이 많다고 행복합니까? 아닙니다. 돈은 많은 경우 걱정거리입니다. 자식 많은 것, 근심덩어리입니다. 진짜 행복이 어디에 있습니까? 잠언 10장 22절에 귀한 말씀이 있습니다. "여호와께서 복을 주시므로 사람으로 부하게 하시고 근심을 겸하여 주지 아니하시느니라." 우리는 대개 복이라는 것을 물질, 자식, 명예와 같은 것으로만 생각합니다. 그러나 이 모든 것이 근심이요, 전부 다 걱정거리입니다. 그런고로 참 복이라는 것은 복을 주시고 근심을 겸하여 주시지 않을 때 이것이 진짜 복입니다. 거기에 근심이 따라간다면 그것은 절대로 복일 수 없습니다. 자식도 걱정이요, 재물도 걱정입니다. 더욱이 명예나 권세는 정말 걱정거리입니다.

결론적으로는 잠을 주시는도다— 어떤 형편에 있든지 편안하게 잘 수 있는 사람이 복된 사람입니다. 건강의 비결이 두엇입니까? 잠을 잘 자는 것입니다. 잠을 못자는 것, 바로 여기에 간병의 원인이 있습니다. 그러니까 모든 것으로부터 벗어나서 평안하게 잘 수 있을 때 하나님께서 주시는 복 가운데 이것이 최상의 복이 됩니다. 언젠가는 알 때가 있을 것입니다. 잠을 주시는도다— 행복이란 정말 단잠입니다. 이것은 일하는 자의 것입니다. 힘써 일하는 자, 부지런히 일하는 자, 열심히 일하는 자는 언제나 잘 때 평안하게 잘 수 있습니다. 그런데 요새 문제가 있습니다. 나이 많아서 할 일이 없으니까, 하루는 놀고 하루는 쉽니다. 그러니까 재미있는 것이, 졸리기는 하는데 정작 잠은 안 온다는 것입니다. 앉으면 졸리고 누우면 잠이 안 옵니다. 이것이 문제입니다. 그저 딱 누우면 자야 되겠는데, 잠이 안 오는 것입니다. 아마 이것쯤은 이제는 알아야 되지 않겠습니까. 최고의 복이 잠이요, 편안하게 자는 것입니다.

하나님께서 주시는 축복, 사랑하는 자에게 주시는도다— 행복은 잠입니다. 그것은 자유함입니다. 근심 걱정으로부터 자유함입니다. 모든 명예와 소유와 업적을 다 잊어버립니다. 그것이 나와 오늘 무슨 상관이 있습니까? 깨끗한 마음으로 자유합니다. 양심의 자유, 도덕적인 자유, 확실한 자유…… 그럴 때에만 평안할 수 있습니다. 이것들이 나를 괴롭히고, 지난날에 있던 후회가 있고, 지난날에 못한 일이 지금 나를 괴롭히고 악몽처럼 쫓아다닌다면 그는 꿈을 꾸어도 행복할 수 없습니다. 그런고로 사랑하는 자에게 잠을 주시는도다—

또한 이 행복한 잠이라는 것은 하나님의 약속에 대한 확실한 믿음입니다. 미래를 하나님께 맡기고 위탁하는 것입니다. 하나님께서 나와 함께 계십니다. 여호와는 나의 목자시니 내게 부족함이 없으리로다— 마치 양이 목자와 같이 있는 것처럼, 목자를 믿고 평안한 것처럼 말입니다. 이런 평안은 믿음에서 옵니다. 오늘의 현실이 모순되고, 부조리고, 여러 가지로 복잡하고, 어떻게 될지 모르겠지만, 이 모든 일이 하나님의 손에 있고, 하나님의 섭리에 있고, 합동하여 선을 이룰 줄로 믿습니다. 이 믿음이 생길 때 나는 평안할 수 있습니다. 그 걱정이라는 것이 무슨 소용이 있습니까. 하나님의 손으로 시작되었으니까 하나님의 손으로 끝이 날 것입니다. 이것이 확실하게 믿어질 때 오히려 평안합니다. 내가 걱정하는 것보다 훨씬 잘 되니까, 내가 생각했던 것보다 훨씬 더 잘되니까 말입니다.

제가 나이가 많이 드니까 가끔 젊은 목사님들이 저한테 이렇게 물어봅니다. "목사님, 한평생 설교하셨는데, 설교하시고 나서 후회되실 때는 없으십니까? 아, 그 말을 해야 되는데 못했구나, 아, 요 말은 실수했구나, 아, 이거 오늘 내가 설교를 잘 준비했는데 잘못했구나…… 이런 생각 하실 때는 없으십니까?" 그래서 제가 "없네" 하였더니, 이번에는 또 왜 없으시냐고 재차 물어옵니다. 이유는 간단합니다. "나는 늘 이렇게 생각하네. '준비했던 것보다 훨씬 잘했다.' 요만큼 준비했는데 하나님께서 나를 통하여 훌륭한 설교를 이루어 가신다는 것을 나는 믿고 있다네. 심지어 내 실수까지도 상관없어. 하나님의 손으로 내가 쓰인다네. 내 입도, 내 생각도, 내 표정도 다.

하나님께서 나를 통하여 역사하신다네. 그걸 믿으니까 나는 후회란 없네."

잊지 말아야 합니다. 성경은 안식을 가장 큰 축복으로 말씀합니다. 히브리서 4장 11절은 말씀합니다. "저 안식에 들어가기를 힘쓸지니……" 이 안식에 들어가는 것이 훈련되어야 합니다. 들어가기를 힘써야 합니다. 다시 말하면, 좋은 잠 자는 것을 훈련해야 됩니다. 아무리 걱정거리가 있어도 잠을 못 잔다는 것은 안 될 일입니다. 잠 한 주일만 못자면 누구든 다 병원에 가야 됩니다. 그런데 잠을 못 잔 일이 한 번도 없다면 그거야말로 건강의 비결 아니겠습니까.

저는 한평생 많은 일에 시달리고 살아왔지만, 단 하룻밤도 잠을 못 이룬 일이 없습니다. 제가 받은 축복 가운데 하나가 비행기 타면 금세 잠드는 것입니다. 언젠가 한번은 비행기를 타고 기내식으로 저녁을 먹고 나서 잠이 들었습니다. 문득 스튜어디스가 와서 저를 깨웠습니다. 내가 얼마나 잤느냐고 물으니 "목사님, 8시간 주무셨습니다" 합니다. 이것이 건강입니다. 더구나 비행기를 타면 흔들흔들하니까 아주 잠이 잘 옵니다. 제가 농담도 합니다. "이게 지금 천당 중간쯤 왔으니까 여기서 죽으면 천당 가기가 가깝잖아요." 걱정 없습니다. 그저 영혼은 하나님께 맡기고, 내 육체는 비행사한테 맡기고, 아멘 하고 자면 됩니다. 잠을 주시는도다— 이 축복을 알아야 합니다. 그래서 히브리서에서는 '안식에 들어가기를 힘써라'라고 말씀합니다. 이것이 훈련입니다.

유대사 학자들 가운데 아브라함 조슈아 헤셀이라고 하는 유명한 랍비가 있습니다. 그의 저서「안식일」이라는 책에 이런 말이 있습니다. '이 기술문명이란 인류에 의한 공간의 정복이다. 종종 시간을 희생함으로써 달성될 때가 있다. 안식은 시간의 성역이다.' 안식은 시간의 성역입니다. 그런고로 안식에 들어가기를 힘써야 합니다. 이스라엘 사람들한테 가서 보고 배운 것이 있는데, 잘 안됩니다. 우리 교인들한테 전부 다 실천시키고 싶습니다. 그것이 다름 아닌 성수주일입니다. 이스라엘 사람들은 안식일이 되면 전화를 걸지도 받지도 않고, 신문을 읽지도 않고, 텔레비전도 켜지 않습니다. 우리는 안식일이라고 하면 교회에 나오는 것만 생각하고, 교회에서 봉사하는 것만 생각하는데, 본디 안식이라는 말은 쉰다는 뜻입니다. 백 퍼센트 쉬어야 합니다.

지난번에 포항에 갔는데, 학생들이 저에게 물어봅니다. "목사님, 주일에 공부해야 되나요, 말아야 되나요? 월요일에 시험 보는데요." "한 가지는 잊지 마라. 나도 미국에서 유학하면서 어려운 시험도 치고, 공부 많이 했는데, 내일 시험 보는데 참 급하더라. 그래도 주일에는 안 된다. 주일에는 쉬어라." 학생들 대답입니다. "아, 이제 살았다." 주일에는 쉬어야 됩니다. 안 그러면 머리가 터져나갑니다. 심지어는 골프 치는 사람도 날마다 치면 안 된답니다. 주일은 쉬어야 된답니다. 모든 기능, 곧 정신적으로 육체적으로 모든 기능이 다 쉬어야 그 다음에 잘 되게 되어 있습니다. 이것은 하나님의 성역입니다. 쉬라시면 쉬어야지 않겠습니까. 생각도 그렇습니다. 걱정하면 안 되는 것입니다. 쉬어야 됩니다. 화해와 화목과 용서와 사랑과 그리고 믿음, 그리고야 안식이 있는 것입니다.

언젠가 제가 '미국 사람들의 4분의 1이 수면제를 먹고야 잠을 잘 수 있다'는 통계를 본 적이 있습니다. 수면제가 엄청나게 많이 팔립니다. 어쩌다가 수면제를 먹고야 자는 사람이 되었습니까? 이 얼마나 비참한 일입니까. 잠을 주시는도다— 깊이 생각하십시다. 악몽 같은 걱정이나 두려움에서 다 벗어나 하나님께서 주시는 평안, 하나님께서 약속해주신 하나님 나라를 바라보아야 합니다. 그럴 때 평안하게 잠을 잘 수 있습니다. 마지막으로 세상을 떠나는 시간에도 히브리 사람들은 이런 기도를 합니다. '내 영혼을 아버지 손에 부탁하나이다.' 예수님께서 하신 기도인데, 이것이 이스라엘 사람들의 잠자리 기도입니다. 우리는 잠자리에서 잘 때에도 '하나님이시여, 단잠 자게 해주시고, 내일 아침 일어나서 또 일하게 해주시고, 성공하게 해주시고……' 너무나 복잡합니다. 잠자리 기도까지 그렇게 하다니요? 자다가 죽을지 살지도 모르면서 뭘 그렇게 복잡하게 기도합니까. 잠자리 기도는 간단합니다. '내 영혼을 아버지 손에 부탁하나이다. 평안히 쉬겠나이다. 아멘.' 이것이 안식을 향하는 자세입니다. 안식에 들어가기를 힘써라— 오늘의 안식일, 오늘의 주일, 우리의 생활 속에 진정한 안식이 있을 때 평안할 것을 말씀하십니다. '내 아버지 집에 거할 곳이 많도다. 내가 가서 너희들을 다시 데리러 올 것이다.' 우리의 영혼, 우리의 운명을 다 하나님께 맡기고, 시간마다, 밤마다, 주일마다 진정한 안식에 들어가기를 힘써서 안식의 축복을 다함께 누릴 수 있기를 바랍니다.　△

목자 없는 양 같이

사도들이 예수께 모여 자기들의 행한 것과 가르친 것을 낱낱이 고하니 이르시되 너희는 따로 한적한 곳에 와서 잠간 쉬어라 하시니 이는 오고 가는 사람이 많아 음식 먹을 겨를도 없음이라 이에 배를 타고 따로 한적한 곳에 갈새 그 가는 것을 보고 많은 사람이 저희인 줄 안지라 모든 고을로부터 도보로 그곳에 달려와 저희보다 먼저 갔더라 예수께서 나오사 큰 무리를 보시고 그 목자 없는 양 같음을 인하여 불쌍히 여기사 이에 여러 가지로 가르치시더라

(마가복음 6 : 30 - 34)

목자 없는 양 같이

　어느 날 할아버지가 사랑하는 손자를 데리고 공중목욕탕에 목욕을 하러 갔습니다. 할아버지가 먼저 뜨거운 온탕에 들어가서 하시는 말씀이 "시원하다" 그랬습니다. 그 말을 듣고 손자가 "할아버지, 정말 시원해?" 하고 물었습니다. "그럼, 시원하지. 너도 들어와라." 그래 손자는 여름에 해수욕 하던 생각을 하고 그냥 텀벙 뜨거운 물에 뛰어들었습니다. 한데 물이 뜨겁습니다. 그러니 이 손자가 얼마나 놀랐겠습니까. 그래 얼른 뛰어 나오면서 하는 말입니다. "세상에 믿을 놈 하나 없네." 여러분은 행복이 무엇이라고 생각하십니까? 행복은 소유에 있는 것이 아닙니다. 지식에 있는 것도 아닙니다. 기술에 있는 것도 아니고, 내가 가진 정열에 있는 것도 아닙니다. 행복의 그 근본, 그 원천적 근원이 어디에 있는가를 깊이 생각해보십시다. 그것은 바로 신뢰입니다. 믿음뿐입니다. 믿을 수 있으면 행복합니다. 아내도 믿고, 남편도 믿고…… 이 믿음이 무너지면 행복은 없는 것입니다. 돈이 있다고 행복한 것이 아닙니다.
　이 믿음에는 두 가지가 있습니다. 하나는 진실성입니다. '저분의 말씀은 틀림없어. 있다면 있고, 없다면 없고, 할 수 있다면 할 수 있어. 그가 주신다면 주셔.' 둘째는 능력입니다. 아무리 주겠다고 약속했어도 줄 능력이 없으면 곤란합니다. 우리 어머니가 저한테 늘 하시던 말씀입니다. "내가 너를 사랑한다. 하지만 내가 아무 힘이 없구나. 내가 널 도울 수가 없구나." 사랑은 간절하고 믿음도 틀림없지만, 능력이 없습니다. 어머니는 저를 도울 수 없었습니다. 그래서 손을 붙들고 우는 어머니 모습을 보았습니다. 사실 그렇지 않습니까. 셋째는 '그가 나를 사랑하느냐'입니다. 이 세 가지가 있으면 행복도 있습니다. '믿을 수 있고, 능력이 있고, 나를 사랑하고……' 그렇다면 더 바랄 것이 없습니다. 좀 더 구체적으로 말하면 내게 없어도 됩니다. 왜냐하면 그가 있으면 되니까요. 나는 몰라도 됩니다. 그가 알고 있으면 괜찮으니까요. 내가 꼭 알아야 할 것 없지 않겠습니까. 나는 할 수 없지만, 그는 할 수 있습니다. 그러면 나는 편안합니다. 거기에 진정한 자유와 평안이 있습니다.

OECD 국가를 대상으로 늘 하는 일입니다마는, 최근에 행복지수를 평가한 자료가 있습니다. 한국은 36개국 가운데 27위입니다. 경제적으로는 상위라고 하면서 행복지수는 27위입니다. 우리 모두 행복하지 않습니다. 제일 행복한 나라가 방글라데시입니다. 경제적으로는 어렵지만, 그들은 행복합니다. 평가기준은 여러 가지입니다. 주거, 소득, 직업, 공동체, 교육환경, 사회참여, 건강, 삶의 만족도, 안전, 일과 삶의 균형…… 이런 여러 가지 것들을 다 모아놓고, 이 기준들에 비추어 행복지수를 평가하고 있습니다마는, 여기에 한 가지 빠진 것이 있습니다. '무엇을 믿느냐?'입니다. 신뢰가 문제입니다. 지금 있다 없다하는 문제가 아닙니다. 내가 지금 무엇을 믿고 사는 것입니까? 우리 어린아이들을 가만히 보십시오. 그들이 무엇을 많이 소유했습니까? 그러나 어머니를 믿습니다. 아이들의 세계에서는 아버지가 만능입니다. 이것이 우리를 마음 아프게 합니다. "아버지, 그것도 몰라?" 어떡하겠습니까? "나는 모른다." 아이들은 실망합니다. 왜냐하면 아버지는 다 아는 줄로 알았기 때문입니다. 아버지는 뭐든지 할 수 있다고 생각했습니다. 그러나 그것이 어느 때부터 무너지기 시작합니다.

그래서 우리가 아이들을 가르칠 때 절대로 거짓말하면 안 됩니다. 거짓말해서 아이들이 속는 것을 보고 웃는 일, 절대 안 됩니다. 아이들한테 제일 중요한 것은 신뢰입니다. 어머니가 있다면 있고, 없다면 없고, 뜨겁다면 뜨겁고, 차다면 차고, 맞다면 맞고…… 그래야 됩니다. 이 신뢰와 믿음이 이루어지는 것이 교육의 기본입니다. 준다고 하고 안 주고, 안 준다고 하고 주고…… 안 될 일입니다. 아이들이 미처 말을 다 못하는 것 같아도 신뢰에 대한 확실한 믿음을 가지고 있습니다. 이것이 무너질 때 하늘이 무너지는 것과 같은 고통을 느끼게 됩니다.

오늘본문에 목자와 양의 이야기가 나옵니다. 간단히 생각합시다. 양은 무능합니다. 모든 짐승들 가운데 제일 무능합니다. 또 무지합니다. 연약합니다. 언젠가 비가 많이 올 때 나무 밑에서 양 한 마리가 비를 맞고 있었습니다. 그렇지 않아도 몸에 털이 많은데다가 거기에 비까지 쏟아지니 몸이 비에 젖어 퍽이나 무겁습니다. 그래 비를 맞으면서 그 양이 하나님께 불평하는 기도를 했답니다. "하나님, 우리 양을 왜 이렇게 만드셨습니까? 빨리 도망갈 수 있는 발도 없고, 저 새처럼 훨훨 날아갈 수 있는 날개도 없으니 말입니다. 왜 양을 이렇게 무능하고 약하게 만드셨습니까?" 이렇게 원망을 했더니 하나님께서 말씀하십니다. "그래그래, 네 말이 맞다. 그러면 네가 사자처럼 어금니를 가지도록 내가 네 입에다가 강한 이빨을 넣어주랴?" 그 말씀을 듣고 양이 가만히 있더니 이렇게 답합니다. "아닙니다. 그 엄청난 어금니를 가지면 아무나 물고 싶어질 테니까 그것은 원치 않습니다." "그러면 뱀처럼 입에다가 독을 넣어주랴? 한 번 딱 물면 아주 죽어나가게.” “아닙니다. 그래서 제가 문 짐승이 죽는 것, 그 버둥버둥하면서 죽는 꼴 저는 못 봅니다.” “아, 그러면 네 머리에다가 날카로운 뿔을 넣어주랴?” 양이 말합니다. “그 뿔이 있으면 자꾸 받고 싶을 텐데, 아무나 들이받으면서 상처를 입히는 것, 저는 원치 않습니다.” “그럼 어떻게 해주면 좋으랴?” 양이 가만히 생각하더니 “그대로 살겠습니다” 하더랍니다.

　양이 절대 불행하지 않습니다. 저는 양을 여러 곳에서 보았습니다마는, 저 중동에 갔을 때 한 3백 마리 정도 되는 양들을 보았습니다. 양이 목을 맸습니까, 코를 꿰었습니까? 아니면 발에다가 뭘 맸습니까? 아무 것도 없습니다. 그냥 놓아두는 것인데, 어린 목동이 앞에 있는 양 한 마리를 톡톡 치고 가자고 그러니까 이 양이 따라갑니다. 그러면 그 뒤를 3백 마리나 되는 나머지 양들이 죽 따라가는 것입니다. 이 양들이 한 번 지나가면 거기에 고속도로가 날 정도입니다. 이것이 양입니다. 그래서 목자가 인도하는 대로 좋은 마음으로 따라갑니다. 어디까지 갑니까? 사망의 음침한 골짜기든 산이든, 어디든지 목자가 인도하는 대로 믿고 따라갑니다.

　언젠가 뉴질랜드에 갔을 때 사진을 많이 찍어 왔습니다마는, 정말 아름다운 장면을 하나 보았습니다. 양들이 초원에 있는데, 평화스럽게 풀을 뜯고 있습니다. 그 넓은 초원에 제가 보아도 맛있는 풀이 여기 있고, 요쪽에는 조금밖에 풀이 없습니다. 그 풀이 다 똑같이 있는 것이 아닙니다. 그런데 양은 “맛있는 풀이 있으니까 내가 먹겠다. 너 저리 물러가라”, “아니, 내가 먹겠다” 하고 절대 싸우지 않습니다. “네가 여기서 먹니? 아, 난 저기서 먹을게. 네가 그거 먹을래? 난 이거 먹을 거야!” 바둑판처럼 그 많은 양들이 널려 있었습니다.

한데 몰리지를 않습니다. 제가 그 장면을 보고 '참 너희들은 복 받을 마음을 가졌다' 하고 생각했습니다. 이것이 양입니다. 그럼 양이 행복한 것이 어디 있습니까? 양의 능력이 어디에 있고, 양의 지혜가 어디에 있습니까? 아무 것도 없습니다. 딱 하나 있습니다. 목자를 믿습니다. 목자 때문입니다. 그래서 예수님께서도 비유로 요한복음 10장에서 말씀하시지 않습니까. '나는 선한 목자다. 양은 목자를 안다. 목자는 양을 안다. 선한 목자는 양을 위하여 목숨을 버린다. 양은 알고 있다. 믿고 있다.' 그렇기 때문에 양은 평안합니다.

그래서 오늘본문에서 예수님 말씀하시되 많은 사람들이 예수님 앞으로 달려옵니다. 이리 밀려오고 저리 몰려오고, 배를 타고 저쪽으로 가면 저쪽으로 달려가고, 이리 오면 이리 옵니다. 그렇게 많은 사람들이 밀려오는 것을 보시면서 "목자 없는 양과 같다"고 예수님 말씀하십니다. 이 많은 사람들이 지도자가 없고, 믿을 만한 사람이 없어서 전적으로 믿고 따라갈 수 없습니다. 신뢰할 수 있는 지도자가 없습니다. 그래서 여기 메시아가 오셨다고 하는 말을 듣고, 그 많은 사람들이 이리 밀리고 저리 밀리고 하는 것을 볼 때 "목자 없는 양과 같구나" 하고 예수님께서 말씀하셨습니다. 이 얼마나 귀한 복음입니까. 무엇 때문에 불행합니까? 목자가 없기 때문입니다. 또 뿐만 아니라 목자에 대한 신뢰가 없습니다. 참 목자를 발견하고, 그 목자를 신뢰하고, 그 목자한테 의뢰하는 동안 나는 평안합니다. 양은 불행하지 않습니다. 양은 절대로 불행한 동물이 아닙니다. 목자가 있으니까요.

다윗은 베들레헴 목장에서 옛날 소년시절에 양을 기르던 사람이었습니다. 목자의 경험이 있는 사람입니다. 그래서 그의 시편은 너무나 아름답습니다. '여호와는 나의 목자시니 내게 부족함이 없으리로다.' 제가 영어성경으로 읽다가 감동받았습니다. 우리는 '부족함이 없다'고 약간 부정적으로 기록했는데, 영어로는 'I want nothing'이라고 되어 있습니다. '여호와는 나의 목자시니까 나는 바랄 것이 없다'고 표현되어 있는 것입니다. 참 좋습니다.

저는 사람들이 기도 너무 오래하는 것 좋아하지 않습니다. 하나님도 좋아하지 않으실 것 같습니다. 늘 달라고 하는 것은 별로 바람직하지 못합니다. '여호와는 나의 목자시니 내게 부족함이 없고 소원이 없습니다. 바랄 것이 없습니다.' 이 얼마나 아름다운 양입니까. 이 양은 목자를 믿고 있습니다. 여호와는 나의 목자시며, 동시에 목자의 능력과 사랑과 권능을 믿고 있기에 내게 아무 소원도 없습니다. 이 얼마나 아름답습니까. 그래서 저는 식사기도를 할 때에도 너무 길게 하면 안 된다고 생각합니다. 식사 때도 그저 "하나님, 이 좋은 음식을 주셔서 감사합니다, 아멘!" 하고 먹으면 좋겠습니다. "이 음식을 먹고 건강하여……" 어쩌고 하는 데에서부터 문제가 됩니다. 그 대사부터는 이제 건강해서 뭐라고 공부 잘하고 사업 잘되고 남북통일까지 갔다 오면 밥 다 식습니다. 좋은 음식 주셨잖습니까. 그러니까 "하나님, 감사합니다. 맛있게 먹겠습니다, 아멘!" 하면 됩니다. 그런데 기도에 너무나 소원이 많습니다. 입만 열면 달라는 것입니다. 끝없는 소원입니다. 바람직하지 못합니다. 심지어는 이런 사례도 있습니다. 새벽기도에 왔다가 가는 교인이 있었는데, 제가 마침 기도를 마치고 나오다가 그 교인을 길에서 만났습니다. 그런데 그 교인이 길에 우두커니 서 있기에 제가 그의 어깨를 툭 치면서 물어보았습니다. "아, 왜 그리 서 있어요?" "아, 아까 기도하다가 빠뜨린 게 있어서 여기서 마저 하고 있는 중입니다." 시시하고 유치한 일입니다.

여호와는 나의 목자시니 나는 부족함이 없다— 이것이 행복입니다. 소원이 많다는 것은 그만큼 행복하지 못하다는 뜻입니다. 불쾌지수가 높은 것입니다. 불행지수가 높은 것입니다. 아무 소원도 없습니다. 바랄 것도 없습니다. 이대로 만족합니다. 이 세상 떠날 때에도 바랄 것이 없습니다. 분에 넘칩니다. 내 아버지께 갑니다. 이것이 우리의 신앙입니다.

예수님을 보십시오. 그 환난과 고통과 십자가, 얼마나 어려운 일이 눈앞에 지금 닥쳐 있습니까. 그러나 요한복음 16장에서 예수님 말씀하십니다. '나는 아버지께로 가노라. 환난을 당하나 담대하라. 내가 세상을 이기었노라. 아버지께로 가노라.' 이것이 예수님의 마음입니다. '여호와는 나의 목자시니 내게 부족함이 없습니다. 사망의 음침한 골짜기로 가더라도 두려움이 없습니다.' 왜 그렇습니까? 목자가 나와 함께하시니까요. 그 목자가 인도하시는 길이니까요. 나는 아무 걱정이 없습니다. 오늘 예수님 말씀하시기를 많은 사람들한테 경제, 정치, 문화, 종교를 비롯한 많은 문제가 있다고 하십니다. 그러나 그것은 중요하지 않습니다. 딱 한마디로 목자 없는 양같이, '참 목자를 만나지 못했구나. 참 목자에 대한 믿음이 없구나' 말씀하고 계시지 않습니까.

크리스토퍼 콜럼버스가 미지의 세계를 향해서 스페인을 떠나 항해할 때에 사나운 바람과 거센 파도에 시달렸고, 마침내 식량도 물도 다 떨어졌습니다. 선원들이 큰일 났다 싶어서 충혈된 눈으로 콜럼버스한테 달려가 "안 되겠습니다. 다시 스페인으로 돌아가야 합니다. 우리가 길을 잘못 들었습니다" 하고 협박조로 말할 때 콜럼버스는 태연하게 앉아서 성경을 읽고 있었습니다. 그리고 하는 말입니다. "나는 나침판이나 선박의 성능을 믿고 행선을 시작한 것이 아닙니다. 오직 하나님의 말씀을 믿고 미지의 세계로 가고 있을 뿐입니다. 나의 동력은 곧 하나님의 말씀입니다." 그때 그가 성경에서 읽고 있던 것이 이사야서였습니다. 그는 말했습니다. "나는 이사야서를 읽으면서 동력을 재충전 받고 있습니다."결국 그는 그 유명한 미대륙을 발견하게 됩니다.

잊지 말아야 합니다. 여호와는 나의 목자시니— 내 눈에 보이지는 않지만, 나와 함께 계십니다. 그분은 나를 알고 계십니다. 충분히 알고 계십니다. 그리고 오늘 여기까지 인도하셨습니다. 이제 앞으로 남은 길도 인도하실 것입니다. 우리는 목자 없는 양이 아닙니다. 목자를 모르는 양입니다. 목자 없는 양이 아닙니다. 목자를 믿지 못하는 양입니다. 목자가 계시고, 목자를 믿고, 목자를 사랑하고, 그럴 때 밝은 세상에서 높은 행복지수로 살아갈 수 있을 것입니다.　△

눈을 열어 보게 하소서

왕이 이에 말과 병거와 많은 군사를 보내매 저희가 밤에 가서 그 성을 에워쌌더라 하나님의 사람의 수종드는 자가 일찌기 일어나서 나가 보니 군사와 말과 병거가 성을 에워쌌는지라 그 사환이 엘리사에게 고하되 아아, 내 주여 우리가 어찌하리이까 대답하되 두려워하지 말라 우리와 함께 한 자가 저와 함께 한 자보다 많으니라 하고 기도하여 가로되 여호와여 원컨대 저의 눈을 열어서 보게 하옵소서 하니 여호와께서 그 사환의 눈을 여시매 저가 보니 불말과 불병거가 산에 가득하여 엘리사를 둘렀더라 아람 사람이 엘리사에게 내려오매 엘리사가 여호와께 기도하여 가로되 원컨대 저 무리의 눈을 어둡게 하옵소서 하매 엘리사의 말대로 그 눈을 어둡게 하신지라 엘리사가 저희에게 이르되 이는 그 길이 아니요 이는 그 성도 아니니 나를 따라 오라 내가 너희를 인도하여 너희의 찾는 사람에게로 나아가리라 하고 저희를 인도하여 사마리아에 이르니라

(열왕기하 6 : 14 - 19)

눈을 열어 보게 하소서

　　사냥개를 보았습니까? 주인을 따라 다니는 사냥개, 또 산에 나가서 많은 짐승을 잡는 데 크게 앞장서서 공헌하는 그 사냥개 말입니다. 아무리 보아도 사냥개라고 해서 그냥 무섭게만 생긴 것은 아닙니다. 아주 평범한 개입니다. 우리가 여기저기서 흔히 볼 수 있고, 또 무턱대고 크기만 한 것도 아닙니다. 어떤 개는 조그마하고 예쁘게 생겼습니다. 하지만 이 사냥개는 사냥터에서만은 아주 무섭습니다. 사자도 무서워하지 않고 막 대듭니다. 어떤 짐승 앞에서도 절대 물러서지 않고 달려들어 싸우고 물어뜯는 용맹스러운 개가 바로 사냥개입니다. 그 까닭이 어디에 있는가를 생각해봅니다. 이 사냥개의 용기가 어디에 있는가, 어디에서 오는가? 이걸 생각하면 여기에는 엄청난 철학이 있습니다. 사냥개는 지금 자기 바로 뒤에 제 주인이 있다는 사실을 알고 있습니다. 자기 주인이 총을 들고 뒤에 계시다는 사실을 알기 때문에 이 개는 무서운 것이 없습니다. '내 뒤에 주인이 있다. 그런고로 나는 앞으로 간다.' 무서울 것이 없습니다. 이 사냥개의 모습을 보면서 우리의 신앙을 한 번 진단해보기 바랍니다.
　　아우구스티누스는 이런 유명한 말을 남겼습니다. '믿음은 보지 못하는 것을 믿습니다. 우리 눈에 보이지 않습니다. 현재 일이 아니기 때문입니다. 어떤 때는 눈에 보이지 않지만은 보이지 않는 것을 믿습니다. 그 결과 믿는 바를 보게 됩니다.' 아주 변증적인 유명한 말입니다. 꼭 같은 일입니다. 꼭 같은 사건인데도 알면 자유요, 모르면 필연입니다. 알면 우리는 자유인으로 행사할 수 있고, 모르면 팔

자라고 합니다. 그것은 모른다는 뜻입니다. 알면 은총입니다. 하나하나 버릴 것이 없습니다. 사건마다 다 축복이요, 사랑이요, 은총입니다. 그런데 모르면 숙명입니다. 우리가 알 수 있을 때 아는 만큼 하나님의 자녀로 살아가는 것이고, 만약 모른다면 그때는 노예로 살아갈 수밖에 없습니다.

매를린 헤케 교수의 명언이 있습니다. '현대인에게는 블라인드 스폿(Blind Spot)이 있다.' 다 아는 것 같아도 꼭 모르는 사각지대가 있다는 말입니다. 우리가 자동차를 운전할 때 앞 유리창을 통하여 저 앞을 보면서 운전합니다. 위에 있는 조그마한 거울을 통해서는 뒤를 봅니다. 옆에 있는 사이드 미러를 통해서 또 저 뒤를 봅니다. 한 운전대를 쥐고 앞만 보는 것 같아도 앞과 뒤 옆을 다 보고 가는 것입니다. 그러나 운전하면서 느끼지만, 하나가 문제입니다. 바로 옆을 못 본다는 것입니다. 바로 요 옆에 누가 있는지, 어떤 차가 붙었는지, 그것을 모릅니다. 이것이 위험합니다. 이것이 '블라인드 스폿'입니다. 아는 척하고, 안다고 하지만, 사실은 모르는 부분이 있다는 말입니다. 이것이 바로 운명을 흔들어놓는 것입니다.

첫째, 현대인들은 부분은 아는데, 전체를 못 봅니다. 나무는 보는데, 숲을 보지 못합니다. 좀 더 멀리, 좀 더 큰 것을 보아야 하는데, 항상 작은 것, 작은 것…… 작은 것만 봅니다. 이것이 바로 우리의 약점입니다. 또한, 과거에 대해서는 아는 것이 많습니다. 너무나 정보가 많습니다. 그러나 이상하게도 미래에 대한 것은 아무도 모릅니다. 학자들이 연구하고, 발표하고, 통계를 내고, 난리를 쳐도 언제 지진이 날지, 언제 사건이 터질지는 모릅니다. 일본은 원래 지진이 많은 나라입니다. 그래서 아주 다들 두려움에 떱니다. 후지 산

중턱에서 세미나를 할 때 들은 이야기입니다마는, 종종 귀에 들려온 다고 합니다. 이 후지 산이 밑에서 울면, 이러다가 확 올라오면 화산이 터지는 것입니다. 그런데도 그 후지 산 중턱의 YMCA호텔에서 세미나를 하는 것입니다. 여기에 세미나 장소를 정한 이유가 있다는 것입니다. 아주 종말적이니까 말입니다. 언제 터질지 모르니까 후지 산을 베개 삼아 거기서 수양회를 합니다. 아무도 모릅니다. 미래를 안다는 말은 거짓입니다. 오직 하나님의 손에 있을 뿐입니다. 또 한 가지는 남에 대해서는 많이 아는데, 정작 나 자신에 대해서는 모른다는 것입니다. 너무 모릅니다. 다른 사람에 대해서 얘기하는 것을 들어보면 박사입니다. 그러나 자기 문제에 대해서는 전혀 아는 바가 없습니다. 이것이 현대인의 고질적인 맹목이라고, 블라인드 스폿이라고 말합니다.

    베어드(Beard)라는 역사가가 있습니다. 역사책 12권을 썼습니다. 그는 말합니다. '역사라는 것은 어느 나라 역사를 보아도 누가 잘 살았다, 누가 평안했다, 어느 농사 잘 됐다, 그런 것을 써놓는 법이 없다.' 모든 역사는 전쟁사라는 것입니다. 그래서 우리나라에도 역사라고 해서 무슨 사극이라고 하는 것을 보면 등장인물들이 밤낮 서로 싸우지 않습니까. 그래서 별로 보기 좋아하지 않습니다. 싸우는 것까지는 좋은데, 권모술수가 너무 많아 마음에 안 듭니다. 아무튼 역사라고 하면 꼭 싸움입니다. 전쟁터입니다. 그런가하면 더 중요한 점이 있습니다. 약육강식이 통할 것 같은데, 통하지 않는 것이 역사입니다. 강자가 살고, 약자는 죽어야 하지 않습니까. 그러나 알려져 있는 대로 약자는 살고 강자는 죽습니다. 짐승의 세계도 보면 강자는 천하무적이요 적이 없습니다. 한데 그런 맹수는 멸종되어

갑니다. 그리고 작은 동물들, 하찮은 것들이 온 우주를 덮고 있습니다. 우리가 고고학에서 보는 바와 같이 옛날에 있었던 매머드 같은 것, 상상할 수 없는 그런 큰 천하무적의 짐승들이 있었는데, 다 멸종됐습니다. 그리고 작아진 것들, 아주 작고 미미한 것들이 온 우주를 지배하고 있다는 것입니다. 여기서 베어드는 말합니다. '역사에 도덕성이 있다. 이상하게 말로 설명할 수 없는 도덕성이 그 안에 있다. 약자가 승리하는 세상이다.' 조금 더 깊이 들어가서 생각합니다. '역사 속에 하나님의 심판이 있다.' 그런데 그 심판이 베어드의 말대로 간간히 마음에 들지 않습니다. 왜냐하면 하나님께서 생각하시는 방법, 하나님께서 생각하시는 시간이 내 마음에 안 들기 때문입니다. 그것이 바로 우리가 깨달아야 할 진리입니다. 하나님의 심판— 여기에 악한 사람이 있습니다. 악한 나라가 있습니다. 악한 독재자가 있습니다. 이것을 심판하려 하실 때, 우리 생각 같아서는 그저 당장 벼락을 쳤으면 좋겠습니다. 옛날에 히틀러 같은 사람, 지금도 가끔 그 옛날에 찍어놓은 그 화면이 나옵니다마는, 히틀러가 발광을 하고 소리를 지를 때 바로 그 시간에 '꽝!' 하고 벼락을 맞아 죽으면 얼마나 좋겠습니까. 하지만 그렇지를 않습니다. 하나님께서는 왜 악한 자를 이렇게 내버려두시는가 하는 것입니다.

 그러나 역사가가 가만히 보았더니 이것이 하나님의 심판방법입니다. 악한 자에게 벼락을 내리치시는 하나님이 아니시오, 악한 자를 형통케 하시는 하나님이시오, 악한 자로 하여금 성공하게 만드시는 하나님이십니다. 불의와 죄가 그냥 소멸되는 것이 아니라 성공하게 두십니다. 불의한 자는 불의한 방법으로 성공하고, 돈 모으고, 출세하고, 권세 얻고 그렇습니다. 그리고 그 다음에 어떻게 됩니까. 교만해집니다. 불의한 자는 성공해서 교만해지고 끝까지 가서 마침내 '꽝!' 하고 무너지고 맙니다. 이것이 베어드가 12권의 역사서에서 말하는 결론입니다. 하나님의 심판방법이 이와 같다는 것입니다.

또한 그런가 하면 그 속에 신비로운 조화가 있습니다. 마치 벌과 꽃처럼 말입니다. 벌이 꽃에 들어가서 꿀을 빨아냅니다. 그리고 꽃이 벌을 섬기고, 벌이 꽃을 섬깁니다. 벌이 하루에 무려 천 번 넘게 이 꽃 저 꽃 다니면서 꽃가루를 옮겨놓아야 꽃이 열매를 맺습니다. 꽃이 무슨 말을 하겠습니까. 이 벌을 향해서 "이 날 강도야! 남의 집에 와서 꿀을 빨아가는 이 나쁜 놈아!" 하겠지만, 그렇지 않습니다. 벌 없이는 꽃이 열매를 맺지 못하고, 또 꽃이 없으면 벌은 굶어죽습니다. '이 아름다운 조화, 이 세상에 이 아름다운 조화를 볼 줄 알아야 바르게 살아갈 수 있다'고 말합니다.

그런데 하나님의 심판의 연자 맷돌은 너무 천천히 돌기 때문에 마치 돌지 않는 것처럼 느껴지지만, 정확하게 공적이든 나라든 개인이든 하나님께서는 심판하고 계십니다. 아주 중요한 이야기입니다. 가장 중요한 문제는 여기에 있습니다. 하나님의 심판과 구원은 동시적으로 이루어지는 것이요, 한 사건 속에서 이루어집니다. 역사가 말하는 것이요, 성경이 말씀하는 진리입니다. 우리가 구약성경을 보다보면 심판과 구원, 구원과 심판이 한 사건 안에서 이루어지고 있습니다. 놀랍지 않습니까. 그 신비로운 역사를 우리가 알고 놀라고 감격해야 합니다.

6·25는 지금으로부터 63년전에 있었던 사건입니다. 저는 특별히 6·25를 강제노동수용소에서 맞았습니다. 그들이 서울을 해방했다고 그 책임자들이 축하하고, 춤추고 노는 장면을 보았습니다. 도

대체 어디를 갔다는 말인가 했는데, 그 다음에 보니까 비행기가 뜨고 그래서 '아, 전쟁이 났구나!' 생각했습니다. 어쨌든 강제노동수용소에 있을 때 6·25를 맞았습니다. 그런데 북한군이 남쪽으로 밀고 들어와서 저 울산과 포항까지 갔습니다. 몇 시간만 지나면 부산으로 들어갈 판국입니다. 이렇게 공산당들한테 짓밟힐 바로 그 순간입니다. 미국을 비롯한 유엔군이 파송되는데, 여기에 중요한 신비가 있습니다. 만일에 미국이 그냥 우리 한국을 돕겠다고 쳐들어왔다면, 소련과 미국이 정면대결을 하게 되는 것입니다. 그런고로 명분을 살려야 됩니다. 유엔군들이 쓰는 물자나 총기를 보면 다 미제입니다. 그 16개국이 군사작전을 함께 했습니다. 그래서 소련의 입장에서는 이제 온 세계와 맞서 싸우는 격이 되는 것입니다. 이것이 유엔군이 필요했던 이유입니다. 유엔군 파송이 안전보장이사회에 안건으로 올라갔는데, 알려진 대로 안전보장이사회에는 거부권을 행사하는 나라가 있습니다. 몇몇 강한 나라들이 거부권을 행사하면 아무리 찬성하는 회원국이 많더라도 안건은 부결됩니다. 이것이 안전보장이사회의 회칙입니다.

그래서 안전보장이사회가 비상소집 되었는데, 구소련의 외상 몰로토프가 그날 아침 회의에 참석하지 않았습니다. 어차피 부결될 것이기에 유엔군파송은 말도 안 된다고 생각하고 참석하지 않았던 것입니다. 하나님께서 그를 멍청하게 만드셔서 생각을 확 돌려놓으신 것입니다. 그러니까 몰로토프가 그 회의에 참석하지 않음으로써 파송이 결정된 것입니다. 그리고 유엔군이 와서 우리를 살려냈고, 오늘의 대한민국이 있는 것 아닙니까. 몰로토프가 그날 아침에 멍청해진 것이 하나님의 뜻입니다. 아니라면 그것이 그럴 수가 없는 사건입니다. 그 사람한테는 역사적인 실수입니다. 그러나 우리한테는 그것이 구원의 길이 된 것입니다. 하나님의 역사는 놀라운 것입니다. 사람이 상상할 수 없는 일, 심판과 구원이 한 사건 속에서 이루어진 것입니다.

　오늘본문에 나타난 것은 엘리사 선지자에 대한 이야기입니다. 엘리사가 이스라엘 나라에 있을 때 아랍 왕이 침공해 오려고 했습니다. 자세히 읽어보면 12절에 이런 말씀이 있습니다. 아무래도 아람 왕이 이스라엘을 쳐들어갈 수 없는 이유는 군사력의 문제가 아니라는 보고가 올라옵니다. 갈 때마다 방어진이 기다리고 있는 것은 하나님의 사람 엘리사가 있기 때문이라고 전합니다. 엘리사가 다 보고 우리 군대가 어디로 가는지 오는지 안방에서 금방 다 알아차리기 때문에 공격은 안 된다는 것입니다. 그래서 아람 왕은 생각했습니다. '그러면 엘리사를 죽여버려야겠구나!' 그래 아람군대를 보내 엘리사를 포위하도록 했습니다. 이제 아침이 되어 엘리사의 제자가 밖에 나와서 보니까 아람군대가 사방에 꽉 차 있는 것입니다. '아이고, 죽었구나. 주여, 이제 어찌하면 좋겠습니까?' 바로 그 장면이 오늘본문입니다. 그때에 엘리사가 말하기를 "걱정하지 마라" 합니다. 그리고 기도합니다. "하나님이시여, 이 사람의 눈을 열어주시옵소서. 이 사람의 눈을 보게 해주세요." 그 기도가 응답되어서 눈을 열고 보았더니 아람군대보다 더 많은 불말과 큰 군대가 엘리사를 보호하고 있는 것이었습니다. "엘리사와 함께하신 하나님, 우리 민족과 함께하신 하나님, 그 뒤에 계신 하나님의 위대한 역사를 볼 수 있게 해주세요!" 지금 이런 일 저런 일 가지고 걱정합니다마는, 그럴 것 없습니다. 그 뒤에 위대한 역사가 있습니다. '하나님, 눈을 열어 보게 해주세요. 하나님의 뜻을 보게 해주세요. 하나님의 군사를 보게 해주세요. 그리고야 우리가 평안한 잠을 잘 수 있겠습니다.'

다윗 왕이 소년시절에 블레셋 사람과 맞서 싸울 때 그들의 대장은 유명한 골리앗이었습니다. 그 골리앗 대장한테 이스라엘은 꼼짝을 못합니다. 그러나 소년 다윗이 물맷돌을 들고 나가 골리앗한테 유명한 말을 합니다. "전쟁은 하나님께 속한 것이요, 내 뒤에는 하나님께서 계신다. 이 교만한 놈아! 그 같은 창이 무슨 상관이 있고, 너의 갑옷이 무슨 의미가 있느냐!" 참 대단한 믿음입니다. 우리는 하나님께서 함께하시는 백성이요, 너는 이방족속이요, 하나님께서 너를 심판하신다고 믿고, 물맷돌을 확 던져서 그걸 골리앗의 이마에 맞힙니다. 골리앗은 그냥 쓰러지고, 이스라엘에는 큰 승리가 옵니다. 전쟁은 하나님께 속한 것이요, 역사는 하나님께 속한 것입니다. 오늘의 현실도 하나님의 손에 있다는 것을 잊지 말아야 합니다. 유명한 탕자의 비유가 있지 않습니까. 그 탕자가 허랑방탕하며 돌아다니다가 아주 죽게 되었습니다. 그래 돼지가 먹는 것을 같이 먹다가 깊이 깨닫고 아버지 집으로 부끄러움을 무릅쓰고 돌아옵니다. 그때에 아버지는 그를 환영할 뿐만 아니라 과거를 일체 묻지 않습니다. 그리고 "내 아들은 죽었다 살았다. 내가 아들을 잃었다 얻었노라. 잔치를 하자. 내 손을 잡아라" 합니다. 그 아들이 무슨 생각을 했겠습니까? '이럴 줄 알았으면 진작 돌아올 걸' 하지 않았겠습니까. 내가 잘못된 길을 갈 때 아버지는 나를 버렸다고 생각했거든요. 내가 실수할 때 하나님께서는 나를 버리셨다고 생각했거든요. 그러나 아닙니다. 기다리고 계셨습니다. 이 사실을 진작 알았더라면 얼마나 좋았을까요? 행동이 달라집니다.

오늘도 잊지 말기를 바랍니다. 하나님께서 나와 함께 계시고, 여호와의 손이 우리 민족과 함께하시고, 역사를 주관하고 계십니다. 이것을 안다면 아무 문제도 없습니다. 꼭 잊지 말아야 합니다. 역사의 주관자, 하나님이십니다. 하나님의 그 섭리, 그 구원의 역사, 심판과 동시에 구원이 나타나는 그 거룩한 신비를 알 수 있다면 아무 걱정도 없습니다. 우리의 기도제목은 여기에 있습니다. '주여, 눈을 열어 보게 하소서. 눈을 들어 보게 하소서.' 그 옛날에 스데반은 순교할 때 그 바로 밑에서 많은 사람들이 그에게 돌을 던지고 있었습니다. 그 많은 원수 같은 사람들이 던진 돌에 맞아 죽으면서도 그는 그 위에 계신 그리스도를 보았습니다. 위를 보고 그리스도를 보는 순간 얼마나 큰 위로가 되고, 힘이 되었겠습니까. 마침내 그 얼굴은 천사의 얼굴과 같이 되었습니다. '주여, 보게 하소서. 눈을 열어 보게 하소서. 내가 가진 현실과 내 앞에 있는 운명을 보게 하소서. 얼마나 위대한 하나님의 능력이 그 뒤에 계시는지를 보게 해주세요. 주여, 눈을 열어주소서.' 이것이 우리의 기도제목입니다. △

하나님께서는 다 하실 수 있다

예수께서 제자들에게 이르시되 내가 진실로 너희에게 이르노니 부자는 천국에 들어가기가 어려우니라 다시 너희에게 말하노니 약대가 바늘귀로 들어가는 것이 부자가 하나님의 나라에 들어가는 것보다 쉬우니라 하신대 제자들이 듣고 심히 놀라 가로되 그런즉 누가 구원을 얻을 수 있으리이까 예수께서 저희를 보시며 가라사대 사람으로는 할 수 없으되 하나님으로서는 다 할 수 있느니라

(마태복음 19 : 23 - 26)

하나님께서는 다 하실 수 있다

저는 10여 년 전에 좋은 기회를 얻어서 아프리카의 탄자니아라는 나라를 방문했던 일이 있었습니다. 거기에 유명한 '꼬롱꼬로'라는 이름의 큰 분화구가 있습니다. 한 번 꼭 가볼 만한 곳인데, 그 분화구의 직경이 약 40킬로미터나 됩니다. 그 안에는 온 세계의 갖가지 짐승들이 다 모여 삽니다. 분화구가 너무나 깊이 내려가 있고, 언덕이 높아서 짐승이 밖으로 나오지를 못합니다. 그 안에 전부 갇혀 있습니다. 그 안에서 먹고 살고, 죽이고 죽으면서 삽니다. 이 장관이 유명한 구경거리인데, 사람이 그냥 들어갈 수는 없고, 잘 장치가 된 지프차를 타고서야 들어갈 수 있습니다. 땅에 내리지는 못하고, 지프차를 타고 빙빙 돌아다니면서 여러 짐승을 구경할 수 있게 돼 있습니다. 거기에 갔다가 깜짝 놀랄 만한 경험을 했습니다. 정말 지금도 잊을 수가 없습니다. 사자들이 모인 곳입니다. 사자는 잘생긴 동물 아닙니까. 그 수사자는 참 명품입니다. 수사자의 가족이 있습니다. 한 20마리나 됩니다. 그저 큰 사자, 작은 사자 새끼들까지 한 가족이 모여 있는데, 그 장면이 아주 보기가 좋습니다. 그러나 더 중요한 것은 사자 바로 앞에 노루, 인팔라, 토끼, 사슴, 같은 동물들이 그 자리에서 같이 어울려 풀을 뜯어 먹고 있는 것입니다. 깜짝 놀랐습니다. '내가 에덴동산에 왔나?' 싶을 정도로 놀라운 광경입니다. 성경을 보면 사자가 풀을 뜯는다는 말씀이 있기는 하지만, 사자와 연약한 짐승이 같이 모여서 평화롭게 지내는 것을 보고, 제가 눈을 몇 번 부비고 보고 또 보고 했습니다. 그렇게 아름다울 수가 없습니다.

차를 세워놓고 한참 구경을 했습니다. 안내자한테 어떻게 이런 일이 있을 수 있느냐고 물었습니다. 그가 제게 진리를 말해 주었습니다. "사자는 식사시간 외에는 절대로 식사를 안 합니다." 이 짐승들이 사자가 지금 식사시간이 아닌 것을 알고 있습니다. 그래서 그 사자와 한데 어울려 지내는 것입니다. 그러다 저녁때쯤 식사시간이 다가오면 다 도망갑니다. "사자는 식사시간 외에는 절대로 식사를 안 합니다." 둘째로 사자는 먹이를 저장하지 않습니다. 자기가 얼마를 먹었든지 먹고 남은 것은 다른 짐승한테 양보합니다. 이것을 저축해놨다가 뒤에 또 먹겠다는 생각 따위 안 합니다. 이것이 사자의 특징입니다. 또 이 자연의 이치가 묘해서 사자는 생고기만 먹습니다. 죽은 고기는 안 먹습니다. 그런데 어떤 짐승은 꼭 썩은 것만 먹습니다. 생고기를 안 먹습니다. 천지에 조화가 묘하게 되어 있습니다. 그리고 사자는 꼭 자기가 먹고 남은 것은 다른 짐승한테 양보합니다. 결론은 뭐냐 하면, 사자는 '내일 염려'를 안 한다는 것입니다. 아주 신사적입니다.

그러고 보면 오늘 세계의 모든 문제가 어디에 있겠습니까? 세계가 직면하고 있는 가장 큰 문제가 식량문제입니다. 한데 식량문제는 실제로 있는 것이 아닙니다. 가진 사람이 너무 많이 가져서 그렇습니다. 그러니까 다른 사람은 굶어 죽습니다. 이것을 우리가 생각해보아야 합니다. 우리나라만 하더라도 식량이 남아돌아서 큰일입니다. 보존하는 데에만도 지금 한 해에 3천억 원이라는 어마어마한 비용이 들어갑니다. 그리고 3년 묵은 것, 심지어는 5년 묵은 것은 쓸 수가 없습니다. 그래 심지어 결국은 동물한테 사료로 주면 좋지 않느냐고도 합니다. 그런데 참 이상합니다. 우리가 그렇게 좋아하는 쌀은 단백질이 부족해서 사료가 될 수 없답니다. 한쪽에는 쌀이 없어 굶어죽어 가는데, 다른 한쪽에서는 쌀이 썩어 내다버리는 일이 생기고 있습니다. 이것이 오늘 우리의 상황입니다.

생태학 쪽으로 생각해보면 하나님께서는 넉넉하게 일용할 양식을 주셨습니다. 캐나다 같은 데에 가보면 그 넓은 벌판에 밀을 심어 놓았는데, 언젠가 한 번 차를 타고 지나갈 때 보니 끝이 없습니다. 그래 제가 "아이고, 여기서 대체 얼마나 많이 생산합니까?" 하고 물었더니, 거기서 생산하는 것만 가지고도 온 아메리카 대륙이 3년을 먹을 수 있다고 합니다. 그렇게 많이 생산할 수 있는 것입니다. 그래서 땅을 제한하여 '금년에는 여기에서만 생산해라. 금년에는 요만큼만 생산해라' 하고 규제를 한다고 합니다. 하나님 편에서 보십시오. 넉넉하게 주셨습니다. 가진 자가 너무 많이 가지고 있고, 가진 자가 나누어주지를 않아서 아직도 세상에는 굶어죽는 사람들이 생기는 것입니다. 오늘 예수님께서 친히 우리한테 말씀하셨습니다. '두 주인을 겸하여 섬기지 못한다.' 두 주인이라는 말씀이 참 인상적입니다. 두 주인이라고 하실 때 예수님께서 뜻하시는 것은 하나님과 재물입니다. 하나님과 재물을 겸하여 섬기지 못한다— 굉장한 말씀입니다. 두고두고 생각해야 됩니다. 어떻게 물질이 주인이 될 수 있습니까? 어떻게 물질이 하나님이 될 수 있습니까? 물질이 하나님까지 올라가는 것입니다. 하나님과 동등한 위치까지 올라갑니다. 하나님보다 더 높이 올라갑니다. 여기에 문제가 있습니다. 두 주인을 섬기지 못한다—

물질이 주인이 되고, 물질이 목적이 되고, 물질이 가치 기준이 될 때 그 인격도 나라도 세상도 다 망하는 것입니다. 물질은 어디까지나 우리 삶에 수단으로 주신 것입니다. 그런데 이것이 그만 욕심을 부리다 보니 주인이 되고, 하나님까지 올라갔습니다. 맘몬이라고 하는 신이 돼버리고 말았습니다. 돈을 주인으로, 하나님으로 섬기는 사람들이 참 많습니다. 돈이 하나님의 위치까지 올라간 것입니다.

오늘본문을 거슬러 올라가서 19장 16절 이하를 보면 어떤 젊은 율법사가 예수님께 와서 "내가 무슨 선한 일을 하여야 영생을 얻으리이까" 하고 묻습니다. 예수님께서는 "계명들을 지키라" 하고 말씀하십니다. "이 모든 것을 내가 지키었사오니……" "그래, 좋아. 다 지켰니? 근데 한 가지 더 하면 좋겠다. 네게 있는 것을 다 팔아 가난한 자에게 주라. 그리고 와서 나를 따르라." 그러면 영생을 얻을 것이라고 하십니다. 이 질문에 이 사람은 그만 슬픈 낯으로 근심하며 돌아가버리고 맙니다. 영생인가 재물인가 두 가지가 나타났을 때 그만 영생을 포기하고 말았습니다. 여기에 문제가 있습니다. 영생이냐, 재물이냐? 이 얼마나 어리석은 질문입니까. 재물이 아무리 귀해도 기껏 사는 동안 필요한 것 아닙니까. 건강한 동안 필요한 것 아니겠습니까. 사실은 필요한 것이 제한되어 있습니다. 요만큼한 필요합니다. 어떻게 영생과 재물을 비교하겠습니까. 어떻게 재물과 하나님을 비교하겠습니까. 비교한다는 것은 인간의 어리석음입니다.

그리고 예수님께서 이 말씀을 하십니다. "부자가 천국에 들어가기가 낙타가 바늘귀로 들어가는 것보다 어렵다." 참 대단한 비교입니다. 낙타는 짐승 중에서도 좀 크지 않습니까. 그런 것이 어떻게 바늘귀로 들어갈 수 있습니까. 그러니까 여기에서 질문이 나옵니다. '그럼 어떻게 누가 천국에 들어가겠습니까?' 그때 예수님께서 대답하시는 말씀에 아주 귀중한 의미가 있습니다. "하느님은 하시느니라." 하나님께서는 하시느니라— 낙타 같은 사람을 작게, 작게 만드셔서 바늘귀로 쏙 들어가게 하신다는 말씀입니다. 하나님께서는 하신다— 얼마나 명쾌한 대답이고, 능력 있는 말씀입니까. 낙타가 바늘귀로 들어가는 것을 하나님께서는 가능하다고 말씀하십니다.

　이 물질, 이 부라고 하는 것은 참 묘한 의미가 있습니다. 자본주의 사회에 사는 우리는 항상 일깨워야 합니다. 사람이 장사도 무일푼이면 무안색이라고 하지 않습니까. 돈이 없으면 비굴해지고, 돈이 생기면 마음도 부해집니다. 이것 문제입니다. 돈은 있어도 마음은 가난해야 되는데, 돈과 마음은, 인격은 같은 것이 아닙니다. 돈이 생기면 그만 넉넉한 마음에서 마음도 부해집니다. 또 중요한 점이 있습니다. 우리나라 말로 하면 양반이 된 기분입니다. 한마디로 말하면 귀족이 된 것 같습니다. 그것이 사실입니다. 그러면 아무리 귀족이고, 교양이 있는 사람이라도 돈이 없으면 초라해지고, 아주 형편없이 되고 맙니다. 그런데 이 돈이 생기면 마음이 부해지면서 넉넉해지고, 마치 귀족이 된 듯한 의식을 가지게 됩니다. 이것이 귀족의식을 가진 문제입니다.

　우리가 양반이니 상민이니 하는 말들을 하지 않습니까. 옛날 사람들이 말할 때에는 양반 혹은 상놈이라고 했습니다. 우리는 양반과 상놈은 종자가, 곧 골상이 다르다고 생각했습니다. 하지만 사회학 책을 읽고 제가 연구해보니 그것은 거짓말이라고 합니다. 전문가의 말은 이렇습니다. 부가 귀족으로 둔갑한 것이다— 돈 많은 사람이 돈 가지고 있으니까 많은 사람들이 와서 굽실굽실합니다. 이것 다 돈 때문에 그러는 것입니다. 그런데 가만히 보니 이 굽실거리는 것이 전부 가짜입니다. 진짜를 만들어야겠다고 생각해서 하는 말이

'나는 종자가 달라!', 이렇게 된 것입니다. 그래서 양반이 됐다는 것입니다.

　양반도 삼대를 가난하게 살면 상놈 되고, 상놈이 삼대를 부하게 살면 양반 된다는 말이 있습니다. 옛날에는 양반도 팔고 사고 그랬습니다. 무슨 양반이라서 족보가 있고, 무슨 상골 하골 하는 소리가 아닙니다. 돈이 양반입니다. 돈이 양반을 만드는 것입니다. 돈 없으면 양반도 없습니다. 본래가 양반, 그런 것이 아닙니다. 돈 있으면 양반입니다. 그 뿐만이 아닙니다. 더 무서운 것이 하나 있습니다. 돈을 가지면 만능입니다. 돈이면 다 됩니다. 이것도 되고, 저것도 됩니다. 죄인도 돈 주고 나옵니다. 돈 없으면 죄인이 되고, 돈 있으면 죄인도 의인이 되는 것이 세상입니다. 이것을 알기 때문에 돈이 만능이라고 생각합니다. 아, 그 돈! 박사학위를 따는 것, 쉬운 일이 아니지 않습니까. 공부하려면 머리가 다 빠져야 됩니다. 그생해야 되는데, 돈 주고 사왔다고 하니, 돈이면 다 되는 줄 압니다. 명예도 권세도 돈이면 되는 것 같습니다. 정말 될 때가 있습니다. 조금씩은 말입니다. 그러나 만능은 아닙니다. 돈은 결코 만능이 아닙니다.

　가장 중요한 신학적 문제가 있습니다. 돈이 있으면 영어로 justification, 곧 내가 의롭다 함을 얻는 줄로 착각합니다. 그래서 조금 부정을 하더라도 돈을 벌고 성공하면 '아, 하나님께서 봐주셨다. 하나님께서 다 용서해주셨다'고 생각합니다. 그리고 애를 쓰다가도 사업에 망하면 그때 가서 회개합니다. 사업 망하고 회개하는 사람 많습니다. 철야기도 하고 울면서 회개합니다. 하지만 돈 많이 벌어놓고 회개하는 사람 봤습니까? 저는 50년 목회에 한 번도 못 봤습니다. 그 사람 돈 벌면서 죄 많이 짓고, 못할 짓 많이 했습니다. 그러고도 단 한 번 회개의 기도가 없습니다. 하나님께서 축복해주셨다고 생각하기 때문입니다. 다시 말해서 정당화해주셨다고 믿는 것입니다. 여기에는 신학적으로 아주 중요한 문제가 있습니다. 그러니까 부와 가난하고는 상관이 없습니다. 내 죄는 내 죄고, 회개는 항상 있어야 합니다. 내가 지닐 신앙적 겸손은 내게 있어야 하는 것인데, 돈이 생기는 동안 의인으로 착각을 하고, 축복을 받은 것으로 생각하기 때문에 회개가 없습니다. 겸손도 없습니다.

또 한 가지 더 중요한 것이 있습니다. 돈 있는 사람들은 다 자기가 잘 안다고 생각한다는 것입니다. 돈 있는 사람은 남이 무슨 말을 할 때 그걸 귀 기울여 자세히 듣고 "아, 그렇군요" 하는 일이 거의 없습니다. "나 다 알아. 다 안다니깐." 이러기만 합니다. 돈 있는 것과 아는 것은 다릅니다. 그런데도 다 아는 것처럼 착각합니다. 이것이 바로 돈이 가지는 매력입니다. 또 돈을 가졌을 때는 다 가진 것처럼 생각합니다. 명예도 지식도 권력도 지혜도 의도 신앙까지도 다 가진 것처럼 생각할 때가 있습니다. 그러나 그런 것이 아닙니다.

어떤 돈 많은 사람이 병에 걸려서 수술을 받게 됩니다. 수술에 앞서 마취하기 전 이 환자가 의사의 손을 붙들고 말했습니다. "선생님, 저는 다 가졌습니다. 돈도 있고, 명예도 있고, 권세도 있고, 예쁜 마누라도 있고, 아이들도 있고, 다 가졌습니다. 단, 건강 하나만 없습니다. 건강을 찾게 해주세요!" 의사가 빙그레 웃으면서 말합니다. "아니오. 당신은 아무것도 가진 것이 없습니다. 건강 하나를 잃는 순간 당신은 전부가 제로입니다." 아무 것도 가진 것이 없다는 것을 왜 모릅니까. 건강 하나만 없는 것이 아닙니다. 다 없습니다. 이것을 알아야 됩니다. 그런데도 돈 있는 사람은 착각합니다. 다 가진 것처럼 교만에 빠지기 쉽습니다. 신앙의 목적까지도 그렇습니다. 우리가 예수 믿는 목적이 어디에 있습니까? 우리가 전도를 해보면 예수 믿는 사람한테 참 어려움이 있습니다. 제가 돈 많은 사람들한테, 마침 만날 기회가 있어서, 교회에 나오라고, 예수 믿어야 되겠다고 했더니 "그거요? 저 가난한 사람들한테나 필요하지, 저는 필요하지 않습니다" 합니다. 이런 사람이 있습니다. 나는 다 가졌으니 바로 의인이라고 착각을 하는 것입니다. 아닙니다. 이것을 알아야 합니다. 다 가진 것이 아닙니다. 더구나 의의 문제, 영생의 문제는 완전히 별도입니다. 이것까지도 가진 것처럼 착각합니다. 그래서 정말 50년 목회에 많이 봤습니다마는, 부자한테 전도해서 단 한 사람도 예수 믿게 한 일이 없습니다. 예수 믿고 부자 된 사람은 있습니다. 그런 사람은 많습니다. 예수 믿어서 부자 된 사람은 있지마는, 부자를 찾아다 전도해서 예수 믿게 한 경우는 못 봤습니다. 아니, 몇 사람은 보았네요. 그들이 죽을병 들었을 때입니다.

　돈이라는 것이 이만큼 무서운 것입니다. 사람을 못 쓰게 만듭니다. 사람을 아주 못된 사람을 만들어버리고 맙니다. 이것이 자본주의의 결정적인 약점입니다. 오늘 깊이 생각해봅시다. 돈을 가지게 되면 참 이상한 것이 있습니다. 돈이면 만능이라는 생각을 가지게 됩니다. 돈을 가지게 되면 겸손하기 어렵습니다. 우리가 늘 겸손해야 되는 줄은 알지만, 돈을 가졌으면서도 겸손한 사람이 진짜 겸손한 사람입니다. 겸손하기 어렵습니다. 또 돈을 가지면 남을 의심합니다. 의심이 많아집니다. 누구라도 자기한테 와서 인사하면 '또 무엇을 달라고 하려나?' 하고 의심하게 됩니다. 또 악수라도 좀 친절하게 해오면 '이 녀석이 또 무슨 짓을 하려나?' 하고 의심하게 됩니다.

이것을 넘어서야 됩니다.

　유명한 이야기가 있지 않습니까. 형제가 어디를 갔다 오다가 나루를 건너게 되었습니다. 그 순간 동생이 금덩어리 하나를 땅에서 주웠습니다. 그래 그걸 가지고 자기 것이라고 가지고 있는데, 형이 그것 좀 보자고 해서 동생이 그걸 형한테 건네주었습니다. 이어 동생이 그 금덩이를 다시 달라고 했습니다. 그렇게 서로 그걸 가지려고 다투게 되었습니다. 그러다가 형이 금덩어리를 물에 집어 던지며 하는 말입니다. "동생, 우리 형제가 얼마나 서로 사랑했어? 그런데 이놈의 금덩어리가 하나 생기니까 이게 네 주머니에 들어가 있으면 내 마음이 불편하고, 내가 가지고 있으면 네가 불편하다. 이거 하나 때문에 우리 형제간의 의가 없어지고 있잖아."

　이것이 바로 돈이라는 것입니다. 오늘본문은 우리한테 말씀합니다. "하나님으로서는 다 할 수 있느니라(26절)." 무슨 말씀입니까? 작게 만드십니다. 부자의 마음을 작게 만드셔서, 다시 말해 낙타 같은 마음을 작게 만드셔서 바늘구멍으로 쏙 들어가게 하십니다. 그렇다면 여러분은 돈이 있습니까? 좋습니다. 절대 돈 자체가 나쁜 것은 아닙니다. 그런데 마음은 바늘귀로 들어갈 만큼 작아져야 합니다. 있어도 없는 듯, 가졌어도 아무 관계가 없는 듯, 낙타 같은 재산을 가지고 바늘귀로 들어갈 만큼의 겸손, 그런 작은 마음을 가지고 있을 그때에 그가 영생을 얻는 것입니다.

　사람은 할 수 없는 것 같습니다. 그러나 하나님께서는 하십니다. 하나님만이 하십니다. 낙타가 바늘구멍으로 들어갈 수 있을 만큼 그렇게 역사하십니다. 이것이 하나님의 뜻입니다. 이것이 영생의 길입니다. 이 길을 알고 바른 길로 향해야 될 것입니다. 사람이 떡으로만 사는 것이 아닙니다. 하나님께서 주시는 말씀으로 삽니다. 그 말씀의 소중함을 항상 간증하며 살아가야 할 것입니다. 잠시라도 마음이 부해지지 않도록, 교만해지지 않도록 조심조심해야 할 것입니다. △

가장 고상한 지식

그러나 나도 육체를 신뢰할 만하니 만일 누구든지 다른 이가 육체를 신뢰할 것이 있는 줄로 생각하면 나는 더욱 그러하리니 내가 팔 일 만에 할례를 받고 이스라엘의 족속이요 베냐민의 지파요 히브리인 중의 히브리인이요 율법으로는 바리새인이요 열심으로는 교회를 핍박하고 율법의 의로는 흠이 없는 자로라 그러나 무엇이든지 내게 유익하던 것을 내가 그리스도를 위하여 다 해로 여길 뿐더러 또한 모든 것을 해로 여김은 내 주 그리스도 예수를 아는 지식이 가장 고상함을 인함이라 내가 그를 위하여 모든 것을 잃어버리고 배설물로 여김은 그리스도를 얻고 그 안에서 발견되려 함이니 내가 가진 의는 율법에서 난 것이 아니요 오직 그리스도를 믿음으로 말미암은 것이니 곧 믿음으로 하나님께로서 난 의라

(빌립보서 3 : 4 - 9)

가장 고상한 지식

　구소련과 동구권이 무너진 뒤 러시아의 희랍정교회의 신학대학 학장인 요하네스(Joannes)라고 하는 분을 제가 초청한 적이 있습니다. 구소련이 무너진 다음 제가 희랍정교회를 한 번 방문한 일이 있었기 때문에 그 답례로 이 요하네스 박사를 한국으로 초청한 것이었습니다. 한 주일 동안 이곳저곳을 모시고 다니다 헤어지기 전 워커힐에서 마지막 만찬을 잘 대접했습니다. 오랫동안 경제적으로 어려웠던 분이어서인지, 식사를 하면서 '이분이 그동안 도대체 얼마나 굶었기에?' 하는 생각이 들 정도였습니다. 연세도 많은 분이 엄청나게 음식을 많이 드시는 것이었습니다. 식사시간 동안 좀 걱정이 될 정도로요. 그렇게 저녁식사를 다 마친 다음 제가 한마디 물어보았습니다. 동구권이 열린 다음에 러시아를 방문해서 모스크바와 상트페테르부르크 여기저기를 제가 한 주일 동안 다니면서 보았는데, 가는 곳마다 그 교회가 굉장했습니다. 지금도 가서 보면 알 수 있지만, 그 성당과 교회건물이 얼마나 좋습니까. 거기에 견주면 우리 교회는 교회라고 할 수도 없습니다. 굉장합니다. 예배당을 지어놓고 그 지붕을 누런 금으로 씌워놓았습니다. 이런 교회들이 서 있는데, 이런 문화 속에서 어떻게 공산주의를 할 수가 있느냐고 물었습니다. 그랬더니 요하네스 박사가 제 말을 듣고 한참을 울었습니다. 제가 뭐라고 달랠 수도 없고, 왜 우는지도 모르겠는 것입니다. 그렇게 한참 눈물을 흘리고 나서 한마디 합니다. "속았지요." 공산주의에 속았답니다. 칼 마르크스에게 속았다고 합니다. "어떻게 속았습니까?" 하고 물었더니, 계급 없는 세상, 거지와 실업자가 없는 세상을 건설하고, 세금도 교육비도 필요 없는 유토피아를 만든다는 그 말에 속았다는 것입니다. '능력에 의해서 분배되는 것이 아니라 필요에 의해서 분배되는 세상, 일은 일대로 하고, 모든 사람은 필요한 만큼 모든 것을 얻을 수 있는 세상을 만든다.' 이런 유토피아 거짓말에 그만 속았다고 했습니다. 그러니 교회가 전적으로 공산주의를 환영했다는 것 아닙니까. 이렇게 해서 러시아가 이루어졌고, 완전히 속아서 그 결과로 사람들은 전부 공산주의 계열로 빠지고, 거짓말하는 사람들 때문에 모든 사람이 무책임한 사람들이 되고 말았습니다. 이래서 이 러시아는 이렇게 무너져가고 있다는 것입니다. 이런 이야기를 제게 들려주었습니다.

　잘못된 지식, 한 번 생각이 잘못되면 무서운 역사적 실수, 여러분이 이름을 대면 다 알 만한 목사님이 한 분 계십니다. 그 목사님이 과거에 영락교회에서도 부목사로 일했고, 다른 큰 교회에서 단독목회도 했습니다. 이렇게 하다가 그만 눈이 어두워져 공산주의 사상에 잘못되기 시작해서 교회가 다 무너지고 말았습니다. 마지막에 자기 가정에서 몇 사람 모여서 예배 보고 있었습니다. 이렇게 비참하게 됐는데, 제가 평양에서 만난 적이 있었습니다. 평양 고려호텔에서 딱 만나서 찻집에 앉아 얘기를 하는데, 다 아니까 아무 말도 안하고 제 손을 잡더니 한참 울었습니다. 그리고 한 마디 한 것을 제가 잊을 수가 없습니다. 미국 가서 공부할 때 미국 유니온에서 '폴리만'이라고 하는 신학자를 만나서 거기에 심취되었는데, 그 사람을 만난 것이 역사적인 실수라고 말입니다. 저도 폴리만을 잘 압니다. 그 강의도 한 번 들어보았습니다. 아주 위험한 사람입니다. 딱 한 번 잘못

되면 그만 운명이 이렇게 망가집니다. 일생 후회하고 뉘우쳐도 끝이 없습니다. 자기만 망하면 좋은데, 많은 사람을 멸망의 구렁텅이로 빠뜨리고 맙니다. 얼마나 무서운 일입니까. 현대인들은 참 조심해야 합니다. 정리되지 않는 지식이 맴돌고 있으니까요. 정말 조심해야 합니다. 지식이라는 것이 완전하지 않습니다. 언제나 어떤 지식이든지 반론이 있는 것 아니겠습니까. 오늘은 이랬다가 내일은 저랬다가, 구름처럼 떠돌고 빙빙 도는 것입니다. 이 정리되지 않는, 아무 보장도 없는 이런 지식에 끌려서 젊음과 세상을 다 보낸다는 것, 얼마나 잘못된 것입니까.

그런가하면 검증되지 않은 지식이 있습니다. 확실한 법칙 속에서 검증되어 나온 지식이 아닙니다. 다 좋아 보입니다. 그럴듯합니다. 여기에 그만 현혹되어 젊은이들이 어렵게 되는 경우를 많이 봅니다. 우리 많은 분들도 잘못되어버리는 경우가 있습니다. 그 돈이라는 것 별것 아니지요? 그런데 전부인 줄 알고 미쳐 돌아가다가 마지막에 늙어 인생 다 끝났을 때 가서야 돈이 이렇게 나쁜 줄 몰랐다고 고백합니다. 하지만 끝입니다. 이것이 무엇이란 말입니까. 아, 그래 여태껏 그것도 몰랐습니까? 돈이라는 것은 한계가 있는 것이요, 그것이 사람을 정말 못쓰게 만듭니다. 옛날 어른들은 '황금흑사심(黃金黑士心)'이라고 했습니다. 돈이 사람의 마음을 검게 만든다는 것입니다. 그렇습니다. 참 조심해야 합니다. 이 검증되지 않은 지식—

또 한 가지 현대인들이 속고 있는 지식은 성명력이 없는 지식입니다. 말은 그럴듯한데, 사람을 감동시키지는 못하고, 사람에게 생명력을 주지 못합니다. 머리에서만 맴돌지, 아무것도 되는 것이 없습니다. 말만 많고 되는 일은 없다는 것입니다. 자기 자신한테까지도요. 이것, 잘못된 지식 아니겠습니까. 그런고로 지혜를 생산하지 못합니다. 여기에 매여서 일생을 바치고, 그 끝 날에 가서야 후회를 합니다. '아, 그러지 말았어야 했는데……' 이 얼마나 비참합니까.

참 진리라는 것은 알면 자유인이 되고, 모르면 필연에 빠지고, 알면 은총이고, 모르면 숙명론자가 됩니다. 팔자 타령하다가 가는 것입니다. 아는 자는 하나님의 자녀요, 모르고 살면 어떤 처지에 있든지 다 노예입니다. 자기가 번 돈에 자기가 노예가 되고, 자기가 공부한 그 지식에 자기가 노예가 되어서 일평생을 그 감옥 안에서 헤어나지 못하다가 끝납니다. 일생은 단 한 번뿐인데, 이 얼마나 비참합니까. 사실 바른 진리라는 것은 생각할수록 고맙고, 내가 이 공부한 것이 너무나 잘 됐고, 나도 모르는 사이에 이 귀한 진리 속에 살고 있구나, 하는 감격 속에서 살아가야 하는 것입니다. 그런데 내가 그렇게 애써서 얻은 지식을 오늘 와서 부정하며, 그 잘못됨을 한탄하며 산다면 이 얼마나 비참한 일입니까.

사도 바울은 위대한 스승입니다. 오늘본문에서 그의 신앙고백을 볼 수 있습니다. '가장 고상한 지식'이라는 말을 합니다. 가장 고상한 지식 — 그는 이 지식을 알았습니다. 그런데 그가 늘 말하는 대로 이 지식은 어느 학교에서 공부한 것이 아닙니다. 또 어떤 경험에서 깨달은 것도 아닙니다. 사도 바울은 늘 간증합니다. 이것은 오직 계시로 말미암은 것이라고, 하나님께서 내게 직접 계시를 주시고 영감을 주시어 내게 주신 지식이라고요. 이 지식을 붙들고 감격하고, 간증하고, 감사하며 한평생을 바칩니다. 세상 떠나는 날까지 말입니다.

이 얼마나 부러운 분입니까. 곁길로 갈 필요가 없었습니다. 이 지식을 위하여 온 몸과 온 생을, 온 일생을 다 바쳐도 아깝지 않습니다. 사도 바울이 말씀하지 않습니까. '너희 믿음과 봉사 위에 내가 나를 관제로 드릴지라도 나는 기뻐하리라.' 이 정도로 확신이 있고, 자신감이 있습니다. '내가 피를 쏟아 부어도 나는 기쁘다.' 아, 너무나 부러운 분입니다. 그는 다메섹에서 예수 그리스도를 만납니다. 예수 그리스도와 만날 때 그가 예수를 안 것이 아니라 예수께서 그를 사로잡으십니다. 예수께서 그를 포로로 삼으십니다. 그래서 그는 '그리스도께 잡힌바 된 것을 잡으려고 쫓아가노라' 합니다. 잡힘 받은 것을 잡으려고 쫓아간다— 정말 부러운 사람입니다. 이럴 수 없습니다. 참으로 성공적인 생을 살았다고 느껴집니다. 그리스도를 아는 지식, 무엇을 말하는 것입니까? 그리스도를 안다는 것은 사실 알고 보면 곧 나를 안다는 것과 같습니다. 그리스도를 안다는 것은 십자가의 의미를 안다는 것이요, 그리스도를 아는 순간에 내가 누구인지를 알 수 있습니다. 십자가를 쳐다볼 때 내가 얼마나 큰 죄인인가를 아는 것입니다. 구제불능의 내가 얼마나 비참한 쥐인인지를 십자가가 나한테 말씀해주고 있기 때문입니다.

그런가 하면 십자가를 쳐다볼 때마다 내가 얼다나 소중한 존재인지를 압니다. 나를 위하여 십자가에 돌아가셨으니까, 엄청난 값을 지불하셨으니까, 핏값을 지불하셨으니까 나는 소중합니다. 그리스도께서 나를 위해서 돌아가셨기 때문에 나는 소중합니다. 다른 것은 아무 것도 물을 필요가 없습니다. 그만큼 나는 소중합니다. 이것이 유명한 칼 바르트의 'Double Image of Cross(십자가의 두 가지 이미지)'라고 하는 신학의 원론입니다. 십자가 속에 두 가지 이미지가 있습니다. 나를 보는데 내가 얼마나 큰 죄인인지를 계시해주고, 또 하나는 내가 얼마나 소중한 하나님의 자녀인지를 말해주고 있다는 것입니다. 그런고로 그리스도를 안다는 것은 곧 나를 아는 것이요, 내 운명을 아는 것이요, 내게 주신 축복을 아는 것이요, 내가 하나님의 자녀 된 영광을 아는 것입니다. 그런고로 그리스도를 아는 지식은 가장 고상한 것입니다. 너무나 소중합니다. 그래서 '나는 옛날에 알고 있던 것을 다 버렸노라'고 선언하고 있습니다. 이것을 'Three Stage(3단계)'라고 합니다. 3단계로 버렸다는 이야기가 나오는데, 한 번쯤 생각해볼 만합니다.

첫째, '잃어버리고'라고 했습니다. 생각에서 빠져나갔다는 것입니다. 잃어버렸다— 자꾸 물건을 잃어버리지 않습니까. 저도 이제는 자꾸 무엇을, 옛날부터도 그랬지만, 많이 잃어버립니다. 며칠 전에는 어떤 모임에 갔다가 무려 15년 동안이나 가지고 다니던 성경책을 잃어버렸습니다. 그것 찾는 데 꼬박 한 주일이 걸렸습니다. 찾으니까 얼마나 소중한지요? 지금 잘 모셔놓고 가지고 다니지도 않습니다. 15년 동안 가지고 다니던 이 성경책에는 모든 것이 담겨 있는데, 아무튼 성경책까지 잃어버릴 정도로 그렇습니다. 여기에 문제가 있습니다. 내가 잃어버렸습니다. 그 다음에 누가 가져와서 "이거 목사님 것 아닙니까?" 할 때 "예, 그거 제 것입니다" 하면 그것은 건망증입니다. 그런데 내가 성경책을 잃어버렸는데, 그분이 성경책을 가지고 와서 물어볼 때 "아닌데요?" 하면 그것은 바로 끝난 것입니다. 치매라는 것입니다. 치매는 잃어버린 것을 모르는 것이 치매입니다. 사람이 화장실에 가서 소변을 보고 지퍼를 잠그지 않고 돌아다닐 수 있습니다. 저도 그런 일 있습니다. 이것은 건망증입니다. 알아차리고 잠그면 됩니다. 그런데 지퍼를 내리지 않고 소변을 보면 이것이 치매라는 것입니다.

　잃어버렸다— 아주 깨끗이 잃어버렸습니다. 잃어버렸다는 사실까지 잃어버렸습니다. 이렇게 신앙생활 하면 얼마나 좋겠습니까. 잘못된 생각, 잘못된 욕심, 잘못된 사상 싹 지워버렸습니다. 깨끗합니다. 이제 누가 그런 말을 해도 들리지도 않습니다. 이것이 바로 잃어버린 것입니다. 그 다음에는 '해로 여겼다'고 했습니다. 옛날에 그렇게 좋아하던 것, 이제는 해롭다는 말입니다. 우스운 얘기지만, 제가 인천에서 목회할 때 고등학생들의 문제가 당회에서까지 문제가 된 일이 있었습니다. 학생들이 자꾸 담배를 피워서 교회 안에서 문제가 됐습니다. 그래서 제가 당회에서 그랬습니다. "아이들이 그럴 수도 있지, 뭐. 다 그러면서 자라는 것 아니겠습니까. 좀 기다려보시지요." 그랬더니 그 가운데 두 장로님이 "안 됩니다. 담배는 안 됩니다. 그놈들 안 됩니다!" 하고 막 언성을 높였습니다. 그래서 제가 "참 뭐 그렇게까지 할 건 없는데……" 하고 말았습니다. 그 회의를 마치고 나왔는데, 이 고등학생들이 그 이야기를 다 들었던 모양입니다. 그래 저를 보고 하는 말이 "목사님, 목사님. 그 어느 장로, 어느 장로님이 그렇게 지랄했다면서요?" 합니다. 그래 제가 "그래, 지랄했다" 하고 "이리 와. 왜 그 두 분이 지랄하는지 아냐? 그 두 사람은 옛날에 술 담배로 망했던 사람이거든. 그런고로 이것은 가까이하면 안 돼. 지금 20년 넘어서도 아직도 담배가 들어오면 좋구나, 그러거든. 그러니까 저 사람한테 해로운 거야. 이건 주관적이야. 잊지 마라" 하니까 "아, 그렇군요" 하고 받아들입니다.

　해로 여긴다— 다른 사람한테는 해로울 것까지는 없습니다. 하지만 그 사람한테는 해롭습니다. 이것을 알아야지요. 돈 때문에 실수했던 사람은 다시 돈을 가까이하면 안 됩니다. 여자 때문에 망했던 사람은 여자를 쳐다만 봐도 죄입니다. 이것을 알아야 합니다. 해롭다는 말씀입니다. 명예 때문에 거듭거듭 실수하는 사람은 다시는 명예를 쳐다보면 안 됩니다. 그 사람한테는 명예가 죄입니다. 이것 잘못돼가지고 오늘도 그 망신을 하는 것 아닙니까. '다른 사람에게'라고 묻지 마십시오. 내게는 이것은 해로운 것입니다.

또 그런가 하면 '배설물로 여겼다' 합니다. 헬라어에는 똥이라고 되어 있습니다. 이상하게 우리나라 말하고 같습니다. 이 배설물이라고 하는 말이 똥입니다. 누가 다시 이것을 돌아봅니까? 더럽습니다. 다른 사람들 다 좋아하는 것, 나는 더럽습니다. 다른 사람 미치게 좋다고 하는데, 나는 더럽습니다. 다른 사람들이 명예를 위해서 난리치는 것, 나는 그저 웃깁니다. 그렇지 않습니까. 제가 자다가 생각해봐도 참 잘한 것이 하나 있습니다. 총회장 안 한 것입니다. 그렇게 하라고 권면하고, 협박해도 저는 안 한다고 했습니다. 절대 안 한다고 말입니다. 지금 그 많은 세월을 살아갔지만, 지금도 많은 분들이 말합니다. "목사님, 총회장 안 한 것 참으로 잘 한 것입니다." 알아야 됩니다. 명예, 이것 한 번 발 들여놓기 시작하면 망가집니다. 조심해야 됩니다.

그래서 오늘본문은 '배설물로 여겼다'고 말씀합니다. 그리고 그리스도를 향해서는 알고, 배우고, 묵상하고, 사랑하고, 행복하고, 그리스도를 알고…… 계속적으로 아는 것입니다. 배우고, 또 느끼고, 또 사랑하고, 또 알고, 또 알고, 좀 더 깊이깊이 알아가는 것입니다. 그리스도를 알고, 또 그리스도를 얻고…… 이것은 더 들어간 것,

몸으로 터득하는 것입니다. 그리스도의 말씀대로 살아보니까 좋습니다. 그 말씀대로 사니까 이것이 길입니다. 순간순간 경험 속에서 확증하면서 사는 것입니다. 이것이 바로 그리스도를 얻고, 그 신비로운 능력을 터득한 사람의 모습을 말합니다.

그런가하면 더 신비로운 말을 합니다. 그 안에서 발견되려 함이니― 나는 없어지고 그리스도만 있습니다. 내 이름은 없어지고, 예수의 이름만 있습니다. 나는 간 곳이 없고, 흔적이 없습니다. 다만 그리스도로 발견될 뿐입니다. 내가 바라는 것은 바로 이것입니다. 언젠가 한 번 우리 교회 묘지를 만들었는데, 거기에 여러 사람들이 묻히지 않습니까. 우리 소망교회 묘지에 제 장모. 장인, 처남이 다 들어갔습니다. 그런데 어떤 분이 와서 하는 말이 "목사님, 요 묘비 뒤에다가 제 이름 하나 쓰면 안 되겠습니까?" 해서 제가 그랬습니다. "내 이름도 안 씁니다. 잘 들으십시오. 성도, 이 한마디 외에 다른 이름이 필요합니까?" 잘 알겠다고 돌아가는 것을 봤습니다. 그 이름 석 자 지워버려야 합니다. 별 것도 아닌 것 가지고 그냥 '성도' 얼마나 좋습니까.

그 안에서 발견되려 함이니― 내가 크리스천이라는 것 외에는 아무 것도 몰라도 좋습니다. 알 필요도 없습니다. 가끔 많은 분들이 제게 그런 얘기를 합니다. "목사님, 그 얘기 들어보니까 가끔 설교할 때 목사님 옛날 얘기도 많이 하시는데, 자서전 하나 쓰시지요?" 그래서 제가 "아니, 무슨 대단한 사람이라고 자서전을 쓰겠나?" "그래도 써야 기록이 남지 않습니까?" "내가 자서전을 쓰면 이것으로 인해서 좋은 사람도 있지만, 이것으로 인해서 나쁜 사람도 생기거든? 그럼 어떡하면 좋겠나? 난 자서전은 없어." 이렇게 대답했습니다.

그 안에서 발견되려 함이니— 그리스도로 발견되고, 크리스천으로 나타나는 것 외에 아무 것도 바랄 것이 없습니다. 사도 바울이 말씀합니다. 가장 고상함을 인함이라— 나를 나 되게 한 그 거룩한 이름, 나를 만족하게 하는, 생각할수록 행복하게 하는, 거듭거듭 영화롭게 하는 그 이름, 그 지식— 가장 고상한 지식을 지향하고, 그 모든 것은 쉽게 자연스럽게 잊어가며, 그렇게 살아가는 것이 그리스도인의 모습입니다.　△

너도 이와 같이 하라

　예수께서 대답하여 가라사대 어떤 사람이 예루살렘에서 여리고로 내려가다가 강도를 만나매 강도들이 그 옷을 벗기고 때려 거반 죽은 것을 버리고 갔더라 마침 한 제사장이 그 길로 내려가다가 그를 보고 피하여 지나가고 또 이와 같이 한 레위인도 그곳에 이르러 그를 보고 피하여 지나가되 어떤 사마리아인은 여행하는 중 거기 이르러 그를 보고 불쌍히 여겨 가까이 가서 기름과 포도주를 그 상처에 붓고 싸매고 자기 짐승에 태워 주막으로 데리고 가서 돌보아 주고 이튿날에 데나리온 둘을 내어 주막 주인에게 주며 가로되 이 사람을 돌보아 주라 부비가 더 들면 내가 돌아올 때에 갚으리라 하였으니 네 의견에는 이 세 사람 중에 누가 강도 만난 자의 이웃이 되겠느냐 가로되 자비를 베푼 자니이다 예수께서 이르시되 가서 너도 이와 같이 하라 하시니라

(누가복음 10 : 30 - 37)

너도 이와 같이 하라

　너무나 유명한 이 비사를 아마 여러분이 이미 많이 들었을 것입니다. 인도의 유명한 성자 썬다싱이 어느 날 친구와 둘이서 알프스 산을 넘게 되었습니다. 눈이 오고 바람이 불었습니다. 너무 추워서 견딜 수가 없었습니다. 그러나 오두막도 쉴 곳도 보이지 않았습니다. 그래도 어쨌든 산은 넘어야 합니다. 그러기 위해서 전심전력을 다하고 있는데, 가다보니 꼭 눈사람처럼 앉아 있는 사람이 있었습니다. 거의 얼어 죽은 상태입니다. 눈이 쌓여서 마치 눈사람처럼 보이는 것이었습니다. 어찌할까 생각하다가 썬다싱은 이 사람을 업고 가자고 제안했습니다. 그러자 친구는 우리 살기도 힘든 상황에서 거의 죽게 되다시피 한 이 사람을 업고 가는 것은 도저히 받아들이기 어려운 일이라고 거절합니다. 그리고 혼자서 가버렸습니다. 그러나 썬다싱은 이 얼어 죽은 사람을 업었습니다. 그런 채로 산을 올라가려니 힘겨워 헉헉 숨을 몰아쉬어야 했고 몸에는 땀이 났습니다. 그리고 몸이 뜨거워졌습니다. 등에 업은 사람의 몸도 덩달아 후끈 달아올랐습니다. 그러자 놀랍게도 그만 이 사람이 정신을 차리고 살아났습니다. 그래 서로 감탄하면서 고마움의 인사를 나누었습니다. 그리고 계속 더 올라가다 보니 얼어 죽은 사람이 있었습니다. 누군가 했더니 바로 얼마 전에 저 혼자만 살겠다고 먼저 앞서가던 사람이 얼어 죽은 것이었습니다. 이 간단한 에피소드가 우리로 많은 생각을 하게 합니다. 나만 살겠노라고 하면 나도 죽습니다. 남을 살리겠다고 할 때 저도 살고 나도 사는 것입니다. 이 이치를 잊어서는 안 됩니다.

가끔 북한에 갔을 때 조금 친해지면 북한 사람들이 이런 이야기를 합니다. "우리 형편이 열악하고 어려운데, 왜 이렇게 우리를 도우려고 애쓰십니까? 무슨 이유 때문에요?" 때로는 극단적인 이야기도 합니다. "아니, 목사님의 아버님께서 목사님 눈앞에서 총살당하셨다면서요? 우리 기록에서 그것을 보는데, 그럼에도 불구하고 우리를 도우러 오셔서 이렇게 백방으로 애를 쓰시는데, 그 이유가 무엇입니까?" 저는 간단히 말합니다. 내가 당신들을 살린다든가 돕는다고 생각하지 말라고요. 내가 살기 위해서 온 것이오, 당신들이 살아야 우리도 산다고 대답해줍니다. 우리 형제 된 당신들이 어려움을 당하면 우리는 절대 평안할 수 없노라고 말입니다. 우리가 누구를 돕는다고 할 때 내가 누구를 돕고, 적선하고, 공로를 쌓고, 선행을 한다는 건방진 생각을 하지 말아야 합니다. 그저 내가 할 도리를 다할뿐더러, 어쩌면 내가 살기 위해서 저를 살리는 것이라고 생각해야 합니다. 저를 살려야 나도 사니까 말입니다.

장 바니에(Jean Vanier)의 유명한 저서에「인간되기」라는 책이 있습니다. 이 책에서 그는 'Becoming Human', 곧 사람이 사람 되는 성장이란 어떻게 이루어지느냐를 묻고 이에 대해서 그 핵심을 동행이라고 말합니다. 이 관계라고 하는 것은 존재 이전의 것입니다. 나라는 존재가 있기 전에 관계가 먼저 있었습니다. 아버지와 어머니가 계셔서 내가 있고, 그분들의 사랑을 받아서 내가 있는 것입니다. 내가 있고 저들이 있는 것이 아닙니다. 부모님이 계셔서 내가 있는 것 아닙니까. 이 관계는 내가 알거나 모르거나, 믿거나 말거나 본질적으로 존재하는 것입니다. 그런고로 이 관계를 바르게 하지 않고는 나라는 존재가 있을 수 없다는 것을 잊지 말아야 합니다. 바른 관계, 바른 동행의 관계일 때 비로소 힘도 생기고, 지혜도 생기고, 능력도 생깁니다. 그럴 때 비로소 겸손도 알고, 인격도 바로 세워갈 수 있다는 말씀입니다.

오늘본문은 여러분이 너무나 잘 아는 말씀입니다. 그러나 또 한 번 생각해야 하겠습니다. 여기 사마리아 사람의 이야기가 나옵니다. Good Samaritan, 선한 사마리아는 유명한 이야기 아닙니까. 선한 사마리아 사람은 하나의 대명사가 되었습니다. 그런데 이 이야기의 흐름은 이렇습니다. 누가복음 10장 25절을 보면 어떤 젊은 율법사가 예수님께 "내가 무엇을 하여야 영생을 얻으리이까?" 하고 물어보는 장면이 나옵니다. 그러자 예수님께서는 그에게 "네가 어떻게 율법을 배웠느냐?" 하고 되물으십니다. 이 사람이 대답합니다. "하나님을 사랑하고, 이웃을 내 몸과 같이 사랑하라 하셨습니다. 그렇게 알고 있습니다." 예수님께서 말씀하십니다. "잘 배웠다. 잘 알았다. 그대로 하라. 그러면 살 것이다." 이 말씀에 '이웃을 내 몸과 같이'라는 말이 나오니까 이 율법사가 묘한 질문을 합니다. "누가 제 이웃입니까?" 그때 예수님께서 이웃이 누군가를 설명하시기 위해서 선한 사마리아 사람에 대한 이야기를 하신 것입니다.

한 번 더 생각해보십시오. 이것은 꾸며낸 이야기가 아닙니다. 예수님께서는 정보에 밝으셨습니다. 세상 돌아가는 사건에 대해서도 많이 알고 계셨습니다. 간단히 생각해서 이 이야기가 사실이 아니고 예수님께서 비유로 꾸며내신 이야기라면 예수님께서는 이 비유를 말씀하시고 맞아 죽으셔도 하실 말씀이 없습니다. 신성한 제사장을 모독하셨습니다. 불한당들한테 얻어맞은 사람이 누워 있었는데, 제사장이 그냥 지나가고, 레위 사람도 무시하고 지나갔는데, 유대인이 멸시하는 사마리아 사람만이 그 사람을 돌보아주었다는 것입니다. 이런 말을 하고 누가 살아남을 수 있겠습니까. 그야말로 존엄에 대한 모독입니다. 바꾸어서 이야기하면 어떻습니까? "여기 어떤 불쌍한 사람이 누워 있는데, 국회의원도 지나가고, 목사님도 지나가고, 장로님도 다 그냥 지나가는데, 어떤 창녀가 도와주었다." 이것이 지어낸 이야기라면 이 이야기를 한 사람, 무사하겠습니까? 이것은 사건입니다. 이 중대한 말씀에 그 누구도 반박할 수 없었습니다. 사실이었기 때문입니다. 예수님께서는 이를 잘 알고 계셨습니다. 그래서 사실을 들어서 설명하신 것입니다. "불한당한테 맞은 사람이 여기에 누워 있었다. 제사장이 그냥 비켜 지나가고, 레위 사람도 비켜 지나가고, 오직 사마리아 사람만이(여기에 좀 주를 달았으면 좋겠는데요), 너희들이 멸시하는 저 사마리아 사람만이 불한당한테 얻어맞은 이 사람을 도와주었다."

우리는 사건을 많이 만납니다. 집 안에만 앉아 있지 않으니까 길에서든지 어디서든지 항상 우리는 많은 사건들을 만나게 됩니다마는, 그럴 때마다 우리는 무엇을 생각합니까? 참 무서운 것입니다. 바로 그 순간에 나는 무엇을 생각하나? 오늘본문에서 배워야 합니다. 우리는 여러 가지 많은 문제들을 접할 때마다 꼭 사회문제를 말합니다. 이것이 마음에 안 듭니다. 언젠가 우리나라에서 한 젊은 사람이 여러 사람을 기관총으로 쏴 죽인 일이 있었습니다. 큰 사건이었습니다. 이 사건이 나오자마자 방송에서 전부 하나 같이 이렇게 말했습니다. '총체적 타락이다.' '사회가 잘못됐다.' 이런 식으로 비평을 했습니다. 그 다음 사방에서 방송국을 향해 공격을 했습니다.

'정신 나갔냐? 저 사람이 기관단총으로 쏘아 죽인 게 어떻게 사회문제냐?' 제가 분명히 보았습니다. 방송국 사장이 나와서 사과를 했습니다. 다시는 그런 일이 없도록 하겠다고 회견을 했습니다.

우리는 무슨 사건만 만나면 꼭 사회문제로 돌리려 합니다. 왜 개인문제가 아닙니까? 세상이 어떻고, 사회가 어떻고…… 제발 그만하면 좋겠습니다. 팔자가 어떻고, 세상이 어떻고, 사회가 어떻고, 사회 제도가 어떻고…… 오늘본문에서 깊이 숨겨 있는 진리를 배워야 합니다. 예수님께서는 이 강도 만난 사건을 놓고 사회문제를 말씀하지 않으셨습니다. "사회가 썩어빠졌다. 경찰은 뭐하고 있는 거냐? 교육은 뭐하고, 교회는 뭐하고 있느냐?" 이렇게 말씀하지 않으셨습니다. 이 사건 하나만 바라보시고 "이 사람을 불쌍히 여겼느냐?" 하셨습니다. 그것뿐입니다.

걸핏하면 모든 문제를 구조와 세상과 사회로 돌립니다. 심지어는 부모를 탓하기까지 합니다. 아닙니다. 가장 중요한 것은 모든 책임은 내가 지겠다는 자세입니다. 이것이 근본적인 문제입니다. 그런데 어느 순간 이 사건 앞에서 손익계산을 할 때가 있습니다. '이 사람을 돕다가 내가 어떻게 잘못되는 것은 아닐까?' 하는 생각에 사로잡히면 아무 일도 할 수 없습니다. 그러니 무엇을 생각해야 하겠습니까? '내가 지금 돕지 않으면 이 사람이 어떻게 될까?' '내가 지금 돕지 않으면 이 사람이 죽을 수도 있다.' 그럴 때에만 도울 수 있습니다. 우리는 언제나 우선순위가 있습니다. 가만히 보면 첫째 나, 둘째 이웃, 그 다음이 하나님입니다. 잘못된 것입니다. 그리스도께는 첫째가 하나님, 둘째가 이웃, 셋째가 나입니다. 모든 일에서 그렇습니다. 조금이라도 좋으니, 나를 이롭게 하려고 하지 말고 남을 이롭게 해야 합니다.

제가 아버지께로부터 배운 교훈이 하나 있습니다. '어떤 물건을 살 때 절대 물건 값을 깎지 마라. 일생동안 깎아보았댔자 그거 모아 집 사는 사람 없다. 그러니까 그냥 달라는 대로 줘라. 그 사람도 돈 벌기 위해 거기 서 있는데, 고생하고 있는데 말이다.' 저는 그래서 일생 물건 값을 안 깎습니다. 그랬더니 백화점에만 가면 저한테 절을 합니다. 심지어는 자기들이 깎아주기도 합니다. 저는 물건 값을 깎지 않습니다. 왜냐하면 다소라도 보태주고 싶어서입니다. 그러면 안 되겠습니까? 내가 이익을 보는 동안 저 사람이 손해를 봅니다. 내가 손해 보면 저 사람은 이익을 봅니다. 뭐 그리 많은 것도 아닌데 말입니다. 그래야 오래 삽니다. 악착같이 깎으면 제 명에 못삽니다. 이것을 잊지 말아야 합니다. 언제나 이웃을 먼저 생각해야 합니다. '내가 저 사람을 돕지 않으면 저 사람이 어떻게 될까?' 이렇게 생각하면 도울 수밖에 없습니다.

특별히 중요한 것은 '제사장과 레위사람들은 왜 비켜 지나갔는가?'입니다. 그 사람들은 자기 할 일을 생각한 것입니다. 나를 먼저 생각했습니다. '저 죽어가는 사람은 어차피 죽을 것이고, 나는 제사장의 직분을 감당해야 돼. 24반열 중에 모처럼 2년 만에 차례가 돌아와서 지금 성전에서 일하게 되었는데, 저 사람을 만지다가 그가 죽기라도 하면 어떻게 하나?' 시체를 만졌다 하면 그는 제사드릴 수가 없습니다. 내 소중한 일이 앞에 있으니까 죽어가는 사람을 돌아볼 수 없고, 그래서 거룩한 일을 위해서라는 명분으로 그냥 성전을 향해 가버립니다. 레위 사람도 마찬가지입니다. 또 한 가지 중요한 점이 있습니다. 어떤 강도가 지금 사람을 저렇게 만들어놓았으니 그

강도가 이 언저리 어딘가에 숨어 있을지도 모른다는 것입니다. 그럼 저 사람의 물건을 빼앗은 강도가 내 물건도 빼앗을지 모르는 일 아니겠습니까. 이 사람을 돕느라고 여기서 어정거리다가는 나 또한 강도를 만나 곤욕을 치를 수 있습니다. 그런 고로 작은 일이나 큰일이나 큰 희생이 아니고는 도울 수가 없습니다. 절대로 도울 수 없습니다.

　선한 사마리아 사람은 사실 특별합니다. 왜냐하면 사마리아 사람하고 유대 사람은 서로 관계가 아주 나쁩니다. 유대 사람은 사마리아 사람을 몹시 천대합니다. 어느 정도냐 하면 그들의 땅조차 밟고 지나가지 않았습니다. 더러워서 멀리 돌아가는 것입니다. 유대인들은 숫제 사마리아 사람의 마을을 지나가지를 않습니다. 이렇게 상종하지 않고 멸시합니다. 한 마디로 말하면 사마리아 사람은 멸시받는 사람입니다. 지금 멸시받는 사람인데, 자기를 멸시하던 유대인이 여기 누워 있습니다. 이 순간 '나는 사마리아요, 당신은 유대인이요' 하고 생각하면 도울 수 없습니다. 딱 한 가지, 죽어가고 있고, 내가 돕지 않으면 이 사람은 죽는다는 이 한 가지만 생각함으로써 도울 수가 있습니다. 이 순간 복잡한 생각이 없습니다. 그저 불쌍히만 여겼습니다. 성경은 분명히 말씀합니다. 불쌍히 여겼습니다. 그리고 자비를 베풀었습니다. 불쌍히 여기는 마음, 하나님께서 주시는 마음입니다. 하나님께서 주시는 기회입니다. 이것을 거절해서는 안 됩니다.

　프레드 러스킨(Fred Luskin)이 「용서」라는 저서에서 이런 말을 합니다. '사람은 용서함으로 과거로부터 벗어날 수 있고, 용서함으로 모든 두려움에서 벗어날 수 있고, 용서함으로 그 앞에 미래가 열린다.' 용서해야 불안과 공포에서 벗어날 수 있다는 말입니다. 불안과 공포의 깊은 심리적 원인은 용서하지 않은 것입니다. 잊지 말아야 합니다. 사마리아 사람이 불쌍히 여겨서 도와줄뿐더러, 여관에 데려가고, 또 자기 볼일을 위해 떠나면서 다음에 올 때 자기가 비용을 더 주겠노라고 책임을 집니다. 후속 결과까지 책임을 진 것입니다. 참 아름다운 일입니다. 이 선한 사마리아 사람이 더욱 특별한 것은 그의 이름이 없다는 점입니다.

요새 홍수가 났습니다마는, 옛날에 중국에 홍수가 나서 중국 가서 선교하던 선교사가 떠내려간 적이 있었습니다. 그래 아예 죽게 됐는데, 어떤 청년이 그에게 밧줄을 던져주어서 살았습니다. 생명의 은인 아닙니까. 너무나 고마워서 "청년, 고맙네. 고마워. 내 일생동안 은혜를 잊지 않겠네. 한데 자네 이름이 무언가?" 그랬더니 이 청년이 훌쩍 일어서면서 하는 말입니다. "성경에 나오는 선한 사마리아 사람에게 이름이 있습니까?" 그러고는 그냥 떠나버렸습니다. 그 말이 너무나 마음에 듭니다. 선한 사마리아 사람은 이름이 없습니다. 우리는 조그만 선행을 통해 자기 이름을 드러내려 합니다. 그 때문에 그 선함이 다 망가지고 맙니다. 정말 '이름도 없이, 빛도 없이 부름 받아 나선 이 몸'이라는 찬송가 가사처럼 정말 이름도 없이 빛도 없이 도와야 합니다. 어떤 사람은 그 찬송 가사는 안 부른답니다. '나는 이름 없이 빛 없이는 안 한다. 무슨 일을 했으면 이름이 좀 나야지, 빛도 있어야지' 합니다. 그냥 잊어버리면 안 되겠습니까? 그래야 선한 일입니다.

잠언 25장 21절은 말씀합니다. "네 원수가 배고파하거든 식물을 먹이고……" 잠언 24장 17절은 말씀합니다. "네 원수가 넘어질 때에 즐거워하지 말며……" 로마서 12장 20절은 말씀합니다. "네 원수가 주리거든 먹이고 목마르거든 마시우라……" 아주 중요합니다. 원수가 내 앞에 있습니다. 그냥 놔두면 죽습니다. 그렇다고 '옳다, 기회다!' 하면 안 됩니다. 손 안 대고 원수 갚는다고 생각해서는 안 됩니다. 즐거워해서도 안 됩니다. 원수가 목마르거든 마시우고 배고프거든 먹이우라— 그의 책임을 우리가 져야 합니다. 아주 중요한 말씀입니다.

이런 재미있는 이야기가 있습니다. 만일에 이 사건이 저 여리고로 가는 비탈길에서 이루어진 것이 아니고, 예루살렘 한복판에서 일어났다고 가정한다면 일이 어떻게 되었겠습니까? 바리새교인이 그냥 지나갔겠습니까? 제사장이 그냥 지나갔겠습니까? 아마 모든 사람들을 물리치고 자신들이 그 일을 도맡아 했을 것입니다. 이런 선한 일은 내가 하는 것이라고 자기 이름을 내기 위해서요. 저 인적이 드문 골짜기에서 일어난 일이기 때문에 제사장과 레위 사람이 그냥 지나간 것입니다. 이름도 없이 빛도 없이 온전한 긍휼, 온전한 사랑이 진정 귀한 것입니다.

부끄러운 이야기를 하나 하겠습니다. 제가 목회를 하는 가운데서 참 오랫동안, 한 30년 동안 만난 분이 있습니다. 정신이 조금 온전하지 못한 분이라서 직장도 없었습니다. 기회만 되면 늘 저를 찾아와서 좀 도와달라고 부탁하던 분이었습니다. 그때마다 그저 형편 닿는 대로 조금씩 도와줬습니다. 제가 어디 다른 교회에 가서 설교할 일이 생기면 어떻게 알아냈는지 거기에 떡하니 나타납니다. 어떤 때는 지방에 가서 부흥회를 하는 자리에도 나타난 적이 있습니다. 그래 제가 만날 때마다 그를 도와주었는데, 특별히 영락교회에서 그를 만난 장면이 생각납니다. 영락교회에는 매주 금요일 7시에 고넬료회라는 성경공부 시간이 있습니다. 제가 그걸 33년 동안 인도하고 있습니다. 그런데 그 모임에 갈 때마다 예배를 마치고 나오면 문 앞에 그분이 떡하니 서 있는 것입니다. 그러면 또 군말 없이 도와주었습니다. 그런 일이 몇 번 있었더니 그 교회에서 안내를 맡은 분들이 그가 목사님을 괴롭힌다고 가까이 오지 못하게 막은 모양입니다. 그 탓인지 한동안 그가 보이지 않았습니다. 대신 지하주차장에서 차를 가지고 올라오면 그 마지막 출구에 딱 서 있는 것이었습니다. 그리고 아주 반갑게 인사를 해옵니다. 그래서 제가 또 좀 도와줬습니다. 보통은 그저 한 만 원 정도씩 줬는데, 하루는 "목사님, 오늘은 좀 더 주세요" 합니다. 그래 왜 그러느냐고 물었더니 "제가 오늘 병원에 가야 되거든요? 병이 조금 좋지 않은 것 같은데, 조금만 더 주시면 좋겠어요" 합니다. 그래서 10만원을 줬습니다. 그랬더니 "조금 더 주세요" 합니다. 그래서 20만원을 줬습니다. 거기서도 또 조금만 더 달라고 했는데, 더는 없다고 했더니 인사를 하고 돌아갔습니다. 그리고 나타나지 않았습니다. 죽은 것입니다. 제가 차를 몰고 금요일 아침마다 그 자리에 올라올 때면 그 사람 얼굴이 보이는 것 같습니다. '내가 왜 이 사람을 데리고 병원에 가지 않았던가? 어째서 돈 몇 푼 주고 끝냈나?' 말이 안 됩니다. 어째서 "어디 아픈가? 그래, 내 차 타게" 하면서 그를 병원에 한 번 데리고 가지 않았는지, 정말 후회스러웠습니다. 이 세상에서 가장 어려운 고통이 무엇이겠습니까? 세상 떠날 때 이렇게 생각합니다. '좀 더 베풀 걸. 좀 더 베풀 걸.' 이것이 마지막 후회요, 마지막 고통입니다. 정말 제가 주일마다 겪습니다. 주차장에서 올라올 때마다 그가 서 있던 자리가 눈에 보입니다.

선한 일은 기회입니다. 선한 일을 하는 사람에게는 은총입니다. 이런 기회를 주어서 나는 주는 자가 되고, 저는 받는 자가 됩니다. 굉장하지 않습니까. 저는 북한에 갈 때마다 행복합니다. 나는 주는 자가 되고, 저는 받는 자가 되기 때문입니다. 이것이 보통 축복입니까. 줄 수 있다는 것은 기회요 은총입니다. 아주 중요합니다.

미국에 장 장로님이라는 분이 있는데, 백화점 사업을 크게 하는 분입니다. 한 해에 두 번, 세 번씩 백만 불을 가지고 쌀과 밀가루를 사들입니다. 언젠가 한번은 그 일에 트럭 70대를 동원했습니다. 그래가지고 장안동까지 가서 쌀을 나누어주었습니다. 그 장면을 전부 사진 찍어서 우리가 보았습니다. 이분은 돈 벌어서 이 일 하는 것을 최고의 행복이라고 여깁니다. 유명한 스퍼전 목사님은 이렇게 말합니다. '교리적으로 참되고, 끈질기게 거룩하고, 흔들리지 않게 정직하고, 필사적으로 친절하게 하라.' 이것이 바로 그리스도인의 모습니다. △

묵은 땅을 갈고 파종하라

여호와께서 가라사대 이스라엘아 네가 돌아오려거든 내게로 돌아오라 네가 만일 나의 목전에서 가증한 것을 버리고 마음이 요동치 아니하며 진실과 공평과 정의로 여호와의 삶을 가리켜 맹세하면 열방이 나로 인하여 스스로 복을 빌며 나로 인하여 자랑하리라 나 여호와가 유다와 예루살렘 사람에게 이 같이 이르노라 너희 묵은 땅을 갈고 가시덤불 속에 파종하지 말라 유다인과 예루살렘 거민들아 너희는 스스로 할례를 행하여 너희 마음 가죽을 베고 나 여호와께 속하라 그렇지 아니하면 너희 행악을 인하여 나의 분노가 불같이 발하여 사르리니 그것을 끌자가 없으리라

(예레미야 4 : 1 - 4)

묵은 땅을 갈고 파종하라

몹시도 가난한 어느 집의 한 청년이 부유한 농장에 일꾼으로 들어왔습니다. 이 부잣집 주인한테는 딸이 하나 있었습니다. 어쩌다 둘이 눈이 맞아 서로 좋아하게 되었습니다. 이를 알게 된 그 주인이 이 청년을 흠씬 때려서 내쫓았습니다. 청년은 억울하고 분했습니다. '내 잘못이 뭔가? 달려가서 주인에게 따질까? 내가 뭘 잘못했냐고. 이 집 딸을 데리고 도망을 해버릴까? 나를 때린 사람들을 하나하나 찾아다니며 복수를 할까? 이것도 저것도 안 되면 그냥 죽어버릴까?' 이런 저런 오만가지 생각을 하며 분을 삭여야 했습니다. 그렇게 많은 생각을 하고 고민을 하던 끝에 청년은 이렇게 결론을 내립니다. '지난날 때문에 밝은 내 미래를 망칠 수는 없어. 과거는 과거고 앞에 있는 것은 내 밝은 소망이니까. 이 모든 것을 잊고 새로운 세계를 향해 나아가야겠다.' 이렇게 묵상하면서 나름대로 생을 정리하고 설계를 하는 중에 청년은 자신의 생활원칙인 '자기생활십계명'을 만들었습니다. 그리고 그걸 책상 앞에 붙여놓았습니다. 첫째, 게으르지 말고 수입의 범위에서 생활하자. 부지런히 일하지만, 욕심을 부리지는 말자. 둘째, 약속은 적게 하고, 한 번 약속한 것은 진실을 다해서 지키자. 셋째, 좋은 친구를 사귀고, 끝까지 그들과 함께하자. 넷째, 남을 절대로 나쁘게 하는 말을 하지 말자. 다섯째, 요행이라는 것은 설사 게임이라도 바라지 말자. 요행은 없다. 여섯째, 맑은 정신을 흐리게 하는 음식은 무엇이든지 먹지 말자. 일곱째, 비밀은 나의 것이나 남의 것이나 모두 철저하게 지키도록 하자. 여덟째, 돈은 마지막 순간까지 절대로 빌리지 말자. 주어진 대로 살고, 남의 돈을 빌리는 일을 하지 말자. 아홉째, 행동에 책임을 지고 남의 탓으로 돌리지 말자. 열째, 잠들기 전에 기도하면서 하루를 반성하는 시간을 꼭 갖도록 하자. 이렇게 청년은 열 가지 '자기생활원칙십계명'을 만들어놓고 그걸 그대로 지키며 살아갑니다. 이 사람이 뒷날 마침내 미국의 제20대 대통령이 된 아브라함 가필드(Abram Garfield)입니다.

때때로 우리에게는 참으로 답답하고 괴로운 사정이 있습니다. 하지만 여기에 얽매이고 집착하는 동안 미래는 망가집니다. 훌쩍 털어버리고 일어나야 됩니다. 이것을 못해서, 그 악순환에 빠지고 결국 일생이 다 망가지는 불행을 너무나 많이 봅니다. 잘 알면서도 그렇습니다. 여기서 벗어나지 못하는 나약한 심령들을 봅니다. 오늘 본문은 말씀합니다. "네가 돌아오려거든 내게로 돌아오라……(1절)" 돌아오려거든 내게로 돌아오라― 아주 귀중한 말씀입니다. 하나님께서 말씀하십니다. 내게로 돌아오라― 전제조건이 있습니다. 가증한 것을 버리고― '가증한 것을 버리고 돌아오라.' 그런데 이 버려야 할 것을 버리지 못하면 돌아오는 발걸음도 잘못됩니다. 이것을 잊지 말아야 합니다. 깨끗이 버리고 돌아오라―

이스라엘의 역사라고 할 수 있는 열왕기와 역대하 같은 역사서들을 죽 읽어보면 계속 우리 마음속에 다가오는 세 가지 사실이 있습니다. 첫째 사건은 하나님의 백성들이 은혜를 저버리고 우상을 섬기는 것입니다. 그때마다 하나님께서는 크게 진노하십니다. 둘째 사건은 우상과 하나님을 같이 섬기는 것입니다. 성경에 계속 나타납니다. '여호와 하나님을 섬겼다. 그러나 신상을 버리지 않았다.' 참 유감스러운 일입니다. 하나님을 섬기는데 온전하게 섬기지를 못했습니다. 그리고 우상을 함께 섬긴 것을 볼 수가 있습니다. 셋째는 우상을 훼파하고 하나님을 섬기는 것입니다. 그래서 성경은 계속 말씀합니다. 내 종 다윗처럼— 다윗은 우상을 다 버리고 하나님을 섬겼습니다. 히스기야 왕처럼— 계속 하나님께서 말씀하시는 것은 우상을 깨끗이 버리고 하나님을 섬긴 바로 그 사람에게 하나님께서 큰 복을 주셨다는 것입니다.

창세기 35장에는 아주 드라마틱한 사건이 하나 나옵니다. 야곱이 하란에 가서 20년 동안 머무르면서 결혼도 하고 재산도 모읍니다. 그리고 20년 뒤에 마침내 고향으로 돌아옵니다. 그런데 바로 고향으로 돌아오지를 않고 세겜이라는 곳에 머뭅니다. 그 머무는 7년 동안에 아주 큰 실수를 합니다. 하나님을 섬기는 사람인데도 불구하고 계속해서 우상을 같이 섬겼습니다. 이것이 문제였습니다. 왜 섬겼느냐 하면, 아주 드라마틱합니다. 야곱이 라헬이라는 여자를 사랑했습니다. 아주 화끈하게 연애를 했습니다. 장가 한 번 가려고 7년 동안 머슴살이를 했으니까요. 이것이 보통일입니까. 그 사랑하는 이야기가 이렇습니다. 7년을 하루같이 지내니라— 얼마나 화끈하게 사랑했던지, 세월이 가도 피곤한 줄을 몰랐습니다. 한데 그렇게 뜨겁게 사랑한 라헬이 문제였습니다. 이 여자가 우상을 섬겼습니다. 야곱이 이것을 막지 못했습니다. 그가 하란에서 우상을 가지고 나왔고, 그들이 결국은 우상을 섬기는 부족이 되고 말았습니다. 라헬을 사랑했는데, 라헬이 우상 섬기는 자라는 말입니다. 결국은 세겜에서 엄청난 어려움을 당한 뒤에야 다 털어버리고 이제 벧엘로 갑니다. 그때 하는 말입니다. 창세기 35장 2절은 말씀합니다. "너희 중의 이방 신상을 버리고 자신을 정결케 하고 의복을 바꾸라." 다 벧엘로 가자— 우상을 다 버리고 벧엘로 가는 모습을 볼 수 있습니다.

오늘 본문은 우리한테 귀중한 교훈을 줍니다. 묵은 땅을 갈고 파종하라— 묵은 땅을 갈고 가시덤불 속에 파종하지 말라고 하십니다. 이것은 농사하는 사람의 아주 중요한 이치입니다. 씨를 뿌리는 것이 먼저가 아닙니다. 밭을 가는 것이 먼저입니다. 그래서 먼저 옥토를 만들어야 됩니다. 가시덤불이 있으면 불태워버리고, 돌이 있으면 치워버리고, 잡초까지 다 깨끗하게 제거해야 합니다. 그렇게 좋은 옥토를 만든 다음에야 비로소 씨를 뿌리는 것입니다. 이 얼마나 중요한 이야기입니까. 묵은 땅을 갈고, 가시덤불 속에 파종하지 말라— 우리가 하나님의 말씀을 들을 때, 하나님 앞에 기도할 때 언제나 이 말씀을 생각해야 합니다. 묵은 땅을 갈아엎어야 됩니다. 가시덤불을 깨끗이 제거해야 됩니다. 그리고 순수한 마음으로, 깨끗한 마음으로 하나님의 말씀을 받아들여야 합니다. 그래야 말씀의 역사가 나타납니다. 여기서 '묵은 땅'이란 자연적으로, 아니, 무의식적으로, 습관적으로, 또 문화적으로 자리 잡은 어떤 옛 모습을 말하는 것입니다. 옛날의 관습, 예전의 삶의 패턴입니다. 「습관의 힘」이라는 책이 우리 마음에 참 깊은 감동을 줍니다. 습관이라는 것이 무엇입니까? 자기도 모르게 자꾸 이렇게 생활화돼버리는 것입니다. 한 번 고정되면 고쳐지지를 않습니다. 습관의 특별한 점은 의식이 없다는 것입니다. 생각하면서 하는 것이 아닙니다. 습관을 따라서 그냥 자동으로 되는 것입니다. 행동만이 아니라 생각 속에 습관이 있습니다. 'Frame of Reference'라고 하는 습관이 있는데, 자꾸 그쪽으로 생각하는 것입니다. 그쪽으로 생각하고, 또 생각하게 됩니다. 자꾸 우상을 섬기고, 기복사상에 빠지고, 그 다음에는 자기도 모르게 요행을 바라는 마음이 됩니다. 심지어 우상을 섬기는 마음까지 끝으로 자꾸 돌아갑니다. 묵은 땅, 그 가운데 가장 중요한 것이 묵은 경험입니다.

여러분이나 저나 나이든 사람들은 이제 조심해야 합니다. 그것이 무엇이냐면 '내가 다 해봤다'는 것입니다. 해 보긴 뭘 다 해봤습니까. 이 경험이라는 것은 참 중요합니다. 경험철학에 의하면 경험하는 동안 점점 생각이 없어집니다. 사실은 경험이 중요합니다. 아무리 생각이 많아도 경험하는 것만 하겠습니까. 그러나 경험하는 동안 생각의 영역이 좁아집니다. 그리고는 남는 것은 고집입니다. 나이 든 사람들 다 고집이 많습니다. "내가 다 해봤다. 이놈아!" 해 보긴 뭘 다 해봤다는 말입니까. 한 번 여자한테 당해놓고는 "여자란 다 그렇다" 합니다. 그런 못된 말이 어디 있습니까. 당신이 만난 사람은 한 사람인데, 도대체 몇 사람을 만났기에 감히 그렇게 말합니까. 여자들도 마찬가지입니다. "남자란 다 늑대고 도둑놈이고……" 제가 묻습니다. "당신이 만난 남자가 몇 사람이요? 어떻게 그렇게 말할 수가 있소?" 이것이 다 '묵은 경험'입니다. 아무리 경험이 중요해도 경험은 내 주관적인 경험일 따름입니다. 보편화할 수 없습니다. 절대화해서는 안 됩니다. "내가 경험하니 그렇더라. 해보니 그렇더라." 참으로 위험한 말입니다. 묵은 경험으로부터 벗어나야 됩니다.

경험에 대한 집착은 아주 무서운 것입니다. 그러니까 젊은 사람들이 무슨 말을 할 때 우리 나이 든 사람들은 조심해야 됩니다. 그들 말을 귀담아 들어야 됩니다. "야, 쓸데없는 소리 하지 마라. 나 다 해봤어." 그런 소리 하지 말아야 합니다. 그것은 정신병자가 하는 소리입니다. 어떻게 모든 것을 경험했다는 것입니까. 얼마나 경험했기에 그러는 것입니까. 이런 소리, 해서는 안 됩니다. 경험에 집착하는 것처럼 무서운 일이 없습니다. 그러니까 경험에 대한 집착을 깨뜨려야 됩니다. 묵은 땅을 갈아엎어야 됩니다. 왜 그렇습니까? 경험한 것은 익숙합니다. 경험한 것은 쉽고, 경험한 것은 무의식적으로 할 수 있습니다. 그것이 전부가 아닙니다. 우리가 이 급변하는 세대를 살면서 우리 경험이 얼마나 한심한 것인지를 많이 느끼지 않습니까.

또 하나는 묵은 지식입니다. 이미 아는 것, 여기에 집착해서는 안 됩니다. 세상에서 제일 무서운 말이 '다 안다'는 것입니다. 걸핏하면 다 안다고 합니다. 남편보고 다 안다고 합니다. 어떻게 압니까. 자기 아내를 향해서, 혹은 아이들 보고 "내가 다 안다, 이놈아!" 합니다. 알긴 무엇을 압니까. 다 안다는 말처럼 무서운 교만이 없습니다. 차라리 모른다고 하면 좋을 것입니다. 안다고 하면서 사람을 짓밟아버립니다. 그러니까 안다는 생각을 버려야 합니다. 과거에 공부 좀 하고, 아는 게 많다고 해봐야 무엇을 하겠습니까. 옛날에 내가 어떻고 저떻고…… 다 그만 하십시오. 유치원 다닐 때 우등생 안 해 본 사람 어디 있습니까. 그런 소리 그만하고 다 지워버리십시오. 안다는 것은 바꾸어 말하면 새로운 지식을 거부하는 것입니다. 차라리 모른다고 했으면 새로운 진리를 받아들일 수 있는데, 안다고 하는 순간 망가지는 것입니다. 끝나는 것입니다. 지식은 사람을 교만하게 합니다. 묵은 지식, 그 옛날 지식, 다 버려야 됩니다.

제가 목사로서 한 50년을 지내오면서 보니 세상 참 많이 달라졌습니다. 자꾸 생각을 바꿔야 됩니다. 저는 결혼주례를 하기 전에 곧잘 신랑신부와 함께 그 부모님을 모시고 잠깐 상담을 합니다. 가끔 신부가 노처녀로 나이가 많은 경우가 있습니다. 그래 걱정이 돼서 제가 한 마디 합니다. "아, 그 벌써 많이 늦었어. 그러니까 허니문

베이비라도 좋으니까 그저 빨리 자식을 낳아서 부모님께 안겨드리는 것이 효다. 그러니까 그저 빨리 애를 낳도록 해!" 그러면 옛날에는 대답하기를 "그래야겠죠?" 했습니다. 하지만 요새 신부들은 그렇지 않습니다. 제 귀에 대고 한마디 합니다. "벌써 하나 들어앉았습니다." 세상이 그렇습니다. 요새는 40퍼센트가 아이를 못 가진다고 합니다. 결혼해가지고 애를 낳을 수 있을까 없을까 큰 걱정입니다. 그러니까 요새는 "넌 혼수도 안 가져왔냐? 하나를 가지고 와야지, 왜 빈손으로 왔냐?"고 한답니다. 이런 세대가 되었습니다. 지금 옛날의 척도대로 하면 말이 안 되는 일입니다. 이렇게 막 세상이 변하고 있는데, 옛날 생각만 하고 있으면 되겠습니까. '묵은 지식을 버려라. 그리고야 새로운 발상의 세계가 온다.'

그 다음에는 묵은 감정, 옛날에 느꼈던 감정입니다. 성공했다고 교만했습니다. 이것이 문제입니다. 특별히 저는 목회하면서 많이 보았습니다. 괜찮은 사람인데, 어쩌다 그만 망가졌습니다. 왜 망가졌느냐 하면 그 사람이 일류대학을 나왔거든요. 그 하나 때문에 나하고 대화할 때에도 꼭 이런 소리를 합니다. "아, 저 대학 다닐 때 그 시원치 않던 것들이 요새 돈 좀 벌었다고 까부는데, 못 보겠습니다." 그래 제가 가만히 보니 이 사람은 지금 자기 처덕에 살고 있습니다. 옛날이 무슨 상관입니까? 그분 차라리 일류대학 안 나왔으면 좋은 사람입니다. 그 때문에 아주 완전히 일생이 망가졌습니다. 정말입니다. 별 것도 아닌데, 이제 툭툭 털어버려야 되지 않겠습니까. 그 지식이 어떻다는 말입니까? 지금 느낌이 어떻다는 말입니까? 이제 잘난 척 좀 그만합시다. 별것 아닙니다. 그래서 묵은 감정, 교만한 마음도 치워버려야 합니다.

또 한 가지는 실패했다고 해서 좌절해서는 안 된다는 것입니다. 이것도 나쁜 감정입니다. 그리고 원한이라는 것이 정말 중요합니다. 제가 조금 전에도 말씀드린 것처럼 세상에는 한이 많습니다. 한을 품을 만한 사건도 많습니다. 억울한 일도 많습니다. 그러나 그만해야지요. 그것은 과거일 뿐입니다. 중요한 교훈입니다. 미래를 망치는 어리석은 일이 있어서는 안 됩니다. 잘 했느니 못 했느니, 성공했느니 실패했느니, 억울했다느니, 분했다느니, 한이 맺혔다느니…… 모두 그만해야지요. 이런 묵은 감정들 다 털어버리고, 묵은 땅을 갈아엎어야 합니다. 그리고 다시는 덤불 속에 파종하지 말아야 합니다.

예수님께서 우리에게 중요한 교훈을 말씀하셨습니다. '씨 뿌리는 비유'입니다. '돌밭과 같은 데에다 뿌렸다. 길가와 같은 데에다 뿌렸다. 또 가시덤불에다 뿌렸다.' 이것이 다 무엇입니까? 옥토가 아니라는 것입니다. 돌밭과 같다면 갈아엎어야 되고, 길가와 같다면 폭파라도 시켜야 하고, 가시덤불 같다면 불이라도 질러야 합니다. '깨끗이 옥토가 된 다음에 내가 너희들에게 전할 이 복음의 씨앗이 싹이 나고 꽃이 피고 열매를 맺을 것이다.' 그런고로 예수님께서 말씀하시기를 '옥토와 같은 마음을 가져라' 하십니다. 먼저 회개하고, 먼저 자기 십자가를 지고, 그리고 하나님께 완전히 헌신하며, 오늘 주시는 새로운 말씀을 새로운 마음 그릇에 담는 귀한 역사가 있어야 할 것입니다. 이 순수한 마음, 너무나도 확실하고 중요한 진리입니다. 묵은 땅을 갈고, 가시덤불 속에 파종하지 마라— △

나는 스스로 버리노라

　　나는 선한 목자라 선한 목자는 양들을 위하여 목숨을 버리거니와 삯군은 목자도 아니요 양도 제 양이 아니라 이리가 오는 것을 보면 양을 버리고 달아나나니 이리가 양을 늑탈하고 또 헤치느니라 달아나는 것은 저가 삯군인 까닭에 양을 돌아보지 아니함이라 나는 선한 목자라 내가 내 양을 알고 양도 나를 아는 것이 아버지께서 나를 아시고 내가 아버지를 아는 것 같으니 나는 양을 위하여 목숨을 버리노라 또 이 우리에 들지 아니한 다른 양들이 내게 있어 내가 인도하여야 할 터이니 저희도 내 음성을 듣고 한 무리가 되어 한 목자에게 있으리라 아버지께서 나를 사랑하시는 것은 내가 다시 목숨을 얻기 위하여 목숨을 버림이라 이를 내게서 빼앗는 자가 있는 것이 아니라 내가 스스로 버리노라 나는 버릴 권세도 있고 다시 얻을 권세도 있으니 이 계명은 내 아버지에게서 받았노라 하시니라
　　　　　　　　(요한복음 10 : 11 - 18)

나는 스스로 버리노라

「최고가 되려면 최고를 만나라」라는 책이 있습니다. LA의 중앙일보 기자 최상태씨가 세계적인 지도자들을 직접 찾아 만나서 인터뷰를 하고 얻은 지혜를 모아서 쓴 아주 생생한 이야기입니다. 자기계발의 거장인 브라이언 트레이시(Brian Tracy)부터 시작해서 스타벅스의 CEO인 하워드 슐츠(Howard Schultz)까지, 세계 최고의 지도자 12명을 그가 면밀히 인터뷰를 하고 쓴 책입니다. 최상태씨는 자신이 이 사람들을 만날 수 있었던 것이 기적이라고 말합니다. 그렇게 바쁜 사람들을 하찮은 자신이 만날 수 있었다는 것, 그 12명을 다 만날 수 있었다는 것이 기적이라는 것입니다. 그 사람들과 대화하면서 느낀 것은 그 모든 분들의 생의 성공 자체가 기적이라는 것입니다. '결코 인간의 노력만 가지고는 될 수 없는 특별한 기적적인 역사가 그들에게 있었다'고 그는 결론짓고 있습니다. 생애 밑바닥에서부터 허우적거리면서 그 많은 사건들 속에서 큰 경험을 하고, 여기서 얻은 가르침을 가지고 그들이 일생을 살면서 이렇게 오늘의 세계적인 지도자가 되었더라는 이야기입니다. 최상태씨가 이 12명을 면밀히 연구하면서 발견한 공통점이 있습니다. 주는 능력이 탁월하다는 점입니다. 아주 중요합니다. 일을 열심히 합니다. 그러나 일의 목적이 일 자체에 있어서는 안 됩니다. 돈을 법니다. 그러나 벌기만 하려는 마음으로 살면 벌리지 않습니다. 돈을 따라간다고 돈이 잡히는 것이 아니라는 것입니다. 행복은 성공과 상관이 없습니다. 사업을 위해서 전 생애를 기울이지마는, 그 사업으로부터 자유로워야, 그 마음이 자유로워야 비로소 성공할 수 있다는 것이 공통점이라는 말입니다.

하버드대학의 교수 로널드 하이패츠와 존 에프 캐네디 대학의 교수인 마티 린스키 교수의 공저로 나온 「실행의 리더십」이라는 재미있는 책이 있습니다. 리더십, 지도력은 참으로 중요합니다. 어디에서 옵니까? 그는 먼저 지도자는 세 가지 유혹에서 벗어나야 된다고 말합니다. 첫째, 군림하고자 하는 유혹입니다. 돈이 벌리고, 또 내가 월급을 주는 사람들이 밑에 와서 굽실거리면 어느 사이에 내가 군왕이라도 된 것 같습니다. 재벌총수들이 대개 그런 마음입니다. 스스로를 왕으로, 왕처럼 여깁니다. 이거 안 된다는 것입니다. 둘째, 존경받고 싶은 마음에는 끝이 없다는 것입니다. 그저 인간 대 인간, 형제와 자매로 지내면 좋겠는데, 그것이 아닙니다. '너와 나는 본질적으로 다르다.' 이렇게 높은 자리에 올라갈수록 존경받고 싶은 마음이 생깁니다. 사업과 존경이 같은 것이 아닙니다. 셋째, 어느 틈에 쾌락주의에 빠지는 것입니다. 여유가 생기면 자기도 모르게 쾌락주의에 빠지고 맙니다. 이 쾌락의 유혹으로부터 벗어나야 비로소 성공할 수 있고, 성공을 지켜갈 수 있다고 이 책에서 그는 말하고 있습니다.

오늘본문은 목자와 양의 관계를 우리한테 말씀해줍니다. 그리스도와 우리와의 관계가 목자와 양의 관계와 같다는 것입니다. 아주 아름다운 장면입니다. 오늘본문을 10장 1절부터 읽어보면 아주 아름다운 목장의 아침이 눈에 들어옵니다. 먼저 목자가 나아가서 양들을 앞서 간다는 말이 있습니다. 너무나 아름답습니다. 소를 몰고 갈 때에는 반드시 주인이 뒤에 섭니다. 소가 뿔이 있어서 위험하기 때문에 소를 앞세우고 소를 모는 사람은 뒤서게 되어 있습니다. 그러나 말은 안 그렇습니다. 말을 끌고 갈 때는 말고삐를 잡은 사람이 앞에 갑니다. 왜냐하면 말은 뒷발로 차는 버릇이 있어서 뒤에 섰다가 잘못하면 크게 당합니다. 그러니까 소는 뒤에서 인도하고, 말은 앞에서 끄는데, 여기서 더 중요한 장면은 목자가 양을 앞서간다는 것입니다. 그것은 앞에 어떤 위험한 일이 있더라도 목자가 먼저 겪겠다는 것입니다. 그래서 목자가 앞서갑니다.

또 서로 잘 알고 있습니다. 말이 없어도 목자와 양은 잘 압니다. 눈치를 보고 압니다. 너무나 소통이 잘 됩니다. 양의 머리를 톡톡 한 번 치고, 그 다음에 척 앞으로 나서면 양들이 목자의 뒤를 줄줄이 따라갑니다. 이 장면이 기가 막힙니다. 자세히 보았습니다. 주고받는 말은 없어도 눈치로 다 압니다. '내가 지금 장소를 옮길 테니까 따라와!' 그럼 따라갑니다. 너무나 아름답습니다. 요샛말로 하면 소통, Effective communication이 너무나 잘 됩니다. 마음과 마음, 눈치와 눈치가 잘 연결되고 있습니다. 믿고 따르는 것, 참으로 아름다운 장면입니다. 생각해보면 양의 목을 맨 것도 아니고, 소처럼 코를 꿴 것도 아닙니다. 말처럼 입에 재갈을 물린 것도 아닙니다. 그런데도 목자가 앞서가면 양들은 그 뒤를 따라갑니다. 수백 마리가 무조건하고 죽 따라갑니다. 저 앞에 목자가 있다는 것을 알고 그들은 따라가는 것입니다. 어디까지 갑니까? 성경에 귀한 말씀이 있습니다. 사망의 음침한 골짜기까지ㅡ 밤이고 낮이고 상관하지 않습니다. 위험이 있는지 없는지 상관하지 않습니다. 목자가 인도하는 대로 따라갑니다. 밤이나 낮이나 사망의 음침한 골짜기로 다닐지라도 해를 두려워하지 않는 것은 저 앞에 목자가 있기 때문입니다. 이 얼마나 아름다운 이야기입니까.

그러나 이보다 더 아름다운 이야기가 오늘본문에 있습니다. 일반상식으로는 이해가 안 되는 말씀입니다. 요즘의 표현대로 하자면 정치경제의 논리로는 전혀 풀 수 없는 이야기입니다. 초현실적인 관계입니다. 어떻게 목자가 양을 위해 죽습니까. 양이 목자를 위해서 죽는다면 몰라도 목자가 양을 위해 죽을 수 있습니까? 안 될 말입니다. 이것은 하나의 사업인데, 어떻게 목자가 양을 위해 죽습니까. 말도 안 되는 일입니다. 경제적으로나 정치적으로나, 어느 논리로도 있을 수 없는 초논리적이고 초현실적인 관계가 여기에 있습니다. 목자가 양을 사랑하기 때문에 양을 위해서 목숨을 버린다는 것입니다. 오늘본문을 자세히 읽어보면 목숨을 버린다는 말씀이 세 번이나 나옵니다. 바로 이 맥락에서 예수님께서는 우리를 위해서 십자가에 죽으십니다. 목숨을 버리노라— 버린다는 말이 있기 전에 우리가 잃어버린다는 말이 있지 않습니까. 무의식중에, 무능한 중에 실수와 무관심으로 잃어버릴 수가 있습니다. 내가 미처 챙기지 못한 가운데 그만 손해를 보고 뒤에 후회하게 될 때가 많습니다. 시간을 잃어버렸지요? 젊음을 잃어버렸지요? 재능도 잃어버렸지요? 건강도 잃어버렸습니다. 나도 모르게 다 빠져나간 귀중한 자본입니다. 이렇게 다 잃어버릴 때가 많습니다. 너무 큰 욕심 때문에 특별히 명예를 잃어버릴 때가 많습니다.

호리병이라고 있습니다. 요술램프하고 똑같이 생긴 것인데, 한 청년이 광야를 지나가다 호리병을 발견했습니다. 이 귀중한 것을 얻어 와서 살살 문지르니까 요정이 나왔습니다. 그 요정이 말합니다. "한 가지 소원을 말씀하세요. 그러면 제가 들어드리겠습니다." 그러니까 이 청년이 "돈, 여자, 그리고 결혼하게 해주세요" 하고 세 가지를 구했습니다. 그러니까 요정이 말합니다. "그건 안 되는데요. 한 가지만 가능합니다." 한데도 이 청년은 끝까지 세 가지를 고집했습니다. 그러자 잠시 뒤 펑 하고 요정이 사라졌습니다. 결국 이 청년은 정신이 돈 여자와 결혼했습니다. 욕심은 안 됩니다. 제가 어렸을 때부터 듣던 말이 있습니다. 할아버지께서 늘 하시던 말씀입니다. "뭘 먹겠느냐? 밥을 먹겠느냐, 떡을 먹겠느냐, 안주를 먹겠느냐? 밥을 먹겠느냐? 떡을 먹겠느냐? 술을 먹겠느냐?" 그러면 대답을 뭐라고 하느냐 하면 "술에 밥 말아 떡을 안주해서 먹겠다"고 합니다. 안 될 일입니다. 하나를 얻기 위해서는 다른 하나를 버려야 됩니다. 아니, 천하를 얻기 위해서는 생명을 버려야 됩니다.

이 버린다는 것을 잊지 말아야 합니다. 버린다는 것과 빼앗긴다는 것은 서로 다릅니다. 우리가 자녀들을 양육하면서 자녀들에게 학비도 주고, 용돈도 주는데, 그때 어떤 마음으로 줍니까? '아, 내게 귀한 자녀를 주셨다. 내가 이 자녀들에게 학비를 줄 수 있다는 것이 얼마나 중요한가? 아, 이거 내 2세를 위해서 이렇게 공부하라고 학비를 준다는 것, 자랑스럽고 행복하다.' 이렇게 생각합니까? 아니면 '이건 왜 태어나가지고?' 하면서 돈 줄 때마다, 용돈 줄 때마다 강도 만나는 마음으로 줍니까? 그러니까 아이들이 돈을 받아가지고 '참 돈 벌기 힘들다' 하고 나가는 것입니다. 무슨 효력이 있겠습니까. 자녀들한테 용돈을 줄 때는 상대방의 마음을 감동시켜야 됩니다. '감사합니다. 고맙습니다. 열심히 공부하겠습니다.' 이런 마음이 생기도록 해야 합니다. '야, 돈 하나 뜯어내기 참 힘들다.' 이렇게 되면 강도 만나는 것과 같습니다. 빼앗기는 것입니다. 내 생각 없이 되는 일은 다 그렇습니다. 시간을 빼앗겼지요. 돈을 빼앗겼지요. 명예를 빼앗겼지요. 이래저래 어쩌면 한평생 사기당하면서 하는 것입니다. 빼앗기는 것이 너무나 많습니다. 빼앗긴다는 것이 따로 있습니까? 주면 됩니다. 빼앗기는 마음을 바꾸어서 주는 마음으로 바꾸면 이것은 선물이 됩니다. 적선도 됩니다. 이 사실을 잊지 말아야 합니다. 빼앗기는 마음, 지혜가 없어서, 능력이 없어서, 할 수 없이, 부득이하여 그런 것이 아닙니다. 자발적으로 주는 마음, 베푸는 마음, 바로 여기에 진정한 의미가 있습니다. 오늘본문 18절은 말씀합니다. "내가 스스로 버리노라……" 누가 빼앗는 것이 아니라는 것입니다. '빼앗기는 것도 아니요, 스스로 버리노라.' 이것은 예수님께서 십자가를 지시기 전에 하시는 말씀입니다. 누가 십자가를 지워서 내가 지는 것이 아니고, 할 수 없어서 지는 것도 아니고, 능력이 없어지는 것도 아닙니다. 내가 부득이 십자가를 지는 것이 아닙니다. 나는 스스로 버리노라— 여기에 귀중한 십자가의 의미가 있습니다.

스스로 버리노라— 왜냐하면 다 알고 계시니까요. 이것이 무엇을 의미하는지 모르고 계신 것이 아닙니다. 다 알고 계십니다. 이 십자가의 과정, 이 십자가의 결과, 그리고 앞으로 될 일을 다 알고 계십니다. 그래서 예수님께서 제자들한테 말씀하십니다. 지금은 모르지만 이후에는 알리라— 무슨 말입니까? "너희들은 지금 무슨 말인지 몰라서 내가 십자가에 죽는 것을 서로 슬퍼하고 괴로워하고 있지만, 이후에는 알 것이다." 예수님께서는 알고 계셨습니다. 저 앞에 있는 운명을 알고 계셨습니다. 알고 하는 것만이 사랑이고, 모르고 하는 일, 부득이해서 되는 일은 결코 사랑일 수 없습니다. 사랑의 효력도 없습니다.

또한 예수님께서는 "더욱 큰 것을 위하여 얻기 위하여 버리노라" 하십니다. 얻을 것을 아시고 버리십니다. 부활을 아시고 십자가를 지십니다. 놀라운 일 아닙니까. 몇 시간 뒤에, 며칠 뒤에, 몇 년 뒤에 될 일을 다 알고, 종말적으로 주어지는 내 앞에 있는 운명을 알고 오늘을 사는 것입니다. 얼마나 중요합니까. 젊은 사람들이 때때로 이것을 잘 모릅니다. 그래서 그 아까운 시간에 공부를 게을리 하는 경우가 있습니다. 또 좋은 일을 해야 할 시간에 잠부터 잡니다. 시간을 낭비하는 일, 얼마나 아깝습니까.

옛날에 제가 비서를 한 사람 데리고 있었는데, 14년 동안 같이 했습니다. 지금은 대학교수가 되어 있습니다마는, 그 비서하고 얘기를 하다가 전화를 걸어야 하는데, 전화번호를 몰라서 물었더니 바로 대답을 합니다. 제가 너무 놀라서 "아, 너 어떻게 그 목사님을 아니?" 하자 그 대답이 기가 막힙니다. "목사님이 한 번 불러주셨잖아요?" "아니, 고작 한 번 불러줬는데 그걸 어떻게 아직까지 기억하고 있니?" 그 다음 말은 더 기가 막힙니다. "한 번 들은 여기를 왜 잊어버립니까?" 이 말이 나올 때 저는 기분이 좋지 않습니다. 제가 잘 잊어버리니까요. 그래서 제가 한 마디 했습니다. "너 이제 앞으로 시집가서 어린애 둘만 낳아라. 그러면 나보다 더 멍청해질 거다." 젊은 나이에 정말 머리 좋습니다. 한 번 들은 것은 안 잊어버립니다. 어쩌다가 슬쩍 한 말도 다 기억하고 있습니다. 기억되는 것입니다. 하지만 이제 세월이 가면 멍청해집니다. 그때를 알고 지금 한참 머리 좋을 때 많이 기억해둘 필요가 있지 않겠습니까.

자랑 좀 하겠습니다. 제가 군대에 있을 때 보초 설 일이 많았습니다. 세상에 멍청한 일 중의 하나가 보초입니다. 하루 종일 서 있습니다. 그래서 제가 이래서는 안 되겠다 싶어 사전을 외웠습니다. 네

권을 외웠습니다. 한 번 외우고 찢어버리고, 한 번 외우고 찢어버리고, 그렇게 네 권을 가지고 외웠습니다. 그 뒤에 제가 유학 가려고 토플시험을 치고, 또 이런저런 준비를 하여 미국에 가서 5년을 공부하는 동안 사전을 별로 뒤져본 적이 없습니다. 다 외웠는데 필요가 없었습니다. 젊었을 때 그 총명, 이때 놓칠 수 없습니다. 안 해놓고는 나중에 가서 후회할 것 아닙니까.

더 큰 것을 얻기 위해서, 그것이 분명하기 때문에 오늘은 버리는 것입니다. 목적이 있습니다. 빌립보서 2장 28절에서 사도 바울은 "너희 믿음의 진보를 위하여 내가 나를 관제로 드릴지라도 기뻐하리라"고 말씀합니다. 확실한 목적이 있으니까, 내가 관제로 드리는 희생을 했더라도 나는 기뻐할 것이다― 사랑하기 때문에 버리는 것입니다. 아니, 사랑하면 버리게 됩니다. 사랑하면 참게 됩니다. 사랑하면 온유하게 됩니다. 사랑의 힘은 위대합니다. 사랑이 사람을 변화시킵니다. 가치를 묻지 마십시오. 경제적으로 따질 것이 아닙니다. 목자가 양을 위하여 죽습니다. 양을 사랑하기 때문입니다. 이것이 우주적 진리입니다.

또한 예수님께서는 그 결과를 다 알고 계셨습니다. 예수님께서 그들을 위해서 희생하십니다. 이들이 장차 교회를 세우고, 나를 위해서, 교회를 위해서 순종할 것입니다. 그런 고로 주도적으로, 또 자원하고 선택하여 하신 일입니다. 12장 24절에서 예수님께서 친히 말씀하십니다. "한 알의 밀이 땅에 떨어져 죽지 아니하면 한 알 그대로 있고 죽으면 많은 열매를 맺느니라." 밀알 한 알이 땅에 떨어져 썩으면 많은 열매를 맺느니라― 이 엄청난 진리를 알고 믿고 오늘 예수님께서 말씀하십니다. 스스로 버리노라― '누가 빼앗는 것이 아니요,

빼앗기는 것도 아니요, 부득이한 것도 아니다. 나는 너희를 사랑하기 때문에 사랑이 주는 위대한 능력을 나는 확실히 믿고 스스로 버리노라.'

스스로 버려서 얻는 것이고, 스스로 버려서 자유한 것이고, 스스로 버려서 사랑을 완성하는 것입니다. 큰 승리와 신비가 여기에 있습니다. 더 이상 논리를 따지고, 손익계산 하지 않는 것입니다. 가장 순수한 것은 사랑입니다. '난 너희를 사랑하노라. 그런고로 내 생명을 스스로 버리노라.' 여기에 구원의 복음이 있습니다. △

참 사랑의 고백

그러므로 나의 사랑하고 사모하는 형제들, 나의 기쁨이요 면류관인 사랑하는 자들아 이와 같이 주 안에 서라 내가 유오디아를 권하고 순두게를 권하노니 주 안에서 같은 마음을 품으라 또 참으로 나와 멍에를 같이한 자 네게 구하노니 복음에 나와 함께 힘쓰던 저 부녀들을 돕고 또한 글레멘드와 그 외에 나의 동역자들을 도우라 그 이름들이 생명책에 있느니라 주 안에서 항상 기뻐하라 내가 다시 말하노니 기뻐하라
(빌립보서 4 : 1 - 4)

참 사랑의 고백

사람을 가장 행복하게 하는 것은 확증입니다. 우리 마음속에 생각하는 것이 있습니다. 그것이 사실로 나타나고, 현실로 나타나고, 내 주변사건으로 나타날 때마다 '아, 그것이 옳았다. 내 생각이 옳았다. 내가 하는 일이 옳았다' 하는 생각이 들고, 그러면 우리는 행복합니다. 진리를 추구했습니다. 세월이 가면서 '그게 바로 진리다' 하며 진실을 생각했습니다. '아, 여기에 진실이 있다. 또 다시 사랑이 있다.' 이런 것을 경험할수록 확증하게 됩니다. 영어로는 confirm입니다. '아, 그거다. 확실히 그거였다. 내 생각이 옳았다. 내 믿음이 옳았다. 내 소원이 잘못된 것이 아니었다.' 이렇게 느끼고 살아가는 그 세월이 가장 행복한 것입니다.

그럼 가장 불행한 것은 무엇이겠습니까? 이것의 정반대가 됩니다. 속았다는 것을 깨닫는 시간입니다. 진리인 줄 알았는데, 진리가 아니었습니다. 사랑인 줄 알았는데, 사랑이 아니었다는 말입니다. 아, 그것 굉장한 성공인 줄 알았는데, 성공이 아니었습니다. 오히려 함정이었습니다. 이렇게 깨닫게 될 때 불행합니다. '내가 어찌 이리 했던가?' 그 후회스러움과 회한은 이루 말할 수가 없습니다. 이제 가슴을 치며 한탄하게 되는 것입니다. 돈이면 다 되는 줄 알았고, 돈만 있으면 무엇이든지 될 수 있다고 생각했습니다. 그 돈 하나를 위해서 그렇게 부지런을 떨었습니다. 못할 짓도 많이 했습니다. 그래 돈을 벌고 나서 보았더니 돈이 그렇게 좋은 것이 아니었다는 사실을 알게 되었습니다. 돈 때문에 망했고, 타락했고, 자슨도 타락했고, 형제와의 관계를 포함하여 모든 관계들이 다 무너지고 말았습니다.

아주 오래전입니다마는, 잡지에서 한 기사를 보고 한참 웃었던 적이 있습니다. 유명한 강남 압구정동에 있는 아주머니들을 모아놓고 누가 세미나를 하면서 이런 짓궂은 질문을 했습니다. "여러분, 한 백 억 짜리 로또복권이 당첨되면 어떡하겠습니까? 뭘 하고 싶습니까?" 그랬더니 그 자리에 모인 아주머니들의 60퍼센트가 이혼하겠다는 것이었습니다. 그러니까 지금 그렇게 가만히 집에서 엎드리고 사는 것 같아도 속은 지금 다 어디 가 있는지 모르는 것입니다. 돈 없으니 할 수 없이 사는 것이지, 돈만 있어 보십시오. 다 기어나가고 말 것입니다. 그러니 이 돈이 무엇입니까? 돈이 사람을 이렇게 망치고 맙니다. 그 속에 기가 막힌 우상이 들어 있습니다. 잘못된 길을 가고 있는 것입니다.

그뿐입니까? 사랑이면 전부라고 생각했습니다. 젊은 사람들 화끈하게 연애하는 것처럼 '사랑이면 다다. 사랑 외에 아무 것도 없다' 하면서 살았습니다. 그런데 보니 그것도 아니었습니다. 그것도 아니더라고요. 속았습니다. 이 속았다는 것을 깨닫는 순간에 가슴이 무너지고 맙니다. 이것이 바로 인간이라는 말입니다. 갈수록 진리를 알고, 내가 믿던 진실을 확증하며 사는 것입니다. '확실히 내가 이 길을 택한 것 잘한 일이다. 이 사람을 만난 것 잘한 일이다. 내가 공부한 것 잘한 일이다. 내 일생을 키워낸 이것도 생각할수록 잘한 일이다.' 이렇게 확증합니다. 행복입니다. 그러나 반대로 '잘못했다. 내가 최고라고 생각했던 것은 아무 것도 아니야. 가장 소중한 것이라고 생각하고 그걸 위해 몸부림을 쳤는데, 그것은 완전히 검은 구름에 지나지 않았다' 하고 깨닫고 뉘우치게 될 때에는 괴로운 것입니다.

　조금 더 깊이 생각해봅시다. 가장 큰 불행은 다른 사람한테 속는 것이 아닙니다. 나 자신한테 속은 것입니다. 사랑인 줄 알았는데, 이제 보니 사랑이 아니고, 또 사랑 못 받았다고 몸부림을 쳤는데 아닌 것입니다. '못 받았다', '받았다'가 아니요, 내가 사랑하지를 않았습니다. 애당초 사랑하지 않았습니다. 이 사실을 깨닫는 순간 그대로 내 가슴이 무너지는 것입니다. 여러분은 참으로 소중한 사랑이 무엇이라고 생각합니까? 유명한 신학자 칼 바르트는 세 가지로 쉽게 말합니다. '사랑이란 그리워하는 것이다. 만나는 것이다. 그 다음에 그 앞에 자기 마음을 다 여는 것이다.' 참 쉬운 이야기 아닙니까. 사랑, 만나고 싶은 것입니다. 보고 싶습니다. 눈을 감으나 뜨나, 자나 깨나 보고 싶습니다. 그것이 사랑입니다. 또 만나면 이제 얼굴과 얼굴을 대하고 눈과 눈이 마주칩니다. 나는 저 사람을 보는데, 저 사람은 딴 사람을 봅니다. 이것은 짝사랑입니다. 참 비참한 것입니다. 서로 마주보는 것입니다. 아, 이렇게 들여다보면 어른과 눈이 마주치는 순간에 너무나 좋아가지고 방긋 웃지 않습니까. 바로 그 순간 이것이 사랑이라는 것입니다. 그런가 하면 사랑 앞에는 거짓말이 없습니다. 사랑에는 거짓이 없나니— 이 이야기는 마음을 열게 합니다. 아무 것도 가릴 것이 없고, 부끄러움도 없고, 주저함도 없고, 두려움도 없습니다. 그 앞에는 나 자신을 홀랑 다 드러냅니다. 그러고 싶습니다. 그것이 바로 사랑입니다. 또 그의 말씀을 다 듣고 싶습니다. 무슨 말이든지 다 믿어지고, 그 말이 다 옳습니다. 이것을 사랑이라고 합니다.

　슈바이처 박사는 또 사랑에 대해서 이렇게 말합니다. '네가 사랑하느냐? 사랑은 주는 것이다. 주는 일이 없이 사랑을 말하지 마라. 둘째는 사랑은 주기만 하는 것이 아니다. 자기 자신을 희생하는 것이다. 명예건 재산이건 뭐건 자기 자신을 희생하는 것이다.' 셋째가 중요합니다. '그리고 기뻐하는 것이다.' 주고 희생하고, 행복하고, 기뻐해야 합니다. 마지막에 눈물이 나오면 안 됩니다. 사랑은 눈물의 씨앗이 아닙니다. 사랑은 곧 기쁨이어야 합니다. 주고 기쁘고, 희생하고 기쁘고……

더러 이런 일이 있습니다. 미친 사람이 히죽히죽 웃고 다니는 것 말입니다. 보면 좀 안되었습니다. 하지만 미친 사람은 남 보기에는 딱해도 정작 자기 자신은 행복합니다. 사랑에 미쳐야 됩니다. 참 사랑에 미치고 나면 세상 사람들이 뭐라고 해도 상관없습니다. 그의 마음에는 기쁨이 있습니다. 하나님과 나만이 아는 큰 기쁨이 있습니다. 바로 이것이 사랑의 본질입니다. 그런데 문제는 한평생 이 사랑을 우리가 공부하고, 배우고, 익히고, 확증해야 한다는 것입니다. 참 사랑을 알고, 참 진리를 알면 성공입니다. 나의 환경과는 관계가 없습니다. 인생은 사랑입니다. 참 사랑을 알았으면 그 다음 시간에 죽어도 상관이 없습니다. 이 사랑을 모르고 산다면 2백세를 살아도 소용없는 인생입니다. 그 인생은 굴욕이요, 거기에 절대 행복이란 있을 수 없습니다.

오늘본문에서 사도 바울은 행복했다고 말씀합니다. 저는 이 빌립보서 4장 1절을 읽을 때마다 슬그머니 이상한 생각도 합니다. "나의 사랑하고 사모하는 형제들, 나의 기쁨이요 나의 면류관인 사랑하는 자들아." 여러분은 누구한테든 이렇게 말해본 적 있습니까? 이런 사랑을 고백해보았습니까? "나의 사랑하는 자여, 나의 기뻐하는 자여, 나의 면류관인……" 바로 이 마음이 없다면 사랑이 아닙니다. 바로 여기에 진실한 참 사랑의 고백이 있다는 것입니다. 사도 바울의 이 위대한 사랑의 고백— 사도 바울은 지금 감옥에 있습니다. 로마 감옥에서 어느 순간에 순교할는지 알 수 없는 절절한 시간을 살아가고 있지만, 그 마음에는 행복이 있었습니다. 그는 사랑을 아는 사랑의 성공자였으니까요. 정말입니다. 이렇게 말하고 생을 끝낼 수 있다면 성공 아니겠습니까. 나의 사랑하고 사모하는 형제들, 나의 기쁨이요, 나의 면류관인 사랑하는 자들아— 그래서 말씀입니다. 젊은 신학자들이 이 본문을 읽다가 이런 재미있는 말까지 합니다. "아무래도 빌립보 교회 안에 사도 바울의 애인이 있었던 것 같다. 그렇지 않고야 이런 고백을 할 수 있느냐?" 저도 그렇게 생각합니다. 아, 감옥에 있으면서도 "나의 사랑하는 이요, 나의 기쁨이요, 나의 면류관인 사랑하는 자들아, 주 안에 서라" 하였으니 어찌 그렇게 행복할 수가 있다는 말입니까.

빌립보서 2장 17절에는 더 귀중한 말씀이 있습니다. "만일 너희 믿음의 제물과 봉사 위에 내가 나를 관제로 드릴지라도 나는 기뻐하고 너희 무리와 함께 기뻐하리니." 굉장합니다. 죽을 이유가 되는 것입니다. 저분들을 위해서라면 내가 피를 쏟아 부어서 관제로 드릴지라도 나는 기뻐하리라— 쉽게 말합시다. '이대로 죽어도 좋아. 이대로 죽어도 한이 없어.' 사도 바울은 정말 행복한 사람입니다. 이 순간을 딱 한 번만 경험하고 죽어도 행복한 사람입니다. 이것을 모르고 사니, 그것이 사나마나한 시간입니다.

얼마나 귀중합니까. 그런가하면 빌립보서 3장 12절은 이렇게 말씀합니다. "내가 그리스도 예수께 잡힌 바 된 그것을 잡으려고 좇아

가노라." 그는 애당초 그리스도의 포로가 되었다고 생각합니다. 살아야 할 이유가 여기에 있고, 죽어야 할 이유도 여기에 있습니다. 살아야 할 이유, 죽어야 할 이유가 다 확실합니다. 그리고 오늘을 삽니다. 그리고 감옥에 삽니다. 순교의 시간을 기다리고 있습니다. 그 사람은 행복했습니다. 여기에 참 사랑이 있다는 말씀입니다.

오늘본문을 자세히 읽어보면 '사랑하는 자(아가페토이)'라는 귀한 단어가 있습니다. 감옥에 있으면서 사랑하는 사람을 생각합니다. 나는 지금 감옥에 있지만 사랑을 생각하고 있음으로 그는 행복했습니다. 사랑하는 자— 어디 있든지 사랑을 잊어버리면 안 됩니다. 감옥에서도 사랑하면 성공입니다. 병이 들어서도 사랑을 느끼고 있으면 그 사람 행복한 사람입니다. 그러나 그 어느 순간에도 참 사랑, 아가페의 사랑을 느끼지 못한다면 그 사람은 아직 참 그리스도인의 모습을 갖고 있지 못한 것입니다.

그런가하면 '사모한다(에피포떼토이)'가 또 아주 재미있는 단어입니다. 그리워한다는 뜻입니다. 사모하고 그리워하고, 다시 말하면 생각 속에 있는 간절한 사랑입니다. 사랑이라는 것이 그런 것 아닙니까. 꼭 마주 앉아 있어야 되는 것은 아닙니다. 멀리서도 그리워합니다. 보고 싶습니다. 그를 생각할 때마다 내가 행복합니다. 그를 생각할 때마다 내가 소중합니다. 바로 이것이 참 사랑의 고백입니다. 참 사랑이란 누구를 사랑하고 누구를 위해서 산다는 것이 아닙니다. 그를 사랑하며 내가 행복한 것이고, 그를 사랑하면서 내가 벅찬 기쁨에 사는 것입니다.

또 오늘본문에는 '나의 기쁨이이요'라는 말씀이 있습니다. 생각하면 기쁘고, 사랑하며 기쁘고, 또 그들을 위해서 수고하며 기쁨니다. 참 중요한 말씀입니다. 기뻐해야 한다는 것입니다. 자녀교육이 무엇입니까? 많은 분들이 제게 물어봅니다. 다급하니까요. "자녀를 어떻게 가르치면 될까요?" 여러 가지 설명할 시간도 없고, 또 해야 알아듣지도 못합니다. 그러면 간단하게 제가 두 마디 합니다. "자녀교육 바로하고 싶으면 첫째, 믿어라!" 그리고 '내가 네 말을 어떻게 믿느냐?' 같은 말은 하지 말라고 합니다. 대신에 '나는 너를 믿는다'는 말을 잊지 말아야 합니다. 둘째는 '나는 너를 볼 때마다 행복하다. 너를 생각해도 행복하고, 네가 우리 앞에 있기 때문에 나는 행복하다'라고 말해야 합니다. 이 두 마디만 하면 자녀교육은 저절로 됩니다.

그런데 어쩌면 꼭 반대로만 말하는지요? "넌 왜 태어났냐? 난 네 생각만 할 때마다 못살겠다." 못살면 같이 가야지, 정말 뭐하는 짓입니까? 자기 자녀를 낳아놓고 자녀 앞에서 어떻게 이런 무서운 말을 할 수 있습니까. 이것은 아닙니다. "나는 행복하다. 나는 너 때문에 행복하다." "I'm so happy. Because of you!" 생각하면 행복하고, 너를 위해 도시락을 싸는 것도 행복하고, 학교 가는 모습을 볼 때도 행복하고, 집에 돌아올 때 너희들을 만나면 행복하고…… 이렇게 생각해야 합니다. 이것이 곧 기쁨이란 말입니다.

그 다음에 더 중요한 말씀이 있습니다. '면류관(스테파노스)'이라는 말씀이 나옵니다. 관에는 두 가지가 있습니다. 하나는 왕관이라고 하는 의미의 관이고, 또 하나는 면류관이라는 의미에서의 관이 있습니다. 왕관은 권력의 상징이고, 면류관은 승리의 상징입니다. 운동하는 사람들이 경기에 이깁니다. 1등을 했습니다. 그때 머리에 씌워주는 것이 이 면류관입니다. 이 승리의 면류관은 곧 자랑을 말합니다.

　제 어머니가 저를 가르치면서 공부하느라고 앉아 있고 그러면 옆에 앉아서 성경을 읽다가 가끔 "선희야, 옛날에 이런 일이 있었단다" 하시면서 이야기 하나를 해주셨습니다. 수십 번씩 들었던 같은 이야기입니다. 내용이 이렇습니다. 어떤 홀어머니가 아들을 어렵게 키워서 서울로 공부하러 보냈습니다. 그래 아들이 서울에서 공부를 하는데, 어머니가 그 아들이 너무나 보고 싶어서 서울에 올라왔습니다. 그래 학교의 교문 앞에서 보니 아들이 자기 애인하고 나오는 것입니다. 그 장면을 보고 어머니가 아들을 소리쳐 불렀더니 아들의 애인이 그 소리를 듣고 저 여인이 누구냐고 아들한테 물었습니다. 그때 아들이 하는 말입니다. "우리 집에 있는 식모야." 그 소리를 듣고 어머니가 눈물을 흘리며 돌아섰다는 이야기입니다. "제발 너는 이러지 마라. 너 공부하는 것은 좋지만, 기껏 공부해서 이깟 놈 돼지는 마라, 제발!" 그러셨던 기억이 납니다. 얼마나 중요한 이야기입니까. 깊이 생각해야 합니다. 자랑스러워야 됩니다. 어머니도 자랑스럽고, 아버지도 자랑스럽고, 가문도 자랑스럽고, 마누라도 자랑스러워야 합니다. 부끄러우면 안 됩니다. 왜 부끄러움이 됩니까? 교만해서 그렇고, 사랑을 모르기 때문에 그렇습니다. 깊이 생각해야 됩니다.

　저는 늘 생각나는 분이 있습니다. 아브라함 링컨은 초등학교 3학년 밖에는 못 다닌 사람입니다. 그리고 고생 끝에 미국의 제16대 대통령이 됩니다. 그가 대통령으로서 상원을 방문했을 때 상원의원들 가운데 한 사람이 일어서서 대통령을 비난했습니다. "대통령 각하. 저는 아브라함 링컨을 대통령으로 모시게 된 것을 아주 부끄럽게 생각합니다. 아버지는 구두수선 하는 자, 아예 대학교도 못 나온 대통령, 이거 부끄러워 살 수가 없습니다." 그리고 구두를 벗어서 들고 "이것이 당신 아버지가 만든 구두요" 하는 소리까지 했습니다. 그러니까 아브라함 링컨이 빙그레 웃으면서 하는 말입니다. "감사합니다. 제가 좀 바빠서 아버지를 잠깐 잊어버리고 있었는데, 아버지를 기억나게 해주셔서 감사합니다. 우리 아버지는 훌륭한 분입니다. 우리 아버지는 정직한 분입니다. 우리 아버지는 저의 자랑입니다. 그 구두가 상하거든 저한테 가져오세요. 제가 어깨 너머로 배운 바가 있으니까 수선해드리겠습니다." 그 국회의사당은 이 대답에 숙연해졌습니다.

어떤 이유로든지 부모를 부끄럽게 여겨서는 안 됩니다. 자식을 부끄럽게 여겨서도 안 됩니다. 나의 면류관, 당신들은 나의 면류관이라고 생각해야 합니다. 남편은 아내를 면류관처럼, 아내는 남편을 면류관처럼, 부모는 자식을 면류관처럼— 이 얼마나 귀한 일입니까. 이것이 진정한 사랑의 고백입니다.

고린도후서 1장 14절에 가면 중요한 결론이 나옵니다. "우리 주 예수의 날에 너희가 우리의 자랑이 되고 우리가 너희의 자랑이 되는 것이라." 조금 더 신학적으로 말씀드리면 이것은 절절히 깊은 말씀입니다. 고린도 교회는 사도 바울의 마음을 아프게 했습니다. 여러 가지로 고린도전서에 다 나타나 있습니다. 그런데도 사도 바울은 이렇게 말씀합니다. "우리 주 예수의 날에 너희가 우리의 자랑이 되고 우리는 너희의 자랑이 되는 것이라." 기가 막힌 이야기입니다. 이것이 사도 바울의 마음이요, 사도 바울의 신앙고백입니다. 참 사랑이 있는 곳에 행복이 있습니다. 참 사랑이 확증될 때 벅찬 감격을 누리게 됩니다.

  그리고 오늘본문에서 사도 바울은 말씀합니다. "그 이름들이 생명책에 있느니라(3절)." 하나님 앞에 가서 다시 만날 것을 생각하고, 서로 자랑할 것을 생각하는 것입니다. 그리스도의 날에 너희는 나의 자랑이요 나는 너희의 자랑이 되리라— 그런 아름다운 사랑을 고백하고 있습니다. 이 고백 속에 바로 사도 바울의 위대함이 있습니다.
△

자유함의 은총

그리스도께서 우리로 자유케 하려고 자유를 주셨으니 그러므로 굳세게 서서 다시는 종의 멍에를 메지 말라 보라 나 바울은 너희에게 말하노니 너희가 만일 할례를 받으면 그리스도께서 너희에게 아무 유익이 없으리라 내가 할례를 받는 각 사람에게 다시 증거하노니 그는 율법 전체를 행할 의무를 가진 자라 율법 안에서 의롭다 함을 얻으려 하는 너희는 그리스도에게서 끊어지고 은혜에서 떨어진 자로다 우리가 성령으로 믿음을 좇아 의의 소망을 기다리노니 그리스도 예수 안에서는 할례나 무할례가 효력이 없되 사랑으로써 역사하는 믿음뿐이니라

(갈라디아서 5 : 1 - 6)

자유함의 은총

어떤 유명한 철학자가 있었습니다. 하루는 그의 짓궂은 친구들이 그를 데리고 요염한 여자가 있는 퇴폐적인 술집으로 갔습니다. 이 철학자는 아무 말 없이 친구들과 같이 이 술집에 들어가 밤새 술을 마시며 즐겁게 놀았습니다. 그리고 아침에 그는 말했습니다. "아주 오늘 즐거웠어!" 그리고 헤어졌습니다. 다음날이 되었습니다. 그 친구들이 다시 모여서 어제 너무나 재미있었으니 그 술집으로 다시 가자고 말했습니다. 그 술집 여자가 너무나 좋았다는 것입니다. 그렇게 이 철학자를 다시 유혹했습니다. 그때 이 철학자는 정중하게 거절했습니다. 그러자 어제는 갔다 왔는데 오늘은 왜 안 되느냐고 친구들이 물었습니다. 이에 그는 다음과 같은 유명한 말을 남겼습니다. "그런 일은 한 번이면 족한 거야. 한 번 가면 철학자고, 두 번 가면 속물이요 변태자고, 세 번 가면 노예가 되는 거야." 이 사람이 불란서의 유명한 철학자 볼테르(Voltaire)입니다.

우리는 언제나 시험에 빠질 수 있습니다. 그러나 한 번이면 족합니다. 또 다시 그 자리로 가서는 안 됩니다. 깊이 생각해야 됩니다. 연세가 있는 분들은 알 것입니다. 시골에 파리가 너무 많았습니다. 입만 열면 파리가 입에 들어갈 정도로 많았습니다. 그 당시 파리를 잡기 위해서 끈끈이라고 하는 파리 잡는 덫이 있었는데, 이 끈끈이를 죽 펴놓으면 파리가 거기에 가서 붙어 죽습니다. 제가 그 끈끈이를 놔두고 옆에서 자세히 보았습니다. 파리가 날아와서 발을 거기에 한 번 대봅니다. 또 이렇게 입을 한 번 갖다 대봅니다. 그리고 날

아갔다가 다시 돌아옵니다. 또 한 번 해보고 날아가고, 또 번 해보고 간신히 다리를 다시 뽑아가지고 도망갔다가 또 다시 옵니다. 그리고 마지막에 와서 덜커덕 붙어버립니다. 그래서 제가 "야, 이 미련한 놈아! 한 번이면 됐지, 뭘 두 번 세 번 다니다가 죽느냐?" 하고 이야기했는데, 그 파리가 못 알아듣습니다. 이것이 남의 이야기입니까? 붙어서 꼼짝 못하게 될 줄 알았으면 멀리 가버려야지요. 왜 그 시험이 있는 곳에 맴돌고 있느냐는 말입니다. 벌써 정신적으로, 성품으로, 문화적으로 노예가 된 것입니다. 물리적으로는 아닌 것 같지만, 벌써 나는 노예가 되고 말았습니다. 그 유혹에 빠져서 자유가 없습니다. 유혹이라는 것이 이렇게 무서운 것입니다. 유혹에는 매력이 있습니다. 죄를 싫어하면서도 죄의 매력에서 헤어나지를 못하지 않습니까. 보이는 죄를 정죄하면서도 불의의 매력에 끌려서 맴돌다가 풍덩 빠지고 마는 것입니다. 요새 우리 주변에 있는 많은 사람들이 참 안되었습니다. 한 평생 그렇게 바르고 진실하고 성실하게 살다가 마지막에 이 게 무슨 꼴입니까. 왜 이렇게 되었는지, 참 안되었습니다. 이것이야말로 찬송가 가사처럼 울어도 못하고 힘써도 못하는 상황이 되었습니다. 왜 이랬을 것 같습니까? 유혹의 언저리를 맴돌다가 이렇게 된 것입니다.

인간의 가치는 그가 누리는 자유에 있습니다. '당신은 얼마나 자유한가?' 하고 묻습니다. 내 영혼이 얼마나 자유하고, 내 육체가 얼마나 자유하고, 내 도덕성이 얼마나 자유한가? 바로 여기에 있는 것입니다. 자유의 뜻과 그 가치를 아는 자만이 자유할 수 있습니다. 자유는 그냥 주어지는 것이 아니기 때문입니다. 저는 저 워싱턴 DC에 갈 때마다 한 번씩 6·25 기념관을 가봅니다. 제가 겪은 그 모든 고난이 거기에 다 그대로 재연되어 있는 것 같아서 꼭 한 번씩 가봅니다. 그 첫머리에 크게 씌어 있는 문장이 있습니다. 정말 두고두고 생각합니다. 'Freedom is not free.' 가슴이 찡합니다. 저는 이 문장 하나 다시 보기 위해서 거기를 또 갑니다. 자유는 공짜가 아니요, 자유는 그 값을 치러야 됩니다. 많은 희생의 값을 치르고 오늘의 자유가 있습니다. 자유의 고귀함을 안다는 것, 결코 쉬운 일이 아닙니다. 많은 희생을 하고야 압니다. 많은 고생을 겪고야 압니다. 어쩌면 일생동안 그 많은 시련을 겪으면서 딱 한 마디 자유가 무엇인지를 배우는 것입니다.

좀 나이든 분들과는 제가 자연히 친구가 되니까 여러 분들을 만납니다. 만나면 여기 저기 아픈 곳을 이야기합니다. 가만히 보면 건강한 사람이 몇 없습니다. 그럴 때 제가 아무 말도 안 합니다. 젊었을 때 자기가 뿌린 씨를 거두고 있는 것입니다. 이것을 잊지 말아야 합니다. 지금 자기가 뿌린 씨를 거두고 있습니다. 제 손자가 지금 포항에 가서 공부하는데, 얼마 전에 한 번 방문했습니다. 이름이 모세라고 하는데, 중학교 2학년입니다. 할 말이 따로 없습니다. 그냥 하루 즐겁게 지내고 나서 헤어질 때 딱 한마디 했습니다. "모세야, 너는 조상을 잘 만났다. 그래서 말이다. 술 담배만 안하면 나만큼은 산다. 알았냐?" 그리고 왔습니다. 무슨 긴 교훈이 필요하겠습니까? 그 젊었을 때 다 잘못해서 나이 들어서 여기가 아프고 저기가 아프고 그렇습니다. 이제 와서 무슨 소립니까. 이것을 알아야 합니다. 오랫동안 누적된 것입니다.

오늘의 이 자유를 소중하게 여겨야 합니다. 거저 주어지는 것이 아닙니다. 그런고로 사람은 얼마나 자유로운가 하는 것이 문제입니다. 물질로부터 자유로워야 합니다. 그 물질의 노예가 되면 참 비참합니다. 또 무지로부터 자유로워야 합니다. 사람이 무지하다는 것, 참 무섭게 사람을 얽어맵니다. 무지로부터 자유하고, 정욕으로부터 자유하고, 마지막 명예로부터 자유롭습니다. 그 하찮은 명예에 빠져 일생동안 소중하게 지켜온 인격이 그만 거기에서 헤어나지 못하는 것을 볼 때 참 안타깝습니다. 아까 이야기한 파리나 마찬가지입니다. "빨리 도망가지, 왜 그렇게 맴돌다가 붙어버리고 마나?" 바로 이것이 인간입니다. 내가 누리는 자유가 어디까지입니까? 내 양심의 자유, 내 신앙의 자유, 도덕성의 자유, 내가 누리는 자유만큼 나의 생은 형통할 것이고, 성공할 것입니다.

오늘본문은 우리한테 귀중한 진리를 전해주고 있습니다. "그리스도께서 우리로 자유케 하려고 자유를 주셨으니……(1절)" 자유는 주어지는 것이라는 사실을 잊지 마십시다. 자유는 주어지는 것이요, 은총으로 주어지는 것입니다. 죄와 사망과 사단과 율법과 진노, 이 모든 것으로부터 내가 스스로 자유로울 수 없습니다. 이에 대해서 빌리 그레이엄 목사님의 그 유명한 설교가 있습니다. 제가 보니까 그분이 그 설교를 하도 많이 해서 설교집마다 이야기입니다. 홍수가 있어서 많은 사람이 떠내려가고 있었습니다. 다 떠내려가고 있는데, 그러면서 생각합니다. "이거 떠내려가면 죽는데, 어떡하면 좋겠나?" 생각하다 자기 머리카락을 자꾸 잡아 올립니다. 빠져 나가려고 그 물살에서 말입니다. 그런다고 올라갑니까? 내 힘으로는 자유로울 수 없다는 말입니다. 저 밖에서 밧줄을 던져주어서 그것을 붙잡을 때 내가 자유로울 수 있습니다. 나 스스로 자유로울 수 있습니까? 없습니다. 이 사실을 인정해야 됩니다. 결심하면 되고, 노력하면 되고, 애쓰면 되고, 어쩌고, 저쩌고…… 이제쯤은 알아야 합니다. 작으나 크나 우리한테 주어진 자유는 축복입니다. 은총입니다. 하나님께서 나한테 주신 은총입니다.

건강도 마찬가지입니다. 여러분이 애써서 건강하려고 몸부림을 친다고 됩니까? 아시는 분의 부인이 건강했는데, 요새 병들어가지고 골골합니다. 그분이 제게 하는 말이 너무나 재미있습니다. "저 할망구가 아 그 손님들이 왔다 갔다 하면서 뭐 좋다 뭐 좋다 하니까 아 그 몸에 좋다는 거 다 사다 먹다가 보약 중독증에 걸렸어. 그래가지고 지금 쓰러졌어." 건강, 그렇게 몸부림친다고 되는 것이 아닙니다. 다 축복입니다. 다 은총일 수밖에 없습니다. 내 노력이라는 것은 부질없는 것입니다. 하나님께서 우리한테 주신 큰 축복입니다. 이 점을 잊지 말아야 합니다.

그래서 요한복음 8장 34절은 말씀합니다. "죄를 범하는 자마다 죄의 종이라." 죄로부터 자유하지 못하면 영영 자유하지 못합니다. 돈이 있다고 자유하고, 권력이 있다고 자유로운 것이 아닙니다. 죄 사함 받을 때에만 자유로울 수 있습니다. 마가복음에 유명한 이야기가 있지 않습니까. 사람들이 너무 많아 중풍 들린 환자를 지붕을 뚫고 침상 째 밑으로 내립니다. 그래 예수님 앞으로 이 환자가 내려온 그 순간 예수님께서 말씀하십니다. 이것 기가 막힌 이야기입니다. "네가 죄 사함을 받았느니라." 이 사람이 회개한 것도 아니고, 자기가 무슨 말을 한 것도 아닌데, 예수님의 첫마디가 "네가 죄 사함 받았느니라"입니다. 이 말씀을 하실 때 이 환자가 건강해집니다. 예수님께서는 이 사람을 아셨습니다. 이 사람의 병은 죄 때문이라는 사실을 꿰뚫어보셨습니다. 아무한테도 말하지 못하는 죄가 있었습니다. 그에게 '네 죄 사함 받았느니라' 하실 때 이 사람은 건강해집니다.

　우리를 억압하는 모든 것이 바로 죄입니다. 그런고로 말씀합니다. 아들이 자유케 하면 참으로 자유하리라— 예수께서 우리를 향해서 '네 죄 사함 받았느니라' 하십니다. 멀지 않아 우리가 세상을 떠날 때, 곧 요단강을 건너갈 때 딱 한 마디, 하늘로부터 듣고 싶은 음성이 있습니다. 네 죄 사함 받았느니라— 이것 아니겠습니까. 그 얼굴이 환하게 밝아지고, 주님 앞으로 가겠지만, 그 음성이 들리지 않으면 영영 썩어버리고 맙니다. 아들이 자유케 하면 참으로 자유하리라— 모든 것 가운데 가장 중요한 것은 죄 문제입니다. 죄로부터의 자유함, 이 자유함이 진정한 자유라는 말씀입니다. 분명히 기억해야 됩니다. 자유란 스스로 얻을 수 있는 것이 아닙니다. 자기의 노력으로 되는 것도 아니라는 것을 잊지 마십시다. 자유는 쟁취하는 것이 아닙니다.

　제가 언젠가 북한에 갔는데, 그때가 한참 모내기 할 시기였습니다. 시골 지나가다 보니까 크게 써 플래카드를 써 붙였는데, '모내기혁명'이라는 구호였습니다. 제가 차에서 내려가지고 그 사람들한테 물어보았습니다. 모내기가 왜 혁명이냐고요. 그랬더니 쟁취라는 것입니다. 쟁취에서 얻어지는 것이 있습니까? 다 망가집니다. 젊었을 때 '쟁취! 쟁취!' 하고 밤낮 거리를 나다니던 사람들이 나이 들어서 정말 비참해지는 것을 보았습니다. 얻은 것이 없습니다. 성품도 못쓰게 되었고, 인간성도 망가지고 말았습니다. 무엇을 얻었는지 알 수 없습니다. 쟁취는 망하는 것입니다. 싸워서 얻은 자유라고 하면 원수가 너무나 많습니다. 빼앗은 것이 있다면 교만과 정욕의 노예가 됩니다. 자기 노력으로 애써서 내가 얻었다— 위선자가 되고 맙니다. 자유는 은총으로 주어지는 것입니다. 하나님께로부터 주어지는 은총임을 알아야 합니다.

이만큼의 건강도 은총임을 알아야 합니다. 이만큼의 형통함도 은총임을 알아야 합니다. 외국 사람들이 말을 많이 합니다. 경제, 정치, 문화 전부가 이렇게 망가지고 있는데도 한국이 망하지 않는 것이 신통하다고요. 기적입니다. 지금 하는 짓을 보고 무엇 하나 복 받을 만한 점이 있는지 생각해보십시오. 정말 하나님께서는 좋으신 분입니다. 이 꼴을 보시고도 하나님께서는 참고 계시고, 아직도 우리한테 은혜를 베풀고 계십니다.

자유는 은총입니다. 자유는 주어지는 축복입니다. 내가 자유하기 위해서 희생한 사람이 많습니다. 내가 이 복을 누리기 위해서 고생한 사람이 많습니다. 그 많은 사람들이 기도하고, 많은 사람이 피땀을 흘려서 오늘 내가 여기에 있습니다. 이 사실을 잊지 말아야 합니다. 그래서 늘 감사해야 합니다. 또 다시 겸손해야 합니다. 우리는 자유가 무엇인지, 참 자유가 무엇인지를 한평생 공부합니다. 세월이 가면 갈수록 소중합니다. 자유를 배워야 합니다. 자유가 어떻게 주어진 것인지, 얼마나 소중한 것인지를 말입니다.

그 다음에는 오직 은혜로 주어졌다는 사실을 알고 새삼 감사한 마음이 있어야 합니다. 감사하면 자유인이고, 원망하면 노예입니다. 하나님의 은혜에 감사하는 순간, 그리고 사랑하는 순간 자유합니다. 사랑 안에 진정한 자유함이 있습니다. 혹시라도 우리 마음 가운데 어두운 그림자가 있습니까? 아직도 누구를 미워하고 있습니까? 그것은 비참한 것입니다. 또 사랑은 진리와 함께 기뻐한다는 사실을 고린도전서 13장에서 우리는 읽습니다. 서로 사랑 하는 것, 좋습니다. 그러나 아닙니다. 진리와 함께해야지, 진리를 떠난 사랑은 아닙니다.

제가 젊은 사람들 결혼주례를 많이 합니다. 가만히 보니 끝까지 신앙적으로 했으면 좋겠는데, 결혼이라는 이 중대한 문제를 놓고 그만 신앙을 저버리는 경우를 봅니다. 남자가 너무나 좋고, 여자가 너무나 예뻐 홀딱 반해서 신앙을 져버릴 때 '이러면 안 되는데……' 하고 걱정이 될 때가 있습니다. 권면을 하면서 그저 잘 살라고 주례사를 해봅니다마는, 보나마나 얼마 안 가서 파탄 납니다. 이것이 아니었는데, 이렇게 해서는 안 되는데 말입니다. 사랑은 진리와 함께합니다. 이 점을 잊지 말아야 합니다. 진리 안에 사랑이 있지, 진리를 떠나서 사랑이 있다고 착각해서는 안 됩니다.

다시 생각합니다. 8·15라고 하는 것은 정말 은총이었습니다. 우리나라는 그야말로 풍전등화와 같았습니다. 이대로 조금만 가면 다 망할 것이었습니다. 저는 어렸을 때지만, 생생히 기억합니다. 제가 14살 때 교회 종까지 다 공출을 당했습니다. 녹여서 군함을 만든다고 교회 종까지 가져가버렸습니다. 얼마나 비참한 일입니까. 그래 이제는 정말 다 끝났다고 생각했는데, 8·15 해방이 있었습니다. 그 다음에 가 봤더니 종이 바닷가에 아직 그냥 있어서 둘러매고 왔습니다. 그 종을 매달아놓고 한 달 동안 내내 종을 쳤습니다. 정해놓은 시간도 없었습니다. 아무 때나 쳤습니다. 날마다 교회에 모여가지고 예배를 드리고, 감사하고, 애국가를 부르고, 그렇게 감사했습니다. 그 당시 우리로서는 할 수 있는 일이 아무 것도 없었습니다.

지금도 기억합니다. 8월 15일 점심 때 저희 교회의 박지순 목사님이 달려와서 교회 수석장로님인 저희 할아버지한테 해방되었다고 소식을 전했습니다. 그리고 할아버지와 목사님이 서로 끌어안고 하염없이 우는 것을 보았습니다. 은혜로 주어졌기에, 쉽게 말하면 공짜로 주어진 것이기 때문입니다. 그런데 자유의 고귀함을 몰랐습니다. 자유를 지킬 수가 없었습니다. 마침내 6·25라고 하는 또 다른 시련을 겪어야 했습니다. 6·25의 많은 시련을 겪으면서야 조금씩 자유가 무엇인지 알기 시작합니다. 자유가 얼마나 소중한 것인가를 배웠습니다. 진리 안에 자유가 있고, 사랑 안에 온전한 자유함이 있습니다. 그리고 이 거룩한 은총을 믿는 확실한 그 믿음 안에 내가 가야 할 영생의 길이 있습니다. △

그 결국을 깨달은 사람

하나님이 참으로 이스라엘 중 마음이 정결한 자에게 선을 행하시나 나는 거의 실족할 뻔하였고 내 걸음이 미끄러질 뻔하였으니 이는 내가 악인의 형통함을 보고 오만한 자를 질시하였음이로다 저희는 죽는 때에도 고통이 없고 그 힘이 건강하며 타인과 같은 고난이 없고 타인과 같은 재앙도 없나니 그러므로 교만이 저희 목걸이요 강포가 저희의 입는 옷이며 살찐 것으로 저희 눈이 솟아나며 저희 소득은 마음의 소원보다 지나며 저희는 능욕하며 악하게 압제하여 말하며 거만히 말하며 저희 입은 하늘에 두고 저희 혀는 땅에 두루 다니도다 그러므로 그 백성이 이리로 돌아와서 잔에 가득한 물을 다 마시며 말하기를 하나님이 어찌 알랴 지극히 높은 자에게 지식이 있으랴 하도다 볼지어다 이들은 악인이라 항상 평안하고 재물을 더 하도다 내가 내 마음을 정히 하며 내 손을 씻어 무죄하다 한 것이 실로 헛되도다 나는 종일 재앙을 당하며 아침마다 징책을 보았도다 내가 만일 스스로 이르기를 내가 이렇게 말하리라 하였더면 주의 아들들의 시대를 대하여 궤휼을 행하였으리이다 내가 어쩌면 이를 알까 하여 생각한즉 내게 심히 곤란하더니 하나님의 성소에 들어갈 때에야 저희 결국을 내가 깨달았나이다

(시편 73 : 1 - 17)

그 결국을 깨달은 사람

프랑스 파리 교외의 수도원 입구에는 큰 돌비석이 하나 서 있습니다. 여기에는 '아프레 셀라, 아프레 셀라, 아프레 셀라(après cela)'라고 씌어 있습니다. 이 말은 '그 다음은'이라는 뜻의 불어입니다. 영어로는 'after that'입니다. 이 돌비석에는 전해 내려오는 이야기가 있습니다. 법과대학 졸업반에 다니는 학생이 고학을 하면서 졸업반까지 올라갔는데, 경제적으로 어려워서 마지막 한 학기를 더 할 수가 없었습니다. 그래서 휴학을 하고 돈을 벌어야 하나, 어떻게 해야 하나, 고민하던 중에 신부님을 찾아갔습니다. 그리고 자신의 사정을 이야기했습니다. "제가 법과대학을 다니는데, 지금 딱 한 학기 남았습니다. 그런데 돈이 모자라서 휴학을 할 수밖에 없게 됐습니다. 신부님이 절 좀 도와주시면 마칠 수 있을 것 같습니다." 그러자 신부님이 빙그레 웃으면서 "방금 전에 어떤 교인이 좋은 일에 써달라고 돈을 가지고 온 게 있는데, 이건 분명히 하나님께서 자네를 위해서 예비하신 거라고 생각하네" 하며 펴보지도 않은 그 돈 한 묶음을 학생의 손에 쥐어주었습니다. 이 학생이 이 돈을 손에 들고 얼마나 감격했겠습니까. 그래 너무너무 감사하다고 인사를 했습니다. 그리고 돌아가려던 순간이었습니다. "잠깐만." 신부님이 그를 불러 세웠습니다. "내가 하나 물어볼 게 있는데, 뭐 별거 아닐세. 그 돈 가지고 가서 뭘 할 건가?" 그랬더니 "등록금을 내고 공부해야지요" 합니다. "공부해서 뭘 할 건가?" "법과대학을 마쳐야지요." "그 다음은? après cela?"—"그 다음은 변호사가 되겠습니다." "그 다음은?" "억울하게 고생하는 분들을 위하여 자진해서 변호를 하겠습니다. 그래서 사회정의를 세우려고 합니다." "아, 그거 좋은 생각이구만. 그 다음은?" "돈을 좀 벌겠습니다." "그 다음은?" "결혼하겠습니다." "그 다음은?" 이쯤 되니 계속 이어지는 신부님의 질문이 무슨 의미인지를 이 학생이 어찌 모르겠습니까. 그래 대답을 더는 할 수 없었습니다. 그때 신부님이 빙그레 웃으면서 말했습니다. "별거 아니야. 그 다음은 자네도 죽어야 돼. 그리고 하나님의 심판대 앞에 서야 돼. 그걸 잊지 말게. 가봐!" 그 돈을 들고 거리로 나온 청년의 내면에서 이런 소리가 계속 들려옵니다. '아프레 셀라? 아프레 셀라?' '그 다음은? 그 다음은?……' 우리 인생의 그 다음은 우연이 아닙니다. 필연입니다. 꼭 그렇게 될 것입니다. 그는 마침내 이 내면적인 고민을 이기지 못하여 그 돈을 수도원에 도로 가져다주고 수도사가 되었습니다. 한평생 그는 자기 책상 앞에 '아프러 셀라. 아프리 셀라'라고 써놓고, 늘 이 문구를 보면서 한평생 귀한 생을 살았습니다. 그리고 그가 죽은 다음 그의 묘비에 이 세 글자를 새겨놓았습니다. '아프레 셀라, 아프레 셀라, 아프레 셀라.'

'그 다음'이 무엇입니까? 우리가 살고 있는 그 다음 장면은 무엇입니까? 우리가 모르고 있는 것이 아닙니다. 다 알고 있습니다. 몸은 현실에 살지마는, 몸의 욕구대로 먼저 행동해놓고 뒤에 생각하는 사람이 많습니다. 몸이 먼저 가고 생각은 뒤에 갑니다. 그러면서 후회하기도 하고, 잘했다 싶기도 합니다. 그러나 바른 사람의 생각은 그렇지 않습니다. 행동보다 생각이 먼저 갑니다. '바로 그 다음'을 생각하고 사는 것입니다. 그 다음은, 그 다음은……

어떤 텔레비전 프로그램에 출연해서 서로 좌담하는 시간이 있었습니다. 부인 되는 사람이 어지간히도 말이 많은 사람입니다. 그런데 그 집에는 부부싸움이 거의 없습니다. 그래서 그 교수에게 물어보았습니다. "저렇게 말 많은 여자하고 어떻게 편안하게 삽니까?" 그분 대답이 너무나 재미있습니다. "제가 한마디 대답했다가는 그 다음이 형편없거든요. 그 다음에 올 걸 생각해서 저는 그걸 그냥 음악소리로 듣고 사는 거죠, 뭐." 내가 하는 말, 그 다음을 생각해보았습니까? 내가 하고 싶다고 내 말만 했습니다. 저쪽도 대답할 말이 있습니다. 이것을 생각했어야지 않습니까. 그 다음은, 그 다음은…… 이것 빤한 일 아닙니까. 그런데 문제는 어디까지 생각하고 사느냐는 것입니다. 젊었을 때에 늙었을 때를 생각해야지요. 늙었을 때에는 죽은 다음을 생각해야지요. 다음을 생각하고 오늘을 살아야 합니다. 이것이 바른 인간의 길입니다. 과거형 인간은 항상 옛날생각만 합니다. 과거에 잘했다, 혹은 못했다 하며 교만하기도 하고 절망하기도 하고 말입니다. 어떤 사람은 현재만 늘 생각하고 살아갑니다. 그 다음은? 아프레 셀라? 다시 한 번 물어보아야 합니다. 다음이 무엇입니까? 이 질문을 항상 물으며 살아야 합니다.

　유명한 철학자 다드는 '믿음이란 과거로부터 현재를 생각하는 것이 아니라, 미래로부터 현재를 생각하는 것이다'라고 실존주의적인 답을 합니다. 미래를 먼저 생각합니다. 그것도 결정적인 미래입니다. 반드시 올 일입니다. 그리고 오늘을 생각해야 합니다. 이것이 바로 신앙이요, 지혜로운 사람의 생활입니다. 그런데 그 한계가 어디냐, 어디까지 생각하느냐가 문제입니다.

　오늘본문은 아주 귀한 말씀입니다. 우리의 생활간증이 여기에 잘 나타나 있습니다. 이 사람이 고민을 합니다. "나는 거의 실족할 뻔하였고 내 걸음이 미끄러질 뻔하였으니(2절)." 넘어질 뻔하였고, 미끄러질 뻔하였다— 무슨 뜻입니까? 잘못 생각했다는 것입니다. 그 다음을 생각 못했다는 것입니다. 그 다음을 생각 못한 한과 후회와 뉘우침으로 일생을 사는 것입니다. 이제 그만하고 지금부터는 그 다음만 생각하고 살아야 합니다.

오늘시편의 저자는 생각했습니다. 미끄러질 뻔하고 넘어질 뻔했다고요. 왜냐하면 잘못 생각했기 때문입니다. 그는 악인의 형통을 보았습니다. 악한 사람이 잘 살더라는 것입니다. 평안하고, 재물도 많고, 번영도 있습니다. 뿐만 아니라 이 불의한 자가 출세도 합니다. 못된 사람이 잘 되더라는 것입니다. 또 죽을 때도 편안히 죽는 것 같습니다. 후손들도 제대로 잘 되는 것 같아서 악인의 형통을 부러워했다는 말입니다. 불의한 사람의 잘되는 것을 보고 '그 사람 괜찮네? 그 사람 저렇게 사는데도 잘 사는구먼?'라고 생각하는 순간 미끄러지는 것입니다. 그 생각 하는 순간 꽝 하고 큰 사고가 났습니다. '내가 당하는 고난은 억울하다. 저 사람은 저런 죄를 짓고도 잘 살고, 저 못된 놈은 저렇게 잘 되는 것 같은데, 나는 바르게 살려고 애쓰고, 그리고 남는 게 뭐냐? 나는 뭔가 잘못 살아가고 있지 않나?' 바로 이런 생각을 하는 동안 내 인격이 무너지고, 생각이 망가지고 맙니다.

그런데 오늘본문에 주신 귀한 말씀의 결론은 이렇습니다. "하나님의 성소에 들어갈 때에야 저희 결국을 내가 깨달았나이다(17절)." 성소에 들어갈 때— 이 점을 잊지 말아야 합니다. 세상에 살다보면 세상 생각에 끌립니다. 그저 악한 사람이 잘 되는 것만 자꾸 보이고, 못된 놈들도 출세하는 것만 보이고, 그들이 권세를 누리는 것을 보면 순간 나도 넘어지는 것입니다. 시험에 빠진다는 것입니다. 그러나 성소에 들어갈 때에, 다시 말해서 여러분이 성전에 나왔을 때입니다. 교회에 나와야 됩니다. 계속 나와야 되고, 계속 나와서 말씀을 듣고, 깨달음을 얻어야 합니다. 여기서 말씀을 듣고, 여기서 기도하고, 그리고 생각해보면 악한 자는 망합니다. 지금 저 선한 사람은 고생하는 것 같습니다. 그러나 의인의 고난이 부럽습니다. 진실하게 살고, 가난한 사람이 더 부럽습니다. 이것이 바로 성전에서 느끼는 마음입니다. 축복이 어디 있습니까? 확실히 하나님의 축복은 있습니다. 그래서 시편 37편에서 말씀합니다. '불의한 자가 이제 다 망해 없어질 텐데, 자세히 살필지라도 없으리라.' 성전에서 깨닫고, 성전에서 말씀을 듣고, 성전에 느끼고 나서 보면 세상의 악한 사람 다 망합니다. 그 불의한 사람이 고생하는 모습이 눈에 훤히 보입니다. 수단과 방법을 가리지 않고 잘 사는 것 같더니, 다 망가지고 무너집니다. 그것이 보입니다.

    제가 소망교회에서 시무할 때 직접 그런 집에 심방 가서 겪은 이야기입니다. 그 아버지가 불의한 일을 해서 감옥에 들어갔습니다. 가서 몇 달 동안 고생하고 나왔습니다. 나온 다음에 저더러 오라고 해서 가정예배를 드린 적이 있습니다. 그 아들이 아버지에게 이렇게 말합니다. "아버지, 전 아버지 때문에 장가도 못갑니다. 소문이 나서 며느리 줄 사람이 어디 있겠습니까. 전 아버지 때문에 일생 다 망가졌습니다." 그러니까 아버지가 대답하는 말입니다. "내가 자수성가했는데, 너무 고생을 해서, 그저 가난하고 어려워서 그저 돈을 좀 모으려고 했어. 좀 많이 모아가지고 너희들 고생 안 하고 살도록 해주려고 하다 보니 이렇게 됐다." 그랬더니 아들이 다시 아버지에게 하는 말입니다. 그 아들이 목사 앞에서 설교를 합니다. "가난은 부끄러운 게 아닙니다. 차라리 아버지가 바르게 살고 가난하게 살았으면 내가 나가서 돈이라도 벌었을 겁니다. 내 양심은 자유로웠을 겁니다. 아버지 때문에 영혼이 망가지고 말았습니다." 아, 제가 그 아들 때문에 은혜 많이 받았습니다.

　이것을 알아야 됩니다. 불의하게 잘 살아봤자 별것 아닙니다. 여러분이 잘 아십니다. 요즘 여러 사람들 고생하지 않습니까. 정말 죽지도 못하고, 이러지도 저러지도 못합니다. 그저 정직하게, 진실하게, 가난하게 산 것, 하나님의 은혜로 알아야 됩니다. 이것은 정말 축복입니다. 성소에 들어갈 때에야 그 결국을 깨달았나이다— 그들이 어떻게 되는가를 보았습니다. 불의한 자의 종말과 거짓된 자의 말로를 보았습니다. 그들의 후손이 가는 길을 보았습니다. 성소에 들어갈 때에 말입니다.

　세상에서 같이 이렇게 휘말려 살다보면 그저 불의한 사람이 잘 되는 것도 같고, 못된 사람이 성공하는 것도 같고, 그 사람들이 건강한 것처럼 보입니다. 그래서 교회에 나와야 됩니다. 한 주일도 빠지면 안 됩니다. 우리 영혼이 여기 교회 나와서 기도하고, 말씀 듣고, 하나님을 봅니다. 그리고 그리스도께서 보증해주신 저 미래를 봅니다. 영원한 한 나라를 봅니다. 그래서 현재를 보면 나는 복이 많습니다. '하나님은 어쩌면 나만 복을 주시는가!' 그래서 아우구스티누스는 유명한 말을 했습니다. '하나님께서는 나 하나만이 당신의 사랑하는 자인 것처럼 사랑하신다.' 그런 생각 해보았습니까. '어찌 하나님께서는 나만 사랑하시나?' '어째서 하나님께서는 나만 특별히 사랑하시나?' 이 감격은 성소에 들어갈 때에야 깨달을 수 있는 영적 감각입니다. 시편 73편 23절, 24절은 말씀합니다. "내가 항상 주와 함께 하니 주께서 내 오른손을 붙드셨나이다 주의 교훈으로 나를 인도하시고 후에는 영광으로 나를 영접하시리니." 성소에 들어갈 때에야 이런 영적 느낌을 가질 수 있습니다. 세상 어느 곳에서 안 되는 것입니다. 세상 어떤 곳에서도 이 영적 감각은 얻을 수가 없습니다.

제가 미국에서 공부할 때에 학위논문으로 '종말론'을 썼습니다. 그러면서 종말론에 대한 공부를 많이 하다 보니 무조건 종말론을 주제로 다룬 책은 다 사서 보았습니다. 그 가운데서 정말 재미있고 중요한 책을 하나 발견했습니다. 「공산주의 종말론(Eschatology of Communism)」이라는 책입니다. 신구약성경보다도 더 두껍습니다. 지금도 제가 서재에 이 책을 잘 보관하고 있습니다. 공산주의라는 것은 종말론입니다. 공산주의 이론이라는 것은 간단합니다. 진화론적으로, 사회 발전적으로, 정치학적으로, 심리학적으로, 교육학적으로 반드시 공산주의 세상은 온다는 것입니다. 이 사실을 증명하는 것입니다. 이것이 종말론입니다. 이 점을 공부하고 학습하고 나면 공산주의자가 됩니다. 감옥 안에 앉아 있으면서도 '곧 혁명이 일어날 것이다. 곧 공산주의 세상이 올 것이다.'라고 생각하고 끝까지 있는 것입니다. 그리스도인에게 가장 귀중한 것은 우리 앞에 약속된 종말입니다. 결정적 종말입니다. 이것이 십자가요, 부활이요, 하나님 나라의 약속입니다. 그래서 예수님께서 말씀하십니다. '너희는 마음에 근심하지 말라. 하나님을 믿으니 또 나를 믿으라. 내 아버지 집에 거할 곳이 많도다. 다 준비하고 나서 너희를 나 있는 곳으로 영접하리라.' 약속이 있습니다. 십자가 속에 약속이 보장되어 있습니다.

우리는 매주 교회에 나와서 말씀을 듣고, 감격하고, 다시 눈을 부비고, 새로운 눈으로 세상을 볼 줄 알아야 합니다. 악한 사람, 망합니다. 거짓말은 반드시 폭로됩니다. 불의한 자는 이렇게 멸망의 길로 가리라는 사실을 환히 볼 수 있는 영적 지각이 있어야 합니다. 동시에 하나님의 사람, 의롭게 살고, 진실하고 바르게 사는 사람들에게 주어지는 축복이 얼마나 위대한가를 환하게 봅니다. 매일같이 느낍니다. 그리할 때 그의 영혼은 밝아집니다. 성전에 들어갈 때에야 그 결국을 알았나이다—

골로새서 3장은 말씀합니다. "위의 것을 찾으라. 거기는 그리스도께서 계시느니라." 위의 것입니다. 땅의 것을 생각하지 말고, 위의 것, 곧 앞에 있는 것, 저 멀리 하나님 앞에 있는 것을 생각하는 것입니다. 생각하고 성소에 들어갈 때에 하나님의 음성이 내 귀에 들립니다. 그러할 때 우리는 내 앞의 운명을 직시할 수 있습니다. 내 앞에 있는 약속의 땅이 바라보일 때 내가 오늘 조금 고생하는 것, 별것이 아닙니다. 하나님의 약속에서부터 오늘을 생각하는 귀중한 생이 되어야 할 것입니다. △

우리에게 표적을 보여주소서

 그 때에 서기관과 바리새인 중 몇 사람이 말하되 선생님이여 우리에게 표적 보여 주시기를 원하나이다 예수께서 대답하여 가라사대 악하고 음란한 세대가 표적을 구하나 선지자 요나의 표적 밖에는 보일 표적이 없느니라 요나가 밤낮 사흘을 큰 물고기 뱃속에 있었던 것같이 인자도 밤낮 사흘을 땅 속에 있으리라 심판 때에 니느웨 사람들이 일어나 이 세대 사람을 정죄하리니 이는 그들이 요나의 전도를 듣고 회개하였음이어니와 요나보다 더 큰 이가 여기 있으며 심판 때에 남방 여왕이 일어나 이 세대 사람을 정죄하리니 이는 그가 솔로몬의 지혜로운 말을 들으려고 땅 끝에서 왔음이어니와 솔로몬보다 더 큰 이가 여기 있느니라

(마태복음 12 : 38 - 42)

우리에게 표적을 보여주소서

　1944년 양평에서 출생한 강영우 박사님은 너무나 유명한 분이고, 자랑스러운 분입니다. 그는 중학교 다닐 때에 사고로 그만 실명하게 됩니다. 게다가 모친과 누나마저 세상을 먼저 떠납니다. 그래 맹인고아가 됩니다. 그 뒤로 그가 겪은 고난은 이루 말할 수가 없습니다. 거지 아이들 속에 살지만, 같은 거지가 아니라 그는 맹인거지입니다. 맹인으로 산다는 것, 얼마나 어려운 일입니까. 하지만 그 많은 고생을 하면서도 그는 굳세게 살아갔습니다. 연세대학을 졸업하고 미국으로 건너가 3년 8개월 만에 미국의 피츠버그대학에서 교육학을 전공하여 철학박사가 됩니다. 1976년에 그는 한국 사람으로서 최초의 시각장애인 박사가 되었습니다. UN세계위원회 부의장을 지냈고, 루즈벨트 재단의 고문으로 지내면서 7억 명에 해당하는 장애인들의 복지를 위해서 헌신하다가 지난해에 세상을 떠났습니다. 그는 말합니다. '시각장애. 앞을 보지 못하지만 장애는 걸림돌이 아니다.' 이것이 축복일 수 있다고 그는 말합니다. '하나님께서 내게만 주신 축복이다. 이제 누가 나더러 눈을 뜨라고 해도 뜨고 싶지 않다.' '장애를 참고 극복하는 것, 아니, 참고 극복하는 것이 아니라, 장애를 통해서 새로운 세상을 여는 것이다.' 이렇게 강조합니다. 우리는 그저 참아야 한다, 극복해야 한다고만 생각합니다마는, 아닙니다. 이 장애를 통하여 하나님께서 이루고자 하시는 뜻이 있습니다. 이 사실을 깨달아야 한다는 것입니다. 보이는 것만이 아니고, 보이지 않는 세계를 보는 그런 눈으로 살아갑니다.

강 박사님이 결혼을 해서 아들을 낳았습니다. 아들이 어렸을 때 어머니가 꼭 성경을 읽어주었습니다. 자기 전에 이 미국사람들이 보통 하는 일입니다. 자리에 뉘어놓고 옆에서 성경을 조용조용 읽어줍니다. 늘 그랬는데, 언젠가는 이 강 박사님께서 부인대신 방에 들어갔습니다. 그리고 아들에게 자기가 읽어주겠다고 말했습니다. 그러니까 아들이 눈을 번쩍 뜨더니 "아버지는 성경을 못 보잖아!" 합니다. 아버지가 말합니다. "걱정 마라." 그리고 불을 껐습니다. "아빠, 아휴 깜깜한 데서 어떻게 해?" 그러자 아버지는 점자성경을 앞에다 놓고 죽 훑어가면서 성경을 유창하게 읽어갑니다. 깜짝 놀란 아들이 "아버지는 전깃불도 없는 데서 어떻게 이렇게 성경을 잘 봐?" 합니다. "아들아, 사람은 밝은 데서보다 어두운 데서 더 많은 것을 볼 수 있단다. 눈을 뜨고가 아니라, 눈을 감고 보는 세계가 더 넓은 것이란다." 아버지의 이 말씀을 듣고 아들이 크게 감동을 받았습니다. 아들이 잘 자라서 미국 듀크 대학을 나오고 유명한 교수가 됐습니다. 우리는 눈을 뜨고야만 보는 줄 알지만, 아닙니다. 눈 감고 보는 세계가 더 크고 더 신비롭습니다. 형통하는 날에 축복이라고, 또 행복이라고 논하지만, 그렇지만은 않습니다. 고난당할 때, 내가 원하지 않는 많은 어려운 일을 당할 때 그 속에 무궁무진한 하나님의 말씀이 있고, 진리도 있고, 능력이 함께한다는 것을 잊어서는 안 됩니다.

오늘본문은 우리에게 말씀합니다. 서기관과 바리새인은 성경을 많이 알고 있는 성경전문가입니다. 이 사람들이 예수님께 와서 말합니다. "표적을 보여주세요!" 대단히 중요한 말씀입니다. 모든 사건을 있는 그대로 보면 역사적 사실일 뿐입니다. 여기에 의미를 부여할 때에 비로소 표적이 됩니다. 하나님의 역사가 그 속에 있다고 볼 때에 비로소 표적이 되는 것입니다. 사람들은 이것을 자연현상으로 보고, 물리적인 것으로 보고, 경제적이고 정치적인 것으로 봅니다. 그러나 하나님의 사람은 표적을 묻습니다. 왜냐하면 하나님께서 하시는 일이라고 할 때 그것은 표적이 되기 때문입니다. 예수님께서 많은 역사를 이루시는 중에도 병을 고치시고, 바다 위로 걸어가시고, 5천 명을 먹이시고, 죽은 자를 살리십니다. 이 모든 이적이 있지 않았습니까.

이적에 대해서 성경은 세 가지 단어를 사용합니다. 첫째가 히브리어로 '테라스'라는 말입니다. 영어로는 Wonder, 곧 놀랍다는 것입니다. 우리가 말하는 기적이라는 것으로, 깜짝 놀랄 만한 일, 상상할 수 없는 사건을 말합니다. 요즘 텔레비전 프로그램으로 하면 '세상에 이런 일'이라는 것과 같습니다. 놀라운 현상을 말합니다. 내 상식을 넘어서는 일입니다. 내 경험과는 관계없는 특별한 사건이요, 바로 이것이 이적입니다. 두 번째로 사용된 단어가 '두나미스'입니다. 영어로는 dynamic입니다. 하나님의 일, 곧 하나님의 능력이 여기에 나타났다는 것입니다. 하나님의 특별한 능력을 말할 때 두나미스라고 합니다. 그러나 이제 후기에 가서 요한복음부터는 이적이라고 하지 않습니다. 표적이라고 합니다. 그리고 사도행전에 가서 계속 표적이라고 말씀합니다. 이것이 더 높은 것입니다. 셋째가 쎄메온, 곧 표적입니다. 영어로는 sign입니다. 사건은 이런 것인데, 그 속에 보이지 않는 하나님의 능력, 하나님의 말씀이 있고, 하나님의 인도하심이 있고, 하나님의 섭리가 있고, 하나님의 축복이 있을 때에 표적이라고 합니다.

그런데 예수님을 따라다니는 모든 사람들이 처음에는 이적이라고 하고, 다음에는 하나님의 능력이라고 생각합니다. 그러다가 후기에 가서 점점 깊이 깨달은 다음에, 곧 기독교의 신앙이 완성될 때에 가서 '표적'이라고 말합니다. 오늘본문에 나오는 이 서기관은 상당히 높은 수준의 신앙의 사람입니다. 그래서 아주 고급의 용어를 사용합니다. 표적이 무엇입니까? 일반인들은 못 알아듣는 말입니다. '쎄메온'에 대해서 묻습니다. 당신이 하나님의 사람이라고 하는 표적이 무엇이며, 만약 당신이 하는 일이 하나님께서 하시는 일이라면 표적을 보이라는 것입니다. 그런데 오늘본문을 보면 예수님께서 대답을 기피하십니다. 왜냐하면 상대가 상대니까요. 지금 들으려고 묻는 것이 아니라, 괴롭히려고 하는 것이기 때문입니다. 그렇기 때문에 예수님께서는 오늘본문에서 "요나의 표적밖에는 보일 것이 없다"고 하십니다. 다른 말로 이 성경을 해석하면 이렇습니다. '표적은 이미 있었다. 이미 성경에 있다. 너희들이 다 알고 있다. 그러면서 부인하고, 늘 새것만을 구한다. 새것, 좀 더 화끈한 것, 좀 더 큰 표적을 보여 달라고 하는구나!' 그래서 대답할 가치가 없었습니다. '요나의 표적밖에는 보일 것이 없다.' 요나 사건은 성경의 역사입니다. '벌써 이미 표적은 있었다. 아니, 너희들 속에 있다. 너희들이 보고 듣고 깨닫고 있지 않느냐? 그리고 부정하면서 또 새로운 표적만 구하고 있느냐?'

 도대체 얼마나 세월을 살아가야 하나님께서 표적을 읽으실 수 있겠습니까? 이스라엘 사람들이 애굽에서 나옵니다. 애굽에서 나와서 그 많은 표적을 보았습니다. 열 가지 재앙을 보았습니다. 굉장하지 않습니까. 하나님께서 인도하시는 대로 저들은 구름기둥과 불기둥을 따라 나옵니다. 홍해의 광야 길로 나왔습니다. 이렇게 나오니 앞에는 홍해가 있고, 뒤에는 애굽 군대가 따라옵니다. 이것은 독 안에 든 쥐입니다. 이런 어려운 형편에 들어갑니다. 그래서 저들이 하나님을 원망합니다. 원망하면서 하는 말입니다. "애굽에 공동묘지가 모자라더냐? 우리를 이리 데려다가 죽이려느냐?" 이렇게 하나님과 모세를 원망하게 됩니다. 그 다음에 하나님의 명령으로 모세가 그 홍해 언덕에 서서 지팡이로 가리킬 때 홍해가 갈라집니다. 이스라엘 백성들은 찬송을 부르면서 홍해를 건너가게 됩니다. 여기에 표적이 어디 있습니까? 홍해의 광야 길로 나온 것, 그 자체가 표적입니다. 막다른 길에 서서 '이제 죽었다' 하는 것도 표적이었습니다. 홍해가 열릴 때 그것도 표적이었습니다. 잊지 말아야 합니다. 가끔 우리는 병들었다가 나으면 이적이라고 합니다. 병 걸렸다가 기도하고, 또 혹은 약을 먹고 나으면 '아, 놀랍다!', 기적이라고 합니다. 하지만 솔직히 말하면 병든 것이 기적입니다. 멀쩡한 사람이 병든 것이 기적입니다. 그때부터 하나님께서 손을 대신 것입니다. 이 사실을 알아야 됩니다. 성공만이 기적이 아니요, 실패가 기적입니다.

제가 인천에서 목회할 때 집사님 한 분을 보았습니다. 사업이 잘 되었습니다. 그 당시 인천제일교회에서 제일 부자였습니다. 그런데 이분이 사업이 너무 잘되니까 교회를 잘 안 나오기 시작했습니다. 돈이 너무 많아지자 타락하고 만 것입니다. 그래 제가 걱정이 되어서 몇 번 충고해봤는데, 듣지를 않습니다. 그리고 마지막에 꽝 하고 무너졌습니다. 부도가 나고, 몸도 병들어 죽게 되었습니다. 심방을 갔는데, 할 말이 없었습니다. 보통 이럴 때는 건강하게 해주시고, 성공하게 해주시고, 다시 일어나게 해주십사 기도해야 되는데, 저는 할 말이 없었습니다. 그런데 홍 집사님 스스로 이렇게 고백합니다.

"목사님 이게 기적입니다. 이것이 하나님의 사랑입니다. 이 사업이 여기서 망하지 않았다면 영과 육이 아울러 다 죽었을 것입니다. 그런데 저는 지금 몸도 병들고 사업도 망했지만, 하나님께서 나를 사랑하셔서 다시 일어날 것입니다." 지금도 눈에 선합니다. 눈물이 펑펑 흐르니까, 손수건이 아니라, 세수용 수건으로 눈물을 닦습니다. 이렇게 통곡하는 것을 보았습니다. 그 다음 변두리로 가서 천막을 치고 움막생활을 하다가 바로 바로 거기에다 교회를 세우고, 남은 일생을 봉사하는 것을 보았습니다. 표적, 하나님께서 하시는 일, 하나님의 말씀, 하나님의 섭리, 하나님의 강권적인 역사, 하나님의 사랑, 그 사건 속에 나타난 하나님의 사랑, 이것은 우리가 생각하는 대로 형통만이 아니요, 병드는 것도 표적이요, 병 낫는 것도 표적이요, 망함도 표적입니다. 한쪽만 표적으로 생각하지 말아야 합니다.

    이 지구라고 하는 조그마한 흙덩어리를 생각해보면 표적이요, 놀라운 이적 아닙니까. 우리는 태양계에 살고 있는데, 이 태양계가 얼마나 큽니까. 이런 큰 태양계가 이 우주에 4억 개가 있다고 합니다. 이 광활한 우주에 조그마한 흙덩어리 하나가 뱅글뱅글 돌고 있는데, 이 속에 우리가 지금 올라타 있다는 것, 기적 아니겠습니까. 또 그런가 하면 생명의 신비가 놀랍습니다. 손자 아이가 앞으로 걸어가는데, 보니까 꼭 저를 닮았습니다. 신비롭습니다. '세상에 이럴 수가 있나!' 생각해보십시오. 생명의 신비, 이 모든 것이 표적이요, 하나님의 능력입니다.

    더 중요한 것이 있습니다. 우리가 죄를 많이 짓고 살지 않습니까. 부정부패가 말이 아닙니다. 요새 대통령이 몇 백 억, 몇 천 억을 어떻게 해서 추징했다고 말들이 많습니다. 솔직히 말하면 저 사람이 천 억을 해먹을 때 밑엣 사람들은 또 얼마나 많이 해먹었겠습니까. 윗물이 맑아야 아랫물이 맑습니다. 추징만이 문제가 아닙니다. 이것이 한국의 정치를 망쳤고, 백성들의 모든 도덕관을 다 망쳐버렸습니다. 돈으로 해결될 문제가 아닙니다. 생각하면 위에서 저 짓 하고 있고, 밑에서도 똑같이 하고 있으니까요.

이렇게 죄악이 만연한데도 망하지 않은 것, 기적 아니겠습니까. 기적 중의 기적입니다. 경제를 봐도 부정하고, 여기도 저기도 비슷한 일들이 있는데, 요새 저는 신문 볼 마음이 정말 없어집니다. 이 모양을 하고 사는데도 오늘 아침 무사합니다. 무사히 교회에 나왔습니다. 기적 아니겠습니까. 누가 이런 이야기를 합니다. 한국은 아무리 생각해도 꼭 망해야 되는데, 망하지 않는 것이 기적이라고요. 깊은 죄가 있습니다. 그러나 아직도 우리는 거룩한 은총 속에 살고 있습니다. 모든 사건 속에서 생각해야 합니다. 허리가 삐끗하거든 하나님의 손길을 느껴야 합니다. 머리가 아프거든 하나님께서 이쪽을 치신다고 생각해야 합니다. 가다가 넘어질 뻔하거든 그 순간 하나님께서 나와 함께하신다고 생각해야 합니다. 순간순간이 표적입니다. 모든 것 가운데 가장 중요한 것이 은총입니다. 은혜 중의 은혜입니다. 오래 참으시는 하나님, 기다려주시는 하나님께서 복을 주시고, 기대하시고, 역사를 이루시는 놀라운 표적입니다. 표적 아닌 것이 없습니다. 하나님의 역사 아닌 것이 없고, 하나님의 은총 아닌 것이 없더라는 것입니다.

유명한 아인슈타인 박사는 말합니다. '사람은 두 종류가 있다. 하나는 기적을 믿는 사람이고, 하나는 기적을 믿지 않는 사람이다.' 기적을 믿어야 합니다. 기적을 믿고, 그 사건 속에 하나님의 손길이 있고, 하나님의 음성이 있습니다. 하나님의 사랑이 있습니다. 오늘도 내게 말씀하십니다. 내가 너를 사랑한다— 이것이 표적입니다. 오늘 예수님께서 말씀하십니다. "선지자 요나의 표적 밖에는 보일 표적이 없느니라(39절)." 요나가 고래 뱃속에 들어갔다가 나와서 복음을 전했습니다. 요나는 심술궂은 사람입니다. 한 마디로 엉터리 선지자입니다. 아무리 봐도 못된 사람입니다. 그러나 그 요나를 통해서 주시는 말씀을 듣고 니느웨 백성 전체가 회개합니다. 그래서 구원받습니다. 40일 뒤에 망하리라고 하나님께서 말씀하셨는데, 그 백성이 구원을 받습니다. 예수님께서 예를 들어서 말씀하십니다. 요나의 표적 밖에는 보일 것이 없다— 이미 표적이 있었고, 너희들의 생활 속에 표적이 있다고 말씀하십니다.

살아 있음에 기적을 느낍니다. 작은 사건, 큰일 전부, 그 속에 하나님의 음성이 있습니다. 그래서 칼 바르트는 이런 말을 했습니다. '우리 예수 믿는 사람은 한 손에 성경, 한 손에 신문을 들어야 한다.' 성경을 읽으면서 하나님 말씀을 듣고, 신문을 읽으면서 하나님 음성을 듣습니다. 표적을 읽을 줄 알아야 합니다. 표적 안에 내가 있습니다. 표적 가운데 가장 큰 표적은 십자가입니다. 저 십자가 안에 오늘도 주님께서는 말씀하십니다. 내가 너를 사랑한다고요. 모든 사건 속에서 표적을 느끼고, 표적을 체험하고, 표적을 만지고, 깜짝깜짝 놀라며 감사한 마음으로 살아가야 할 것입니다.

저는 아주 젊었을 60년대 초에 「리더스 다이제스트」라는 책을 많이 읽었습니다. 아직은 이 잡지가 우리나라에 번역되어 나오기 전입니다. 영어공부도 할 겸해서 열심히 탐독했습니다. 언젠가 봤더니 이런 이야기가 있었습니다. 어떤 여 집사님 한 분이 목사님한테 가서 고민을 털어놓았습니다. 여자들 입만 열면 얼마나 많이 말을 하는지, 숨 쉴 틈도 없이 그냥 30분 동안을 막 이야기하니까, 그 말을 다 듣고 목사님이 되물었습니다. "혹 하나님을 아십니까?" 하나님을 생각해본 일이 있느냐는 뜻입니다. 그랬더니 이 집사님 대답이 참 재미있습니다. "목사님은 하나님을 아십니까?" 오히려 되물었습니다. 목사님 대답입니다. "모릅니다." 그런데 다음 말이 너무나 충격적이어서 제가 일생동안 기억하고 있습니다. "난 하나님의 하시는 일에 대해서 순간순간 놀라고 있을 뿐입니다." '내가 하나님을 본 일은 없어요. 그러나 내 주변 모든 일들 가운데 하나님의 일 아닌 것이 없어요.' 이런 뜻입니다. 이것이 신앙입니다. 표적 속에 내가 있습니다. △

믿음을 스스로 가지고 있으라

그러므로 너희의 선한 것이 비방을 받지 않게 하라 하나님의 나라는 먹는 것과 마시는 것이 아니요 오직 성령 안에서 의와 평강과 희락이라 이로써 그리스도를 섬기는 자는 하나님께 기뻐하심을 받으며 사람에게도 칭찬을 받느니라 이러므로 우리가 화평의 일과 서로 덕을 세우는 일을 힘쓰나니 식물을 인하여 하나님의 사업을 무너지게 말라 만물이 다 정하되 거리낌으로 먹는 사람에게는 약하니라 고기도 먹지 아니하고 포도주도 마시지 아니하고 무엇이든지 네 형제로 거리끼게 하는 일을 아니함이 아름다우니라 네게 있는 믿음을 하나님 앞에서 스스로 가지고 있으라 자기의 옳다 하는 바로 자기를 책하지 아니하는 자는 복이 있도다 의심하고 먹는 자는 정죄되었나니 이는 믿음으로 좇아 하지 아니한 연고라 믿음으로 좇아 하지 아니하는 모든 것이 죄니라

(로마서 14 : 16 - 23)

믿음을 스스로 가지고 있으라

　미국의 초대 대통령 조지 워싱턴의 아주 어린 시절 이야기입니다. 어느 날 아버지가 마차를 타고 시장에 가는데, 워싱턴도 가고 싶어 해서 아버지는 아들 워싱턴을 마차에 태웠습니다. 시장에 도착해서 일을 보는데, 어린 아들을 돌보는 것 때문에 물건 사기가 어려워서, 워싱턴을 골목 한쪽에 데려다놓고 이렇게 일렀습니다. "아빠가 물건을 사가지고 여기로 올 테니까, 여기 서 있거라." 그리고 아버지는 시장에서 물건을 사고 사람들도 만나고 일을 잘 마쳤습니다. 그리고 마차를 몰고 다시 집으로 돌아왔습니다. 부인이 워싱턴은 어디 있느냐고 묻자 그제야 워싱턴을 데리고 오지 않은 것이 생각났습니다. 깜빡한 것입니다. 부랴부랴 마차를 몰고 다시 시장으로 갔는데, 어느새 컴컴한 밤이 되었습니다. 가서 보니 골목에 아들 워싱턴이 떨면서 거기 그 자리에 그대로 서 있는 것이었습니다. 동네 사람들이 오랜 시간 워싱턴이 그 자리에 서 있는 것을 보고 아버지가 시간이 오래 걸리는 것 같으니 우리 집에 가 있다가 오자고 여러 번 애기했지만, 그때마다 워싱턴은 이렇게 대답했다는 것입니다. "아버지께서 저더러 여기 서 있으라고 하셨습니다." 그리고 거기에 계속 서 있었다고 합니다. 여기에는 참 중요한 상징적 의미가 있습니다. 우리가 어디까지 믿느냐 하는 것입니다. 여러분은 어디까지 믿고 삽니까? 우리 믿음의 수준이 어디까지 와 있습니까? 오늘본문에 아주 신학적으로 귀중한 말씀이 있습니다. "믿음을 하나님 앞에서 스스로 가지고 있으라……(22절)" 헬라말로 이 말씀을 읽어보면 좀 더 깊은 의미가 있음을 알 수 있습니다. 이 말 속에는 우리 번역으로 나타날 수 없는 신비로운 뜻이 들어 있습니다. 영어로 번역하는 사람들도 애를 써보지만, 역시 헬라어 원문의 뜻을 다 나타내지 못합니다. 그래서 원문으로 돌아가 어떻게 이 신비로운 말씀을 전할 수 있을까를 생각합니다. 영어로는 이렇게 되어 있습니다. 'The faith that you have, keep between yourself and God(네가 가진 믿음을 너와 하나님 사이에서 확실히 가지고 있으라).' 너와 하나님 사이— 아주 중요한 것입니다. 그런데 여기 헬라어에서는 '세아우탄' 곧 '스스로 가지고 있으라', '독립적으로 가지고 있으라'라는 뜻입니다. 다시 말해서 '아무것도 지배받지 말고 하나님 앞에서의 믿음을 스스로 가지고 있으라'라는 뜻입니다. 우리 번역이 잘 되어 있습니다. 스스로 믿음, 아무것에도 꺼려지지 않는 믿음, 곧 흔들리지 않는 믿음입니다. 어떤 일을 당해도 흔들리지 않는 믿음입니다. 누가 유혹을 해도 흔들리지 않는 믿음 말입니다. 이런 믿음을 가지고 있으라고 합니다. 자율적이고 독립적이고 독실한 믿음 말입니다. 그런데 어떤 믿음이냐 하는 것입니다. 하나님과의 관계에서, 하나님과 나 사이에서 확실한 믿음을 가지라는 말씀입니다. 독립적 믿음을 가지라— 무슨 말입니까? 모든 일은 복잡합니다. 이 문제가 사람의 문제가 아니요, 하나님과의 관계에서의 믿음입니다.

제가 아주 한평생 존경하는 목사님이 있습니다. 이기영 목사님이라고, 인천제일교회 목사님입니다. 제가 그분 밑에서 부목사 일을 보다가 또 당회장이 되어서 그 원로 목사님을 모시고 13년간 목회하였습니다. 그래서 제게는 참 귀한 분입니다. 이 어른을 제가 존경하는 이유가 하나 있습니다. 그 시절에는 아침에 신문이 오면 사무실에 가져다놓고 여럿이 앉아서 함께 나누어 보았습니다. 서로 나누어서 보고, 그걸 또 서로 바꾸어서 읽는 것입니다. 신문에 난 기사는 주로 사건사고가 많습니다. 좋은 이야기는 별로 많지 않습니다. 이런 저런 기사를 읽다보면, 어떤 때 이기영 목사님이 신문을 모두 다 달라고 하십니다. 그래 그걸 다 모아가지고 손에 쥐고는 밖으로 나가십니다. 어디를 가시나 궁금해서 따라가 보았더니 목사님이 예배당으로 들어가시는 것입니다. 그리고 제일 앞 강대상 앞에 앉아서 신문을 펴놓고 기도하십니다. "하나님, 이 어찌된 일입니까? 왜 이런 일이 있어야 합니까? 하나님, 이 일을 통해서 어떻게 하시렵니까?" 그렇게 울면서 하나님과 이야기하듯이 기도하시는 것을 보았습니다. 그래서 저는 한평생 이기영 목사님을 존경합니다. 바로 이것입니다. 어떤 일을 당해도 호들갑을 떨어서는 곤란합니다. 망했느니, 살았느니, 저주해서는 안 됩니다. 하나님과의 관계에서 스스로 믿음을 가지고 있으라— 꼭 이것을 잊지 말기를 바랍니다. 요즘 우리 앞에 있는 모든 사건들을 하나님 앞에서 생각해보면 기가 막힌 작품입니다. 하나님께서 하시는 일입니다. 하나님 앞에 믿음을 가지고 보면 얼마나 세상이 아름다운지, 작은 하나하나가 정말 오묘합니다. 신비롭습니다. 하나님 앞에서 믿음을 스스로 가지고 있으라—

먼저는 하나님과 나와의 관계입니다. 예수님께서는 하나님을 설명하실 때 길게 말씀하지 않으시고 아주 쉽게 말씀하셨습니다. 하나님께서는 아버지 하나님이시라고 하셨습니다. 예수님께서 설명하신 하나님은 '아버지 하나님'입니다. 주기도문은 '하늘에 계신 우리 아버지'로 시작합니다. 이 기도문 가운데 '하나님'이라는 말이 한 마디도 없습니다. 그저 '아버지'입니다. 예수 그리스도의 신학은 '하나님께서는 아버지'입니다. 사랑하는 아버지— 그래서 그 유명한 탕자의 비유를 말씀하시지 않습니까. 아들 하나가 집을 나갔다가 돌아왔습니다. 아버지가 그를 영접합니다. 바로 이 아버지입니다. 탕자의 아버지— 가만히 보면 얼마나 좋은 아버지입니까. 기다려주는 아버지, 환영해주는 아버지, 기뻐하는 아버지입니다. 정말 좋은 아버지입니다. 하나님께서는 그런 분, 그런 아버지십니다. 하나님과 나와의 관계에서 믿음, 하나님께서는 창조주시요, 하나님께는 능력이 있고, 하나님께는 지혜가 있고, 그리고 하나님께서는 나를 사랑하십니다. 아우구스티누스는 말합니다. '하나님께서는 나 하나만이 당신의 사랑하시는 자인 것처럼 우리 모두를 사랑하신다.' 여러분은 이런 생각 해보았습니까? '하나님께서는 어째서 나만 사랑하시나? 아, 하나님께서는 좀 편애하신다. 하나님께서는 나만 사랑하시는구나.' 저는 그렇게 생각하고 삽니다. 하나님께서는 나를 편애하십니다. 너무나 많이 사랑하십니다. 하나님과 나와의 관계, 그리고 되는 일을 보면 이것도 사랑, 저것도 사랑, 모두가 사랑입니다.

 제가 여러 번 말씀드렸습니다마는, 저는 기가 막힌 사정을 많이 겪었습니다. 제 어머니가 저를 위해서 10년 동안 기도하고 저를 낳으셨고, 저는 아버지가 제 목전에서 총살당하시는 장면을 직접 보았습니다. 세 발을 쏘았습니다. 그런가하면 또 광산에 끌려가 7개월 동안 정말 죽을 고생을 했습니다. 또 남쪽으로 와서 수색대에 들어가 죽을 고비를 넘겼습니다. 친구들이 옆에서 죽는 것을 많이 보았습니다. 지금도 꿈을 꾸면 그 광경이 나옵니다. 깨고 나면 '오, 하나님 감사합니다. 제가 여기에 있습니다' 하고 기도합니다. 하루하루 되어가는 일, 하나님과 나와의 관계입니다. 하나님께서는 자비로우시고, 은혜로우시고, 노하기를 더디 하시고, 기다려주시고, 사랑해 주십니다. 하나님과 나와의 관계, 똑바로 알고 세상을 보아야 합니다. 예외는 없습니다. 되어가는 모든 일이 다 하나님과 나와의 관계입니다. 스스로 믿음 속에서 다 해석될 수 있는 것입니다.

그런가하면 하나님을 아버지로 생각하거나 고백하고 나면 나는 누구입니까? 하나님의 자녀입니다. 잘났든 못났든 하나님의 자녀입니다. 하나님의 사랑받는 자녀입니다. 그래서 기업을 이어가는 자녀입니다. 자녀 의식이 분명해야 됩니다. 병들어도 하나님의 자녀입니다. 실패해도 하나님의 자녀입니다. 그 정체의식이 확실해야 됩니다. 내가 좀 실수한다고 하나님께서 징계하실 분이 아니십니다. 설사 징계하신다고 하더라도 거기서 끝내실 분이 아니십니다. 왜냐하면 하나님께서 내게 투자하신 것이 너무나 많기 때문입니다. 하나님께서 사랑의 투자를 많이 하셨기 때문에 이제 하나님께서는 내 편에 든든하게 서실 수밖에 없습니다.

제2차 세계대전 말기에 전쟁 당시 영국이 패하는 분위기였습니다. 연합군이 도와주지 않았으면 영국은 없어지는 것입니다. 얼마나 답답하겠습니까. 각료들이 모였을 때입니다. "이럴 때에 하나님께서 우리 편에 서 계시다면 얼마나 좋을까요? 하나님께서 우리 편에 계시다면 얼마나 좋을까요?"라고 한 사람이 푸념을 했습니다. 이 소리를 듣고 처칠 경이 껄껄 웃으면서 "말조심 하세요. 하나님께서는 내 편이십니다. 하나님께서는 도리가 없으십니다. 히틀러하고 나하고 둘 중 하난데, 어느 쪽을 택하시겠습니까. 비록 내가 부족하지만, 하나님께서는 우리 편이십니다." 이 사실을 잊지 말아야 합니다. 이 사랑과 믿음, 스스로 믿음을 가져야 합니다.

또 아브라함을 기억합니다. 그에게는 100세에 얻은 이삭이라는 아들이 있지 않습니까. 그가 장성했을 때 하나님께서 참 있을 수 없는 명령을 하십니다. "그 아들을 저 모리아 산에 가서 제물로 바쳐라." 이것이 말이 됩니까. 언젠가 한 번 본 영화에서는 이 장면을 이렇게 표현했습니다. 커다란 바위가 있는데, 그 주변을 아브라함이 빙빙 돌면서 고민합니다. '하나님께서 이러실 분이 아니신데? 어떻게 주신 아들인데, 죽이라고 하시나? 하나님께서는 사람을 제물로 요구하시는 법이 없으신데, 아직 저 아들 장가도 못 보냈는데? 아니, 저 아들을 통해서 하늘의 별처럼, 바다의 모래처럼 자식을 주신다고 약속은 하셔놓고? 이거 말이 안 되잖아? 안 돼. 말이 안 돼!' 그러다가 마지막에 "All right!" 하고 결단합니다. "하나님께서 주신 것이기에 바치겠습니다." 그리고 이삭을 데리고 모리아 산으로 갑니다. 그리고 거기 제단 앞에 섰을 때의 장면이 너무너무 재미있습니다. 아브라함이 이렇게 말합니다. "이삭아, 내가 너를 얼마나 사랑하는지 알지? 얼마나 사랑하는 것 같으냐?" "아버지 목숨보다 저를 더 사랑하십니다." "그래, 확실히 그렇다. 또 내가 얼마나 하나님을 사랑하는지 알지?" "압니다." "그러면 이 제단에 올라가거라." 그 이삭을 제단에 올려놓고 칼을 들어서 이삭을 향할 때 마침내 하나님께서 말씀하십니다. "그만해라. 이제야 네가 나를 얼마나 사랑하는지 알았다." 그리고 드라마틱하게 아브라함이 다시 이삭을 데리고 모리아 산을 내려옵니다. 아브라함의 마음이 얼마나 기뻤겠습니까. 시련을 겪었습니다마는, 분명히 아브라함은 하나님을 믿었습니다. 스스로의 믿음— 이런 일을 당해도, 저런 일을 당해도 절대로 흔들리지 않았다는 말입니다.

이런 믿음을 가지고 살면 그 다음에는 이웃에 대한 문제입니다. 이웃은 또 어떻게 하느냐에 대해서 사도 바울은 늘 말씀합니다. '그리스도께서 위하여 죽으신 형제를 식물로 망하게 하지 마라.' '나를 구속하신 그리스도, 저를 위하여 십자가를 지신 그리스도를 생각하고 이웃을 보라. 그리스도께서 위하여 죽으신 형제를 사랑하라.' 예수님의 인간관, 그 휴머니즘을 보십시다. 귀신들린 지 18년 된 여자가 있었습니다. 18년 동안이나 귀신 들려서 살았으니 어디 그가 인간입니까, 도깨비지요. 저는 이런 이야기를 성경에서 볼 때마다 꼭 생각나는 사건이 하나 있습니다. 제가 어렸을 때 우리 고향에 도깨비가 하나 있었습니다. 아주 잘생겼습니다. 그런데 돌았습니다. 가끔 새벽기도 갔다가 보면 홀랑 벗고 거리를 뛰어다닙니다. 그럼 아이들이 따라다니며 놀립니다. 그래서 제가 성경에서 귀신들렸다 하면 꼭 그 여자를 생각합니다. 기가 막힌 일입니다. 18년 동안 20세에 이렇게 됐으면 지금 38세입니다. 거기에 몸은 꼽추입니다. 병신입니다. 사람입니까? 정말 사회에서는 불필요한 존재가 되어버렸습니다.

그런데 예수님께서는 이 여자를 보시는 순간 '아브라함의 딸'이라고 하십니다. 그 속에 하나님의 딸이 있다고요. 외형을 보지 않으시고 그 속에 있는 영혼을 보셨습니다. 저도 아브라함의 딸이라고요. 기가 막힌 휴머니즘 아닙니까. 도덕적으로 판단할 문제가 아닙니다. 신앙의 눈으로 보아야 합니다. 그 여자를 하나님의 형상으로 보는 것입니다. 귀신한테 얽매여 있는 불쌍한 영혼으로 보고 계시는 것입니다. 그리고 사랑하시는 것입니다. 이것이 바로 '스스로 믿음'입니다. 믿음으로 하나님을 보고, 믿음으로 나를 보고, 믿음으로 이웃을 보고, 그 다음에 믿음으로 상황을 봅니다.

　사도 바울은 육체의 가시, 사단의 사자가 있었습니다. 하나님의 종, 전적으로 하나님께 헌신한 귀한 일꾼인데, 무슨 간질병입니까. 갈라디아서 4장 14절은 말씀합니다. "너희를 시험하는 것이 내 육체에 있으되 이것을 너희가 업신여기지도 아니하며 버리지도 아니하고 오직 나를 하나님의 천사와 같이 또는 그리스도 예수와 같이 영접하였도다." 아마도 시나리오를 생각해봅니다. 갈라디아 교회에 가서 설교하다가 발작을 해서 쓰러졌던 것 같습니다. 사도 바울은 마음이 아팠습니다. 그러나 갈라디아 교인들은 절대 동요하지 않았습니다. 바울이 이렇게 어려운 시련을 겪으면서도 복음 전함을 감사히 생각했습니다. '육체의 가시, 곧 사단의 사자는 내게 필요한 것이라고 믿습니다.' 이것이 있음으로 겸손하고, 이것이 있음으로 그리스도로 나에게 머무르시게 하고, 이것이 있음으로 나는 약할 때 강하다고요. 엄청난 '스스로 믿음'입니다. 믿음으로 해석하고, 믿음으로 듣고, 믿음으로 봅니다.

　스스로 믿음을 가지고 있어야 합니다. 그 어느 곳에도 흔들리지 않고 동요되지 않는 하나님과의 나와의 관계, 하나님과 나 자신과의 관계, 그 안에서 하나님 안에서 이웃을 보고, 상황을 보고, 현실을 봅니다. 그래서 오늘본문은 대단히 귀한 말씀입니다. 스스로 믿음을 가지고 있으라― △

하나님 앞에서 판단하라

아브라함이나 그 후손에게 세상의 후사가 되리라고 하신 언약은 율법으로 말미암은 것이 아니요 오직 믿음의 의로 말미암은 것이니라 만일 율법에 속한 자들이 후사이면 믿음은 헛것이 되고 약속은 폐하여졌느니라 율법은 진노를 이루게 하나니 율법이 없는 곳에는 범함도 없느니라 그러므로 후사가 되는 이것이 은혜에 속하기 위하여 믿음으로 되나니 이는 그 약속을 그 모든 후손에게 굳게 하려 하심이라 율법에 속한 자에게 뿐 아니라 아브라함의 믿음에 속한 자에게도니 아브라함은 하나님 앞에서 우리 모든 사람의 조상이라 기록된바 내가 너를 많은 민족의 조상으로 세웠다 하심과 같으니 그의 믿은바 하나님은 죽은 자를 살리시며 없는 것을 있는 것같이 부르시는 이시니라 아브라함이 바랄 수 없는 중에 바라고 믿었으니 이는 네 후손이 이같으리라 하신 말씀대로 많은 민족의 조상이 되게 하려 하심을 인함이라 그가 백 세나 되어 자기 몸의 죽은 것 같음과 사라의 태의 죽은 것 같음을 알고도 믿음이 약하여지지 아니하고 믿음이 없어 하나님의 약속을 의심치 않고 믿음에 견고하여져서 하나님께 영광을 돌리며 약속하신 그것을 또한 능히 이루실 줄을 확신하였으니 그러므로 이것을 저에게 의로 여기셨느니라

(로마서 4 : 13 - 22)

하나님 앞에서 판단하라

　제가 직접 경험한 일을 한 가지 이야기하겠습니다. 1963년, 제가 어려운 환경 속에서 처음으로 미국으로 유학을 가게 되었습니다. 그때는 우리나라의 경제사정이 어려워서 달러를 가지고 갈 수가 없고, 송금도 마음대로 못하던 시절입니다. 미국에서 전부 장학금을 줘야만 그나마 유학을 갈 수 있었던 시절입니다. 등록금에 식비와 여비까지 다 준다는 장학금 증서가 와야만 서류를 첨부해서 제출할 수 있고, 그제야 외무부에서 여권을 발급해줍니다. 그 어려운 가운데 돈이라고는 겨우 200불만 손에 쥐고 유학을 떠났습니다. 정말 어려운 시절이었습니다. 그 뿐만 아니라 영어도 어렵습니다. 장학금 받고 공부하는 사람들의 마음은 더욱 그렇습니다. 왜냐하면 한 과목이라도 낙제하면 장학금이 끊어지기 때문에 보통 스트레스가 아닙니다. 장학금을 못 받으면 다시 한국으로 돌아가야 됩니다. 그러니까 죽기 살기로 공부하는 것입니다. 정말 고통스러웠습니다. 제가 얼마나 신경을 쓰고 공부했던지 머리카락이 다 빠졌습니다. 머리 감을 때 보면 머리카락이 잔뜩 빠져서 수챗구멍을 막아 물이 안 내려갈 정도였습니다. 그렇게 해서 지금 이렇게 머리가 다 빠진 것입니다. 좌우간 그때 그 고생은 말도 못합니다. 그러다보니 거기 있는 유학생들이 가끔 제가 목사라고 찾아와 상담을 많이 했습니다. 여러 학생들이 찾아와 이런저런 하소연을 하는데, 전부 공통된 이야기는 하나였습니다. 너무 힘들다는 것입니다. 전생에 무슨 죄가 그렇게 많아서 이러지도 저러지도 못하고, 앞으로도 못가고 뒤로도 못가고,

죽을 수도 없다고 너무나 고통스럽다는 하소연이었습니다. "목사님, 왜 제가 이 공부를 해야 하는지 모르겠습니다." 이것이 첫째 질문이고, 두 번째는 "공부 끝내 봤댔자 별다른 길이 열리는 것도 아닌데, 어떻게 해야 합니까?"라는 질문이었습니다.

이 말 저 말로 해봐야 그 똑똑한 사람들이 그렇게 쉽게 생각을 바꿀 것 같지 않아서 맨 마지막에는 언제든지 제가 하는 말이 이것입니다. "별 거 없어. 시작했으니 끝내! 시작하고 끝을 못 내면 그는 살아야 할 이유가 없는 사람이야. 알았어?" 이렇게 격려해서 졸업한 사람들이 뒤에 저한테 들은 충고를 고맙게 생각하는 분들이 있었습니다. 내가 왜 사는 것입니까? 왜 여기에 있는 것입니까? 내 운명은 어디로 가고 있는 것입니까? 여기까지 살아왔지만, 정말 목적 있게 살았습니까? 사는 의미가 있다고 생각하고 살았습니까? 미래를 약속받고 살았습니까?

의사요 심리학자인 빅터 프랭클의 저서에 「The Will to Meaning」이라는 책이 있습니다. 이것은 현대인의 공허감과 무의미한 삶의 의미를 비판하면서 현대인의 인간 상태를 이렇게 한마디로 정리합니다. '존재적 진공상태(The Existential Vacuum)'라고 말합니다. 오늘 우리가 사는 것이 그렇습니다. 요새 유행어 가운데 사전에도 없는 '멘붕', 멘탈 붕괴라는 뜻의 말이 있습니다. 멘탈(mental)은 정신이고, 붕괴는 우리말입니다. 그래서 정신이 아주 텅 비어 있다는 뜻으로 아주 잘 써먹는 것 같습니다. 정신이 멍해졌습니다. 젊은 사람들은 또 '멍 때린다'고 하기도 합니다. 멍청해지고, 암담해 집니다. 다시 돌아가 보면 왜 지금까지 살았는지를 모르겠습니다. 앞으로는 더더욱 모르겠습니다. 프랭클은 말합니다. '인간은 동물과 달라서 충동이나 본능에 의해서 살아가는 것이 아니다.' 동물은 본능대로 살고, 충동대로 살면 됩니다. 아주 그 삶이 정확합니다마는, 사람은 그렇지 않습니다. 먹는다고 사람입니까? 잔다고 사람입니까? 전통과 관습과 가치관을 따라서 사는 것만 가지고는 절대로 만족할 수도, 평안할 수도 없는 존재입니다. 다시 말하면 스스로 선택하고, 스스로 책임을 지고 살아가야 합니다. 여기서 불안에 떨게 됩니다. 인간 스스로 선택하며 무엇을 선택한지도 모르지만, 자기 운명에 대한 책임을 지지 못할 때 이 우울증에 빠집니다. 우울증이란 정신적 자살입니다. 몸은 멀쩡하게 살아 있지만, 정신적으로는 죽었습니다. 존재적 의미로서는 진공이요, 곧 죽었다는 말입니다. 그렇게 남은 세월을 살아갑니다. 서서히 그렇게 가고 있습니다.

　오늘본문을 보면 베드로라고 하는 제자가 나타납니다. 예수님의 제자입니다. 갈릴리 어부로 있다가 그 예수님의 부름을 받고, 예수님의 제자뿐만 아니라 수제자까지 되었습니다. 예수님께서 십자가 지시기 전에 "내가 십자가를 지겠다"고 말씀하시니까 "아니올시다. 그런 일 없을 겁니다" 했습니다. 뿐만 아니라, 자기가 예수님과 같이 죽겠노라고 맹세까지 했습니다. 아주 만용하고 자랑했던 사람입니다. 그러나 십자가가 다가올 때 그는 예수를 세 번이나 모른다고 하는 사람이 됩니다. 얼마나 초라합니까. 그까짓 생명이 뭔데, 그 거룩한 예수님을 배반하고, 예수를 세 번이나 모른다고 부인하고 말았습니다. 마지막 세 번째는 저주까지 하지 않습니까. 그 뒤에 깨닫고 얼마나 뉘우쳤겠습니까. 한평생 눈물로 살았다고 합니다. 아침마다 닭소리, 닭 우는 소리가 나면 무릎을 꿇었답니다. "내가 어쩌다 예수님을 부인했는가?" 이런 생각을 하고 한평생을 살았다고 합니다. 이것이 베드로입니다.

정말 초라하기 짝이 없는 사람입니다마는, 오늘본문으로 돌아가 보면 사도행전 3장 1절부터 계속되는 말씀입니다. 베드로가 성전 미문에 들어갑니다. 거기 앉은뱅이가 앉아 있었는데, 나면서부터 앉은뱅입니다. 걸어본 적이 없는 사람이 앉아서 구걸을 하고 있습니다. 손을 내밀어서 뭔가 좀 달라고 구걸하는데, 베드르와 요한이 그를 보는 순간 참 멋진 말을 합니다. "은과 금은 내게 없거니와……" 해석하면 "네가 달라고 하는 돈은 내게 없는데 내게 있는 것으로 주노니 나사렛 예수의 이름으로 일어나라"입니다. 굉장한 장면입니다. 그럴 때 나면서부터 앉은뱅이 된 사람이 벌떡 일어났습니다. 이 엄청난 사건은 사도행전의 핵심이 되는 사건입니다. 이 큰 사건 앞에 한 번 생각해보십시오.

저는 목사기 때문에 늘 이런 생각을 합니다. '앉은뱅이가 놀랐을까, 베드로가 놀랐을까?' 앉은뱅이가 일어나게 해달라고 했던 것이 아니고, 기대했던 것은 돈 몇 푼이었습니다. 아, 그런데 벌떡 일어나게 되었습니다. 놀랐을 것입니다. 하지만 제가 보기에는 베드로가 더 놀랐을 것 같습니다. "어찌 이런 일이? 내 앞에서 어찌 이런 사건이 있을 수 있는가?" 깜짝 놀랐습니다. 그때부터 베드로가 됩니다. 이제야 참 베드로가 됩니다. 그 일생동안 말입니다. 마지막에 거꾸로 십자가에 못박혀 죽는 날까지 그는 확실한 하나님의 사람이 됩니다. 자기 앞에서 앉은뱅이가 일어나는 것을 보았습니다.

베드로는 분명히 예수의 부활을 믿고, 부활하신 예수를 만난 사람입니다. 그러나 부활하신 예수를 만나고 보니 부끄러움이 많습니다. 며칠 전에 예수를 모른다고 했습니다. 그래서 그는 부끄러워서 갈릴리로 물고기 잡으러 다시 돌아갔습니다. 예수님께서 다시 갈릴리까지 그를 찾아가셔서 붙드시고 "네가 나를 사랑하느냐? 내 양을 먹이라. 어째 여기 와서 물고기 잡을 생각을 하고 있느냐? 내가 위하여 죽은 양, 십자가에 죽어서 구속한 양을 네가 먹이라" 하고 말씀하십니다. 거기서부터 베드로가 용기를 내어 한평생을 주님께 바치게 됩니다.

특별히 오늘 중요한 말씀은 '부활하신 예수께서 나와 함께 계시고, 더더욱 중요한 것은 부활하신 예수님께서는 나의 모든 허물을 덮어주시고, 나의 모든 나약함을 다 개의치 아니하시고, 오늘도 나를 통해서 역사하신다, 나를 통해서 주님께서 친히 역사하신다'는 그 감격을 가지게 될 때 그의 기쁨과 용기는 대단합니다. 오늘 용기가 여기 있습니다. 그런데 여전히 핍박은 있습니다. 환난이 있습니다. 고통이 있습니다. 많은 어려움이 있습니다마는, 다른 바가 없습니다마는, 베드로는 딴 사람입니다. 베드로의 마음은 딴 사람입니다. 그리고 오늘 큰 핍박이 나타나 공회에 끌려가서 당장 그 자리에서 죽을 수도 있는 어려운 시간, 그 앞에 있습니다. 이 공회는 예수님께서 끌려가시어 재판을 받으시던 곳이요, 바로 그 뒤에서 자기가 예수를 세 번이나 모른다고 했던 바로 그 장소입니다. 거기 끌려갔는데, 이제 담대하게 말합니다. "하나님 앞에서 너의 말을 들어야 옳은가? 아니면 하나님의 말씀을 듣는 것이 옳은가? 너희가 판단하라!" 정말 멋진 말입니다. 하나님 앞에서—

이것이 베드로한테 있었던 용기입니다. 하나님 앞에서입니다. 그 사람 앞에서가 아닙니다. 십자가 사건, 하나님의 경륜 속에 있고, 부활하신 예수님께서 지금 나와 함께 계시고, 그래서 과거에 세 번이나 예수를 모른다고 했던 그 부끄러운 것 다 지워버리고, 모든 것을 불식하고, 오늘 그리스도께서 나와 함께 계시고, 동시에 저 앞에 이 죽음을 넘어서서 나를 기다리고 계시는 주님을 바라보고 있습니다. 하나님 앞에서— 이 얼마나 중요한 이야기입니까. 한순간도 잊지 말기를 바랍니다. 하나님 앞에서 행동하고, 하나님 앞에서 가고 오고, 하나님 앞에서 말하고, 하나님 앞에서 생각하고, 잠시도 하나님 앞에 있다는 사실을 잊지 마십시오.

94세가 된 빌리 그레이엄 목사님이 책을 썼습니다. 제목이 참 마음에 듭니다. 「Nearing Home(집으로 가까이 가고 있다)」입니다. 나이가 얼마든 상관없습니다. 우리는 점점 가까이 가고 있습니다. 하나님 앞으로 가까이 가고 있습니다. 그런고로 우리는 오늘도 주님 앞에 선 모습으로 살아가야 됩니다. 하늘나라를 환히 바라보고 위해서 살아야 됩니다.

유명한 이야기가 생각납니다. 요셉이 형님들에게 팔려서 애굽으로 가서 애굽의 보디발이라고 하는 친위대, 군인의 집에 노예로 있을 때 30세의 청년입니다. 이런 건강한 청년이 노예로 그 집에 들어가 있었는데, 그 보디발의 아내, 그러니까 주인의 아내가 이 건강한 청년이 마음에 들어서 자꾸 유혹을 합니다. 그래도 요셉은 거들떠보지 않았습니다. 옛날에는 도덕적으로 보면 별일이 아닙니다마는, 그러나 아닙니다. 요셉은 아닙니다. 어느 날 요셉이 혼자 있는데, 전설에 의하면 보디발의 아내가 요염한 옷을 입고 들어와서 유혹을 합니다. "안 됩니다" 하니까 "아무도 못 보는데, 우리 둘밖에 없는데, 상관없다"고 보디발의 아내가 대답합니다. 요셉이 말하기를 "아닙니다. 하나님께서 보고 계십니다" 했더니 이' 보디발의 아내가 자기의 치마를 거기 새겨놓은 우상 위에 덮어버립니다. 여자는 하나님을 안 믿고 죽은 우상을 믿는 사람입니다. 보라고, 못 보지 않느냐고, 괜찮다고 다시 유혹을 했습니다. 그때에 유명한 말을 합니다. "당신이 믿는 저 우상은 못 보지만, 내가 믿는 하나님께서는 위에 계셔서 나와 당신을 다 보고 계십니다." 그리고 유혹을 뿌리칩니다. 결국 그는 감옥에 갔고, 감옥에 간 것으로 인하여 애굽의 총리대신이 되는 놀라운 하나님의 역사가 나타납니다.

하나님 앞에서— 요새 우리 주위의 복잡한 문제들이 다 어디서 오는가를 생각해봅니다. 양심을 버렸습니다. 사람의 눈을 버렸고, 하나님 앞에서 행하지 못했습니다. 하나님 앞에서 생각하지 못했습니다. 오늘 이 베드로라는 사람에 대해서 오늘본문을 보니까 이런 말씀이 있습니다. '아주 기탄없이 말했다.' 거침없이 말했다는 것입니다. 그런데 오늘본문에 보니까 '학문 없는 범인'인 줄 알았다는 말이 나옵니다. 이 말을 헬라말로 보면 너무나 재미있습니다. '아그람마토이'라는 말로, 글도 읽을 줄 모르는 사람이라는 뜻입니다. 한마디로 문맹이라는 말입니다. 무식한 갈릴리 어부인 줄 알았는데, 어떻게 이런 굉장한 권세 있는 역사를 이룰 수 있느냐, 하는 것입니다. 왜 그렇습니까? 하나님 앞에 있기에 용기가 있었습니다. 어차피 우리는 하나님 앞으로 가고 있습니다. 그런고로 하나님 앞에 있는 의식으로 남은 생을 살아가야 합니다. 그분은 아십니다. 그분은 감찰하십니다. 그 앞에 부끄러움이 없도록 나가야 합니다. 베드로처럼 그의 은혜에 감사하면서 말입니다.

로마의 원형극장에서 죽어간 순교자가 남긴 유언 가운데 이런 것이 있습니다. '나를 저주하시오. 당신들이 저주하면 할수록 더 하나님의 사랑을 느낄 것입니다. 나에게 침을 뱉으십시오. 나는 사랑의 숨결을 뿜어낼 것입니다. 나를 찌르시오. 나는 사랑한다고 절규할 것입니다. 나를 짐승의 먹이로 던지시오. 나는 사랑의 제물이 될 것입니다. 나를 불태우십시오. 나는 사랑의 열기로 당신의 증오를 녹일 것입니다.'

잠시라도 잊지 마십시오. 하나님 앞에서— 우리는 어차피 하나님 앞으로 가야 합니다. 그런 운명 속에서 오늘을 생각하십시다. 그러면 나는 너무나 소중합니다. 내가 베드로가 아니고, 바울이 아니라도 하나님께서 나와 함께 계시고, 나를 통해서 역사하시는 것을 느끼게 될 것입니다. 하나님께서는 위대한 역사를 이루어가고 계십니다. 그런고로 항상 하나님 앞에서 나 자신을 소중히 여기고, 또 순간순간을 소중히 여겨야 합니다. 한순간이 얼마나 소중합니까.

제가 주일에 차를 몰고 이쪽으로 올 때마다 생각합니다. 하나님께 감사합니다. 이것은 아무한테나 있는 일이 아닙니다. 특별한 일이기에 하나님께 감사합니다. 다음 주일에 내가 다시 여기 올지 모르지만, 오늘 감사하는 것입니다. 하나님 앞에서, 하나님께서 주신 은혜에 응답하면서 담대하게 삽시다. 요새 너무나 비겁한 사람이 많고, 아주 멘붕에 걸린 사람이 많습니다. 아마 죽고 싶은 사람도 많을 것입니다. 왜 살아가지고 저토록 부끄럽게 되어야 하는지 모르겠습니다. 사람 앞에서 했기에, 사람의 눈치를 너무 많이 봤습니다. 아닙니다. 사람이야 뭐라고 했든 상관없습니다. 하나님 앞에서 정정당당하게, 영광되게 사는 것이 바로 그리스도인의 모습입니다.   △

주 앞에서 낮추라

　너희 중에 싸움이 어디로, 다툼이 어디로 좇아 나느뇨 너희 지체 중에서 싸우는 정욕으로 좇아 난 것이 아니냐 너희가 욕심을 내어도 얻지 못하고 살인하며 시기하여도 능히 취하지 못하나니 너희가 다투고 싸우는도다 너희가 얻지 못함은 구하지 아니함이요 구하여도 받지 못함은 정욕으로 쓰려고 잘못 구함이니라 간음하는 여자들이여 세상과 벗된 것이 하나님의 원수임을 알지 못하느뇨 그런즉 누구든지 세상과 벗이 되고자 하는 자는 스스로 하나님과 원수 되게 하는 것이니라 너희가 하나님이 우리 속에 거하게 하신 성령이 시기하기까지 사모한다 하신 말씀을 헛된 줄로 생각하느뇨 그러나 더욱 큰 은혜를 주시나니 그러므로 일렀으되 하나님이 교만한 자를 물리치시고 겸손한 자에게 은혜를 주신다 하였느니라 그런즉 너희는 하나님께 순복할지어다 마귀를 대적하라 그리하면 너희를 피하리라 하나님을 가까이 하라 그리하면 너희를 가까이 하시리라 죄인들아 손을 깨끗이 하라 두 마음을 품은 자들아 마음을 성결케 하라 슬퍼하며 애통하며 울지어다 너희 웃음을 애통으로, 너희 즐거움을 근심으로 바꿀지어다 주 앞에서 낮추라 그리하면 주께서 너희를 높이시리라
　　　　　　　(야고보서 4 : 1 - 10)

주 앞에서 낮추라

　　국제사회의 복지사인 김혜영이라는 분을 여러분이 아마 들어서 아실 것입니다. 그는 키가 하도 작아 134센티밖에 안됩니다. 딸로 태어났다는 이유로 구박을 심하게 받았습니다. 하루는 술에 만취한 아버지가 딸은 필요 없다고 어린아이인 그를 내던졌습니다. 그래서 척추를 다쳤고, 제대로 자라지 못해 한평생 키 작은 여자가 되었습니다. 아버지는 술이 깬 다음 이 사실을 알고 비관해서 자살했습니다. 어머니는 그 딸을 미워했습니다. "네가 아빠를 죽였다. 너는 애비를 잡아먹은 자식이다." 그러면서 그 딸을 두들겨 팼습니다. 이 폭력을 견디다 못해 그는 14살 때 가출을 했습니다. 그래 남의 집에 얹혀서 식모로 전전긍긍하며 살았습니다. 그러던 어느 날 길을 가다가 담장에 붙어 있는 광고 하나를 읽었습니다. '직업학교 학생 모집.' 그는 직업학교에 입학을 했고, 열심히 편물을 공부했습니다. 그리고 2년 만에 전국기능대회에서 1등을 했습니다. 1984년에도 금메달을 땄고, 1985년에는 콜롬비아에서 열린 국제기능올림픽대회에서 우승을 하여 철탑산업훈장까지 받았습니다. 그때 그의 나이가 불과 19살이었습니다.

　　상상해보십시오. 이렇게 불행한 여자가 어디에 또 있겠습니까. 어떻게 인생의 운명이 이렇다는 말입니까. 그러나 그는 어느 날 어떤 선교단체의 광고내용을 보았습니다. 그리고 선교하러 가기로 마음먹고 아프리카의 보츠와나로 가서 그곳에 있는 불쌍한 아이들을 돌보며 하나님의 사랑을 전했습니다. 그렇게 선교활동을 하며 14년을 살았습니다. 나중에 이 일이 알려져서 뉴욕 크리스천 칼리지에서 사회복지학과에 그를 초청했고, 이분은 뉴욕으로 유학을 가 복지학 석사학위를 받습니다. 그는 생애를 통해서 운명을 탓하지 않았습니다. '왜 나만 이렇게 불행합니까?' 이렇게 한 번도 하나님을 원망하지 않았습니다. 하나님 앞에 그는 겸손했습니다. 하나님의 능력과 지혜에 인생을 맡기고 자기를 낮추었습니다. 마침내 하나님께서 그를 높여주셨습니다.

　　이스라엘 사람들의 지혜라고 하는 「탈무드」에 이런 말이 있습니다. '가장 현명한 사람은 모든 사람에게서 배우는 사람이며, 항상 배우는 자세로 사는 사람이다. 가장 강한 사람은 자기감정을 억제할 수 있는 사람이다.' 순간순간 욱하고 올라오는 감정을 이기지 못해서 일생이 망가집니다. 자기감정을 다스리는 것은 천하를 다스리는 것보다 더 위대한 일입니다. 그런가하면 가장 부요한 사람은 누구입니까? 자기가 가진 것으로 만족하는 사람입니다. 내가 가진 것이 최고입니다. 저는 늘 제가 타는 자동차를 최고로 여깁니다. 옛날이나 지금이나 저는 제가 지금 타고 있는 차를 최고로 좋은 차라고 생각합니다. 어떤 차든지 지금 내가 타고 다니는 차가 가장 좋은 차입니다. 그 사람이 가장 부요한 사람 아니겠습니까.

　　가장 사랑받는 사람은 누구입니까? 간단합니다. 모든 사람을 칭찬하는 사람입니다. 남의 허물을 들쑤셔가면서 남의 불행을 내 행복처럼 생각하는 사람은 인기가 없습니다. 모든 것을 긍정적으로 생각해야 합니다. 제가 어떤 아주머니를 만났는데, 말하는 것을 듣고 깜짝 놀란 적이 있습니다. 그분이 하는 말이 이렇습니다. "저는 남편을 존경합니다." 사랑한다는 말을 하는 것도 쉽지 않은데, 남편을 존경한다는 것, 대단하지 않습니까. 그렇게 말하는 것 처음 봤습니다. 그래서 그 이유를 물었더니 하는 말인즉, 본인은 성격이 별로 좋지 않아서 늘 남의 허물을 잘 지적하는 부정적인 여자인데, 남편이 자신을 붙들고 계속 사랑해주었다는 것입니다. 가르쳐주고 인도해줘서 자기가 세상을 긍정적으로 보는 사람으로 바뀌었다는 것입니다. 그래서 남편을 존경한다는 것입니다. 요새 광고에 재미있는 이야기가 있습니다. '모든 사람이 만나고 싶어 하는 사람은 스스로 행복한 사람입니다.' 모든 사람은 행복한 사람을 만나고 싶어 합니다. 불행한 사람은 가급적 안 만났으면 합니다. 내가 스스로 행복하다고 할 때 모든 사람으로부터 사랑을 받게 된다는 사실을 잊어서는 안 됩니다.

오늘 본문에는 너무나도 소중하고도 심오한 교훈이 있습니다. 하지만 흘려버리기 쉬운 말씀입니다. "주 앞에서 낮추라 그리하면 주께서 너희를 높이시리라(10절)." 하나님 앞에서 낮추라— 무슨 뜻입니까? 누가 감히 하나님 앞에서 교만합니까. 누가 하나님 앞에서 자기가 높다고 하겠습니까. 성경은 말씀합니다. 하나님 앞에서 낮추라— 아주 깊은 말씀입니다. 사람은 자율적인 것이 있고, 숙명적인 면이 있습니다. 내가 고칠 수 없는 것이 있습니다. 내 키를 크게 할 수도 없고, 재주를 더 좋게 할 수도 없습니다. 내 능력의 한계가 있습니다. 그 안에서 살아갑니다. 그러나 그 한계 안에서 또 할 수 있는 일이 있습니다. 그것은 내가 책임을 져야 합니다. 그런데 하나님께서 하시는 일에 대하여, 아니, 앞으로 내게 주어질 모든 문제에 대하여 우리는 자기를 낮추어야 합니다. 겸손하게 하나님의 뜻으로 받아들이고, 믿고, 이해하고, 감사하고, 기다리는 것입니다.

제가 어느 이스라엘 회당의 예배에 참여해본 적이 있었습니다. 그 장로님이 기도를 하는데, 그 기도문을 제가 전부 잊지 않고 있습니다. 처음부터 끝까지 감사하다는 말밖에 없습니다. 단 한 마디의 간구도 없습니다. '이래서 감사합니다. 저래서 하나님을 찬양합니다. 하나님께 영광 돌립니다. 감사합니다'라는 말로 죽 나가다가 끝에 가서 기도를 맺는 마지막 말이 충격적이었습니다. '세상의 이런저런 일들이 마음에 들지 않고, 왜 이런 일이 세상에 있어야 하는지 모르겠지만, 그러나 이성의 비판을 누르고 하나님을 찬양합니다.' 제 일생 잊지 못하는 기도문입니다. 이성의 비판을 누르고, 하나님께 감사합니다. 생각하면 불평이 많습니다. 그러나 분명히 잊지 마십시오. 그것은 사실 교만입니다. 누구 앞에서 잔소리 하는 것입니까? 지금 누구 앞에서 항의하는 것입니까? 지금 이것을 잊지 말아야 합니다.

성경에 욥의 고난이 나옵니다. 욥은 자신이 고난을 당할 때 왜 당하는지를 모릅니다. 그의 친구들이 와서 얘기합니다. "죄 없이 고난당하는 자를 보았느냐? 잘 생각해봐라. 너 숨겨진 죄가 있느니라." 욥이 기가 막혀서 말합니다. "그런 말 하지 마. 그런 말은 나도 할 수 있어. 내가 의인이라는 말은 아니다. 그러나 이렇게까지 고난당해야 되는 거야?" 무지한 고난을 당했지만, 성경은 끝까지 말씀합니다. 욥은 하나님을 원망하지 않았습니다. 맨 마지막에 가서 회개라는 말이 여러 번 나옵니다. 회개합니다. 그가 깨달았습니다. '전에는 하나님의 음성을 듣더니, 오늘은 하나님을 보았습니다.' 이 고난을 통해서 하나님을 만나게 해주셨습니다. 하나님을 보게 해주셨습니다. 하나님께 가까이 나아가게 해주셨습니다. 이제야 깨닫고, 그

동안 마음속에 불만스러웠던 것과 원망하던 생각이 조금씩 있었던 것을 회개합니다. 이것을 알아야 합니다. 이 고난을 통해서 하나님께 가까이 갔고, 전에 듣던 하나님을 보게 되었습니다. 이 점을 꼭 잊지 말아야 합니다.

이스라엘이 광야에서 많이 엎드러져 죽었습니다. 이유가 무엇입니까? 하나님을 원망했습니다. 하나님께서 하시는 일이 마음에 안 드는 것입니다. 왜 이리로 인도하십니까? 왜 저리로 인도하십니까? 왜 우리의 사정을 모르십니까? 그들은 하나님을 원망한 죄로 광야에 엎드러져서 죽었습니다. 잊지 마십시다. 하나님의 능력, 하나님의 지혜, 하나님의 사랑, 하나님의 섭리…… 나보다는 하나님께서 더 나으십니다. 더 많이 아시고, 더 많이 사랑하십니다. 이것을 믿고, 그분께 맡기고, 원망이 없어야 됩니다. 오늘본문 1절은 말씀합니다. "너희 중에 싸움이 어디로, 다툼이 어디로 좇아 나느뇨 너희 지체 중에서 싸우는 정욕으로 좇아 난 것이 아니냐." 또 2절, 3절은 말씀합니다. "너희가 얻지 못함은 구하지 아니함이요 구하여도 받지 못함은 정욕으로 쓰려고 잘못 구함이니라." 정말 귀한 말씀입니다. 기도를 하기는 했는데, 그 마음속에 욕심이 있습니다. 제가 조금 더 심리학적으로 말씀드리겠습니다. 욕심 뒤에 원망이 있고, 그 뒤에 불신앙이 있습니다. 그런고로 그 기도는 응답이 없는 것입니다.

우리가 기도를 합니다. 기도, 당연히 해야 합니다. 그러나 저는 생각해봅니다. 저는 가끔가다 사람들이 철야기도나 금식기도를 한다고 하면 걱정이 됩니다. '저 사람, 기도하면서 무슨 말 할까?' 자칫하면 하나님에 대한 원망이 될 수 있습니다. '왜 제게 안 주십니까? 왜 이렇게 노하십니까? 왜 이렇습니까? 왜 세상이 이렇습니까?' 밤새껏 소리를 질러도 결국은 하나님을 원망하는 것입니다. 지금 하나님께 도전하고 있는 것입니다. 이것이 어떻게 기도가 되겠습니까. 기도라면 아주 교만한 기도입니다.

우리가 부모 자식 간에도 보면 부모가 자식한테 이렇게 해주면 자식들이 "감사합니다" 하고 솔직히 말하면 내 마음에 쏙 들지는 않아도 감사하면서 삽니다. 그런데 이 자식이 부모가 하는 일을 놓고 반항하고, 원망하고, 가출하고 그러면 어떻습니까? 이것은 아닙니다. 우리가 기도한다고 하면서 실은 하나님을 욕되게 해드리는 일이 많습니다. 바로 원망과 불평입니다. 이것이 문제입니다. 그러면 겸손한 기도란 무엇입니까? '하나님, 잘 하셨습니다. 제 마음에는 안 들지만, 이제 깨닫고 보니 잘 하셨습니다. 그때는 조금 섭섭했지만, 이제 보니 정말 잘 하셨습니다. 하나님, 잘 하셨습니다. 감사합니다.' 이럴 때 하나님께서 기뻐하시는 것이요, 그 기도가 응답되는 것 아니겠습니까.

그래서 빌립보서 4장 6절, 7절은 말씀합니다. "아무것도 염려하지 말고 오직 모든 일에 기도와 간구로 너희 구할 것을 감사함으로 하나님께 아뢰라 그리하면 모든 지각에 뛰어난 하나님의 평강이 그리스도 예수 안에서 너희 마음과 생각을 지키시리라." 아주 중요한 말씀입니다. 지각에 뛰어난 하나님― 이 사실을 인정해야 합니다. 아무것도 염려하지 말고― 바로 이때 하나님께 영광을 돌리는 것입니다. 우리가 쉽게 하는 말이 있습니다. '하나님께 영광'이라는 말입니다. 우리는 이 말을 자주 사용합니다. 뜻이 조금 어렵게 느껴질 때도 있습니다. 어떻게 해야 합니까? 쉽게 말하면 이것은 칭찬입니다. 하나님을 칭찬해드려야 됩니다. 하나님 잘 하셨습니다!―

효자가 누구입니까? 효자는 부모님이 하신 일을 칭찬합니다. "부모님, 이런 직업 가진 것 잘하셨습니다. 고생 많이 하셨지요? 부모님, 잘 하셨습니다. 그 어려운 가운데 저희들에게 학비를 주신 것 감사합니다. 일생 잊을 수가 없습니다. 잘 하셨습니다." 부모님을 칭찬하는 것이 부모님께 영광 돌리는 것 아니겠습니까. 또 효자 아니겠습니까. 그런데 만일 부모님을 향해서 "저는 아버지 어머니한테서 태어난 것 자체를 원망합니다. 왜 하필이면 그런 직업입니까? 왜 그 따위로 일생을 살았습니까?" 하고 말한다면 천하에 이런 불효자가 어디 있습니까. 하나님께서 하시는 일에 여러분은 토를 달지 말아야 합니다. 이의를 제기하지 말아야 합니다. "하나님, 잘 하셨습니다. 하나님, 저를 가난하게 만드신 것, 잘 하셨습니다. 때때로 병들게 하신 것, 잘 하셨습니다. 하나님, 제가 어려운 일을 좀 당했지만, 이제 와서 생각하니, 하나님, 잘 하신 일입니다." 하나님께 칭찬을 올려드리면 이것이 곧 하나님께 영광 돌리는 일입니다. 이럴 때 기도가 응답되는 것입니다.

그래서 '하나님 앞에서 낮추고, 내 정욕, 자기 집착을 다 버려야 한다'는 말입니다. 자기 집착을 버리고, 또 하나님의 능력과 사랑에 대해서 완전히 그분을 높여드리고, 그분을 인정해야 합니다. 이런 믿음을 가져야 합니다. 또 하나는 듣는 자세가 중요합니다. 가장 귀한 것은 내 말을 하는 것이 아니라, 하나님의 말씀을 듣는 것입니다. 내 뜻을 말하는 것이 아니라, 그분의 뜻을 듣는 것입니다. 그 듣는 마음 자체가 겸손입니다. 그래서 성경은 말씀합니다. "조용하여 내가 하나님 됨을 알지어다." 아주 유명한 말씀입니다. '소란하지 말고, 떠들지 말고, 호들갑을 떨지 말고, 조용하여(cool down) 내가 하나님 됨을 알라.' 이런 뜻입니다. '내가 나타내는 하나님의 사랑을 알아라. 내가 너를 얼마나 사랑하는 지 좀 알아라.' 바로 이것이 겸손이요, 자신을 낮추는 것입니다. 현실 속에 하나님의 뜻이 있는 줄 알고 순종하고, 감사하고, 기뻐할 때 바로 하나님께서는 응답해주십니다.

아시시의 성 프란체스코가 기도하고 예전에 살던 곳을 방문한 적이 있습니다. 참 많은 생각을 하게 됩니다. 어느 날 그 제자가 기도 가운데 환상으로 하늘나라에 올라간 적이 있었습니다. 그래 그곳에서 크고 높은 보좌 하나를 보았는데, 궁금해서 물으니 천사가 답하기를 "세상에서 가장 겸손한 성 프란체스코가 앉을 의자"라고 하는 것입니다. 그리고 환상에서 깨어났습니다. 아무리 자기 스승이지만, 이렇게 볼품없는 이 사람이 하늘나라에서 저렇게 높은 보좌에 앉게 된다고 하니 제자는 좀 질투가 생겼습니다. 그래 살짝 시험을 걸어보려고 프란체스코에게 질문을 했습니다. "선생님, 선생님께서는 자신을 어떤 사람이라고 생각하십니까?" 그랬더니 프란체스코가 거침없이 대답합니다. "나는 세상에서 가장 악한 사람이라고 생각하지." 그때 제자가 말했습니다. "선생님, 그건 위선입니다. 선생님께서는 성자이십니다. 세상에서 제일 악하다니요? 악한 사람이 얼마나 많은데요? 그게 어디 말이나 됩니까? 거짓말입니다." 그때에 프란체스코가 웃으면서 그 제자한테 이렇게 말했습니다. "자네는 내 속을 몰라서 그래. 내게 베푸신 하나님의 사랑을 다른 사람에게 베풀었다면 그 사람들은 다 나보다 더 훌륭한 사람이 됐을 거야. 나는 가장 악한 사람이라고 생각하네. 그래서 난 어떤 일에도 불평은 없어. 원망도 없고. 그저 감사할 뿐이지." 제자가 이 말을 듣고 무릎을

끓었습니다. 가장 큰 겸손은 무엇입니까? '나는 가장 악한 사람이다. 나는 오늘의 축복을 받기에 합당치 않다. 분에 넘친다. 정말 분에 넘친다.' 바로 이런 마음이 자기를 낮추는 것입니다.

하나님께서 왜 느부갓네살을 통하여 예루살렘을 치셨는지 알 길이 없습니다. 원망할 만합니다. 왜 저 악한, 잔악한 느부갓네살을 통해서 그러신 것입니까? 그러나 선지자의 메시지는 분명합니다. '하나님께서 느부갓네살을 심판의 막대기로 사용하셨느니라.' 하나님께서 하시는 일입니다. 이 사실을 잊지 말아야 합니다. 악한 사람도 악한 날에 적당하게 지으시고 쓰십니다. 그런고로 원망하지 말고 믿고 기다려야 합니다. 조용하게 듣는 마음으로 기다리십시오. 내 마음 속에 말씀한 바가 있을 것입니다. 다시 한 번 귀를 기울여보십시오. "주 앞에서 낮추라 그리하면 주께서 너희를 높이시리라(10절)." 하나님 앞에서 낮추라, 그리하면 하나님께서 너를 높이시리라

— △

좋은 편을 선택한 여인

　　저희가 길 갈 때에 예수께서 한 촌에 들어가시매 마르다라 이름하는 한 여자가 자기 집으로 영접하더라 그에게 마리아라 하는 동생이 있어 주의 발 아래 앉아 그의 말씀을 듣더니 마르다는 준비하는 일이 많아 마음이 분주한지라 예수께 나아가 가로되 주여 내 동생이 나 혼자 일하게 두는 것을 생각지 아니하시나이까 저를 명하사 나를 도와 주라 하소서 주께서 대답하여 가라사대 마르다야 마르다야 네가 많은 일로 염려하고
　　근심하나 그러나 몇 가지만 하든지 혹 한 가지만이라도 족하니라 마리아는 이 좋은 편을 택하였으니 빼앗기지 아니하리라 하시니라
　　　　　　　(누가복음 10 : 38 - 42)

좋은 편을 선택한 여인

　세계 최대의 IT회사로 평가되는 애플사의 회장이었던 스티브 잡스는 미혼모의 아들입니다. 한 여대생이 그만 아이를 가져서 낳았지만, 결혼할 수는 없는 형편이었습니다. 그래 그 젊은 엄마는 자기가 낳은 아이를 어디든 좋은 가정에 양자로 주려고 생각했습니다. 이 어머니의 소망은 자신은 대학을 마치지 못하고 이렇게 고생을 했으니까 자기 아들은 반드시 대학을 졸업시킬 수 있는 집에 양자로 보내는 것이었습니다. 얼마 뒤 마침내 어떤 가정에서 그 아이를 양자로 삼겠다며 나섰습니다. 그 가정의 아버지와 어머니는 학력이 고졸과 중졸이었습니다. 스티브 잡스의 어머니가 한 가지 꼭 지켜주었으면 하는 조건을 내걸었습니다. "제 아들은 반드시 대학을 나와야 됩니다. 당신들한테 제 아들을 대학에 보내 졸업시킬 수 있는 정열과 확실함이 있으면 양자로 보내겠습니다." 그 부부는 서약을 하고 아이를 데려다가 잘 키웠습니다. 그래 아주 좋은 대학에 입학을 했습니다마는, 학비가 너무나 비싸서 이 부부는 그 동안 모아놓았던 돈을 다 쓸 수밖에 없었습니다. 두 사람이 열심히 벌어서 겨우 아들의 등록금밖에는 못 만들었습니다. 하루하루 생활이 버거웠습니다. 이 사실을 알고 잡스는 6개월 만에 학교를 자퇴했습니다. 중요한 결단이었습니다. 그러나 학업을 포기하지는 않았습니다. 자기가 듣고 싶은 과목만 학교 주위를 배회하면서 청강했습니다. 그리고 빈병을 수집해 팔아 음식을 구해다 먹고, 잠은 친구 집의 거실에서 잤습니다. 그렇게 갖은 고생을 다하면서 그는 뒷날 성공해서 유명한 그 스티브 잡스가 되었습니다. 언젠가 그는 스텐포드 대학의 졸업식에서 대학생들에게 강연을 하였습니다. 그것이 참으로 유명한 연설이 되었습니다. 자기 생애의 일화를 이야기하고 나서 그는 마지막으로 이런 귀중한 말을 남겼습니다. "내 인생 최고의 선택은 대학을 자퇴한 것이었습니다." 또 그는 이런 명언도 남겼습니다. "인생은 선택입니다. 얼마나 중요한 이야기인지 모릅니다. 과거에 매일 필요가 없고, 미래의 꿈에 사로잡힐 필요도 없고, 현재 자기가 하고 있는 일, 내가 만나는 사람, 내가 당하는 일, 그 속에서 가장 바른 선택을 하는 것이 운명을 좌우합니다."

오래 전 제가 미국에 있을 때 아주 흥미 있는 책을 한 권 읽었습니다. 제목이「세상에서 가장 아름다운 여자!」였습니다. 대체 무슨 이야기인가 궁금하여 제가 도서관에서 그 책을 찾아다 읽었습니다. 내용은 아름다운 여자는 세 가지 조건을 갖추어야 한다는 것입니다. 첫째는 외모의 아름다움입니다. '여자는 예뻐야 한다. 그런데 그것은 단정해야 한다.' 깨끗하고 단정한 모습이 아름답다는 것입니다. 참으로 아름다운 여자는 세수하지 아니한 얼굴을 남편한테 보이지 않습니다. 참 그 말이 마음에 듭니다. 입에서 침이 질질 흘러나오는데 어떻게 "아이 러브 유, 유 러브 미"가 되겠습니까. 그러니까 참으로 아름다운 여자는 단정하게 화장하지 않은 얼굴을 남편한테 보이지 말아야 한다는 것입니다. 늦게 자고 일찍 일어나야 합니다. 그래서 아름다움은 쉬운 것이 아닙니다. 둘째는 대화의 아름다움입니다. 얼굴은 예쁜데 입만 열면 말이 곱지 못합니다. 그런 여자는 예쁜 여자가 아닙니다. 이야기를 하면 할수록 매력이 있어야 합니다. 이야기하는 재미가 있는, 대화의 아름다움과 매력을 지닌 여자가 아름다운 여자입니다. 대화의 아름다움— 이 점에서 우리는 부족함이 많습니다. 말을 잘 해야 되고, 상대방의 마음을 편안하게 해주고, 상대방의 마음을 다 끌어낼 수 있는 대화의 기교가 필요합니다. 대화는 예술입니다. 그 기술이 있어야 합니다. 셋째는 대접하는 아름다움입니다. 대접을 잘 하는 것— 역시 여자한테는 모든 일에서 음식으로, 차 한 잔으로 너그럽게 접대하는 아름다움이 있어야 합니다. 이런 내용의 책이었습니다. 큰 감동을 받았습니다.

유대 사람들은 전통적으로 6가지 덕목을 마음에 새기고 있습니다. 굉장히 중요한 덕목입니다. 이스라엘 사람의 사람됨의 기본입니다. 첫째는 공부하는 것입니다. 공부하는 것이 덕목입니다. 사람이 멍청하면 그 인간됨을 포기하는 것이기에 계속해서 공부해야 됩니다. 그것이 바로 덕목입니다. 둘째는 환자를 방문하는 것입니다. 환자는 외롭습니다. 오랫동안 병원에 있는 사람들 참 외롭습니다. 그들을 방문합니다. 예수님께서도 베데스다 못가에 있는 사람을 혼자서 찾아가시지 않았습니까. 이스라엘 사람들의 덕목입니다. 셋째는 대접하는 것입니다. 손님을 잘 접대하는 것입니다. 특별히 낯선 사람을 대접합니다. 아는 사람이 아닙니다. 아브라함도 로뎀나무 밑에 앉아 있다가 지나가는 낯선 사람을 붙들어서 대접했습니다. 음식을 잘 준비해서 접대했습니다. 이렇게 해서 천사를 대접하는 축복을 누리지 않았습니까. 낯선 사람을 대접한다는 것, 참 중요합니다. 제가 이스라엘 사람 집에서 몇 번 대접을 받았는데, 저를 전혀 모르는 사람입니다. 얼마나 좋은 대접을 받았는지, 제가 잊을 수가 없습니다. 이 손님 대접하는 것이 아주 중요합니다. 우리가 정 가난하고 어려우면 할 수 없지만, 웬만하면 여러분 집에 방이 있으면 손님방 하나를 정해놓아도 참 좋습니다. 항상 손님을 대접할 수 있는 손님방이 하나 있어야 됩니다. 옛날 사람들은 사랑방이라고 했습니다. 우리는 이 좋은 풍습을 잊어버린 지 오래되었습니다. 사위가 와도 그냥 호텔로 보내고 맙니다. 안타까울 때가 많습니다. 집에서 잘 대접하는 것이 중요합니다. 넷째는 경건입니다. 하나님의 말씀을 묵상하고 기도하는 것입니다. 경건 그 자체가 덕목입니다. 다섯째는 율법을 가르치는 것입니다. 하나님의 말씀을 가르치는 그 자체가 덕목입니다. 마지막 여섯째는 다른 사람의 장점을 보는 것입니다. 단점이 아니라, 장점을 보고 생각하는 그 자체가 덕목입니다. 좋은 점만 생각하는 것입니다.

오늘본문에서 예수님께서는 마르다의 집에 초대를 받으십니다. 성경의 순서로 보아서 그것이 정확하게 어느 때인지는 알 수 없지마는, 아마도 예수님을 만난 지 얼마 안 되는 때인 것 같습니다. 마르다와 마리아가 집에서 예수님을 영접합니다. 지금 낯선 분을 영접하는 것입니다. 그리고 대접을 하는데, 두 가지 스타일이 있습니다. 하나는 마리아고, 다른 하나는 마르다입니다. 너무나 유명하고, 너무나 중요한 사건입니다. 마리아는 예수님 앞에 앉아서 말씀을 들었습니다. 조용히 무릎 앞에 앉아 가지고 예수님께서 하시는 말씀을 귀담아 듣고, 감사함으로 듣고, 찬양하면서 듣고, 헌신하면서 들었습니다. 예수님께서 이 마리아에게 말씀하시는 동안에 재미가 있으셨던 것 같습니다. 마리아가 말씀을 열심히 듣고 아주 잘 수용하니까 예수님께서 기쁘신 마음으로 계속 말씀하셨습니다. 또 한 사람은 마르다입니다. 마르다는 마리아의 언니인데, 예수님을 위해서 음식을 준비했습니다. 부엌에 가서 이 모양 저 모양으로 준비하느라고 애를 쓰고 있었습니다. 그런데 중요한 것은 마르다가 이렇게 준비하는 동안에 마리아는 여전히 예수님의 무릎 앞에 앉아 있었다는 것입니다. 마르다는 밖에서 혼자서 애를 쓰고 있었습니다. 여기에 아주 중요한 관계가 있습니다. 마르다는 예수님께 좋은 음식을 대접하려고 정성을 다했습니다. 이것은 에로스입니다. 철학적으로 말하면 그렇습니다. 그런가하면 마리아는 예수님의 무릎 앞에 앉아서 주시는 말씀을 잘 들음으로써 예수님을 대접해드린 것입니다. 이 듣는다는 것이 또 다른 대접입니다. 최고의 대접입니다. 정신적이고 인격적인 대접입니다. 그러니까 그것은 아가페입니다. 주시는 말씀을 그대로 수용합니다. 이런 자세로 대접했습니다.

손님을 어떻게 대접해야 합니까? 제가 목회할 때에 심방을 참 많이 했습니다. 제 기억으로는 하루에 스물일곱 집이나 심방을 한 적이 있을 정도였습니다. 심방을 해보면 독특한 집이 있습니다. 들어가서 인사한 다음에 앉으면 그 가정의 주부가 나가서 손님 대접할 음식을 만들고, 뭘 가져오고 하느라고 부엌을 들락날락합니다. 정신이 없습니다. 저는 예배를 드려야겠는데, 준비하느라 정신이 없습니다. 음식 먹으러 온 것이 아닌데, 음식을 준비하려고 부산을 떱니다. 그래 제가 "그러지 마시고 들어오셔서 우리 함께 예배를 드립시다" 하면 들어와 앉기는 하는데, 그 손에 성경책이 없습니다. 한참을 찾다가 시루 위에 올려놓은 성경책을 꺼내가지고 와서 먼지를 털어서 놓습니다. 그러다 또 나갑니다. 제가 다시 예배드리자고 권하면 뭐라고 하는 줄 아십니까? "예배 보세요. 저는 이거 할게요." 도대체 제가 뭐 하러 그 집에 갔습니까? 제가 얻어먹으러 갔습니까? 저는 말씀을 전하러 갔고, 그분은 말씀을 잘 받아들이고, 그 말씀대로 사는 것입니다. 또 이것이 대접인데, 이 소중한 대접은 놔두고 음식을 대접하려고 왔다 갔다 합니다. 정말 유치하기도 하고, 심지어는 모욕감까지 느낍니다. 심지어 어떤 생각까지 하는 줄 아십니까? '내가 목회를 잘 못하고 있구나. 어쩌다가 저런 교인을 만들었나?' 이 점을 우리가 알아야 합니다. 어떻게 하는 것이 대접하는 것입니까? 내가 무엇을 드리고, 무엇을 잘해드리고…… 이런 것이 아닙니다. 주시는 말씀을 잘 받아들이는 것입니다. 이것이 아가페입니다. 내가 대접하는 것은 에로스입니다. 엄청난 차이가 있습니다.

오늘 이 마르다의 가정에서도 그런 현상이 생겼습니다. 마르다가 음식을 준비하느라고 왔다 갔다 하면서 가만히 보니 조금 심술이 났습니다. 마리아는 예수님 무릎 앞에 딱 앉아서 조용하게 말씀을 듣고 있습니다. 이 장면을 보니 배가 아팠습니다. 그래서 마르다가 한마디 합니다. 아마도 이래야 되겠지요? "마리아야, 나 좀 도와줘!" 한데 그렇게 하지 않고 예수님을 찾아갔습니다. 철없는 저것은 그렇다 하더라도 예수님께서 저 마리아를 데리고 계시면 어떡합니까? 바로 이것입니다. 그래서 마르다는 오늘본문에서 불만을 토로합니다. "예수님, 왜 마리아한테 네 언니 좀 도와주라고 말씀하지 않으십니까?" 이 불만이 예수님께로 갔습니다. 그러면 이 때 어떡하면 좋겠습니까? 지금 언니가 화났으니 저 같으면 "그래, 언니 좀 도와줘라!" 하고 타일렀을 것 같습니다. 그런데 예수님께서는 그렇게 하지 않으셨습니다. "마르다야, 뭐 그렇게 분주하게 그러지 마라. 여러 가지 할 것도 없고, 음식은 한 가지만도 좋다." 그 다음 말씀이 중요합니다. "마리아는 좋은 편을 택했으니 빼앗기지 아니하리라." 좋은 편을 택했으니 빼앗기지 않는다— 마리아는 신이 났습니다. 그러나 마르다는 화가 났습니다.

　이다음부터는 성경에는 없고, 전설로 내려오는 이야기입니다. 마르다가 화가 나가지고 부엌에서 움직이다가 그릇 소리를 냈습니다. 심기가 불편하면 그릇 소리가 나게 마련입니다. 그래서 목회학에서는 심방을 갔다가 부엌에서 그릇 소리가 심하게 나거든 가만히 나오라고 말합니다. 그럴 때 미련하게 계속 앉아 있는 것이 아닙니다. 지금 부엌에서 그릇 소리가 납니다. 아마 몇 개는 깨졌겠지요. 그런 시간인데, 밖에서 거지가 왔습니다. 문을 두드리면서 배가 고픈데 먹을 것을 달라고 구걸합니다. 지금 마르다가 거지 구제하게 생겼습니까. 속으로 잔뜩 화가 나 있는데요? '내가 예수님 대접하느라고 바쁜데, 뭐 이런 것들이 이 시간에 와? 부정 타게······' 그래서 마르다는 그만 거지한테 벌컥 화를 냈습니다. 그런데 거지가 순순히 "예, 그런 줄 몰랐습니다" 하고 조용히 사라지는 것입니다. 세상에 그런 거지가 어디 있겠습니까. 한 마디 거절한다고 물러가면 굶어죽습니다. "그래도 주세요. 그래도 주세요" 하는 것이 거지의 속성 아니겠습니까. 그런데 이 거지가 순순히 그냥 돌아가버리고 말았습니다. 마르다가 이상한 생각이 들어서 문을 열고 내다보았더니 예수님의 뒷모습이더랍니다. 그 모습을 보고 마르다가 엎드려 눈물을 흘렸다고 하는 전설입니다.

　우리가 음식을 대접한다고 부산을 떨 때 손님의 마음은 불편합니다. 이것은 대접이 아닙니다. 가장 큰 대접이 무엇이겠습니까? 말씀을 듣는 것입니다. 최고의 대접은 상대방을 존경하고, 말씀을 듣고, 전적으로 수용하는 것입니다. 전적으르 순종하고, 전적으로 헌신하고, "옳은 말씀입니다. 그렇습니다. 예, 그대로 살겠습니다" 하는 마음의 자세와 수용, 이것이 바로 접대입니다. 그러니 어떤 자세로 살아야 되겠습니까? 이것은 아가페적인 것입니다. 내가 예수님을 대접하는 것이 아니고, 예수님의 말씀을 받아들이는 시간이 얼마나 중요한지 모릅니다.

 그래서 예수님께서는 친히 요한복음 4장 14절에서 말씀하십니다. "나의 주는 물은 그 속에서 영생하도록 솟아나는 샘물이 되리라." 이 말씀을 받기만 하면 생수가 되어서 계속 솟아나고, 자기도 시원하고, 많은 사람들을 살리고 시원하게 할 것이라는 말씀입니다. 생수와 같은 말씀을 잘 받아들여야 하지 않겠습니까. 이것이 바로 하나님께 영광 돌리는 것입니다. 이것이 하나님을 예배하는 것입니다. 우리는 예배라고 하는 말을 씁니다마는, 영어로는 'Worship Service'라고 합니다. 하나의 봉사요 대접입니다. 예배로 봉사하는 것입니다. 예배로 주를 섬기는 것입니다. 그러면 섬긴다는 것이 무엇입니까? 듣는 것입니다. 감사한 마음으로 받아들이는 것입니다.

 「탈무드」에 나오는 현명한 사람이 지닌 7가지 특징이 있습니다. 첫째, 현명한 사람은 만나면 듣는다는 것입니다. 현명한 사람을 만나면 그로부터 말씀을 듣습니다. 둘째, 현명한 사람은 남의 이야기를 가로채지 않는다는 것입니다. 어떤 일에도 남이 말할 때 옆에서 말을 가로채지 않습니다. 셋째, 현명한 사람은 대답하기 전에 깊이 생각하고 대답한다는 것입니다. 대답이 즉각적으로 이루어지면 반사작용이고, 대답이 잠깐 생각한 뒤에 나오면 그것은 응답입니다. 동물은 반응(Reaction)으로 살고, 사람은 응답(Response)로 산다고 합니다. 인격자는 즉각적으로 대답하지 않습니다. '이 말끝에 저 사람이 어떤 생각을 할까? 어떤 응답을 할까?' 하고 조금 생각한 뒤에 말한다는 것입니다. 넷째, 현명한 사람은 화제와 관계없는 말을 하지 않는다는 것입니다. 상대방이 이런 이야기를 하고 있는데 "그만!" 하고 다른 이야기를 하는 것은 대접이 아닙니다. 다섯째, 현명한 사람은 할 일을 순서에 따라서 한다는 것입니다. 우선순위를 정하는 것입니다. '무엇이 먼저일까?'를 생각하는 것입니다. 여섯째, 현명한 사람은 모르는 것은 모른다고 한다는 것입니다. 쉬운 이야기지만 어려운 것입니다. 내가 모릅니다. 그럴 때 모른다고 하는 말을 쉽게 할 수 있으면 그는 훌륭한 사람입니다. 그런데 가만히 보면 모르면서 아는 척을 합니다. 이는 현명하지 못한 일입니다. 마지막 일곱째, 현명한 사람은 진실을 존중한다는 것입니다. 언제나 참말을 하고, 참된 생각을 합니다.

　오늘 마르다의 집에서 예수님을 영접했는데, 예수님을 누가 대접했습니까? 바로 마리아입니다. 마리아는 음식을 대접한 것은 아닙니다. 그러나 예수님의 말씀을 잘 받아들였고, 수용했고, 가까이 들었습니다. 그러므로 예수님을 기쁘게 하시고, 또 예수님께서는 그를 칭찬하십니다. 너는 좋은 것을 택했으니 빼앗기지 아니하리라― △

물가에 씨를 뿌리는 사람

그 때에 공평이 광야에 거하며 의가 아름다운 밭에 있으리니 의의 공효는 화평이요 의의 결과는 영원한 평안과 안전이라 내 백성이 화평한 집과 안전한 거처와 종용히 쉬는 곳에 있으려니와 먼저 그 삼림은 우박에 상하고 성읍은 파괴되리라 모든 물가에 씨를 뿌리고 소와 나귀를 그리로 모는 너희는 복이 있느니라
(이사야 32 : 16 - 20)

물가에 씨를 뿌리는 사람

저는 개인적으로 감사하는 일이 너무나 많습니다. 그래서 하루 하루 사는 것이 감사로 충만하다는 생각을 합니다. 왜냐하면 분에 넘치기 때문입니다. 목사님들이 교회를 위해서 수고 많이 하시지만, 여러 가지 이유로 강단을 지키지 못할 때가 있습니다. 그런데 참 감사하고 자랑스럽게 생각하는 것은 제가 당회장으로 43년 동안 일했다는 것입니다. 43년 동안 새벽기도도 개근했습니다. 하루도 아파서 설교 못한 날이 없어서 감사합니다. 기네스북에 나올 정도 이야기 아닙니까. 또 지금은 은퇴했지만, 지난 10년 동안 계속해서 설교하고 있습니다. 이것은 엄청난 사건입니다. 우리 교역자에게 주어진 복으로, 저처럼 많은 복을 받은 사람이 없지 않을까 싶습니다.

이 모든 축복이 어디서 왔을까, 하고 저는 생각합니다. 제가 하는 수고라는 것은 별것이 아닙니다. 하나님께서 제게 큰 은혜를 주셔서 오늘까지 이렇게 자유롭게 일하고, 또 기쁘게 살아가고 있지 않나, 하는 생각을 하면서 늘 감사하는 마음입니다. 하나님께 감사하고, 또 부모님께 감사합니다. 그래 좀 효도하는 마음으로 제가 오늘 집안 이야기를 하려고 합니다. 1951년 1월 13일에 제가 고향을 떠납니다. 그리고 군에 입대해서 3년 동안 고생했습니다. 그때 제 친구들이 많이 죽었습니다마는, 저는 살아남아 제대하고 신학대학에 가서 공부를 했습니다. 저는 북한에서 중고등학교를 다녔기 때문에 남한에서 검정고시를 보고 대학에 들어갔습니다. 이렇게 필요한 과정을 거쳤습니다마는, 신학대학을 마치고 유학을 가려고 할 때입니다. 그 당시에 좀 비밀스러운 사건이 있었습니다. 미국의 선교비가 많이 남아돌아서 목사님들이 유학만 가겠다고 하면 선교비로 전액장학금을 주는 제도가 있었습니다. 그런데 그렇게 많이 가지들 못했습니다. 영어가 안 되면 못 갑니다. 토플 시험을 봐서 정해진 점수가 나오지 않으면 입학 자체가 안 됩니다. 많은 사람들이 그렇게 애썼습니다마는, 이것 때문에 3년, 4년 시험을 보지만 쉽게 갈 수가 없었습니다. 합당한 점수가 나와야 하니까요. 그런 시기였습니다. 이 사실은 우리 교역자들의 세계에서만 아는 하나의 비밀이었습니다. 그때 저도 시험을 딱 한 번 봤습니다. 그런데 너무나 감사하게도 토플시험에서 600점을 받았습니다. 지금도 그때 이야기를 하면 사실이냐고 묻는 사람이 많습니다마는, 사실 저도 그럴 줄은 몰랐고, 그래서 많이 놀랐습니다.

어쨌든 토플 시험에서 600점을 얻어 프린스턴 신학교를 가게 되었습니다. 굉장히 영광된 일이었습니다. 얼마나 많은 사람들이 부러워했는지 모릅니다. 기적이었습니다. 당시로서도, 개인적으로도 정말 있을 수 없는 엄청난 기적이었습니다. 참 놀라운 사실은 이름도 성도 모르는 사람이 내게 장학금을 그것도 전액을 주었다는 사실입니다. 당시에는 왕복 비행기 표까지 보내와야 유학을 갈 수 있었습니다. 우리나라에 달러가 없으니까 항공료까지 주어야 유학을 갑니다. 그야말로 빈 몸으로 가서 이래저래 한 5년 동안 공부했습니다. 이것이 보통 복이 아닙니다. 특별한 은혜요, 하나님께서 주신 복이었습니다. '어떻게 이런 일이 있을까?' 제 나름대로 늘 감사하며 어떻게 보답할 수 있을까, 생각했습니다. 지금도 제가 프린스턴 신학교에 두 사람 장학금을 주고 있습니다.

아무튼 계속해서 너무나 받은 은혜가 커서 '어떻게 하면 조금이라도 보답할 수 있을까?' 생각하고 삽니다마는, 목회하는 도중에 나이 많은 선배 목사님들이 저를 만나더니 "곽 목사, 자네 할아버지가 곽치영 씨 맞아?" 합니다. "예, 그렇습니다." "아, 오늘 만났구먼. 자네 할아버지가 장학금을 주셔서 내가 목사가 됐어." 저는 그런 분들 여럿을 만났습니다. 그래서 저는 생각합니다. '내가 노력하고 내가 잘난 것이 아니고, 우리 할아버지께서 뿌려놓으신 것을 내가 거두는 것이다. 이름도 없이 빛도 없이 할아버지께서 그 옛날 많은 분들에게 이렇게 선한 일을 베푸신 것이 오늘 내게 돌아오는 것이다. 조상신앙 덕에 산다.' 이런 감사한 마음으로 살아왔습니다.

옛날에는 거지가 참 많았습니다. 밥 먹을 때만 되면 찾아옵니다. 그래서 정말 착한 사람은 밥을 먹을 수가 없습니다. 자꾸 와서 밥 달라고 하니까 착한 아주머니들이 거지들 다 주고 나면 자기가 굶습니다. 그렇게 거지가 많을 때 이들을 위해서 1년에 한두 차례씩 할아버지께서 거지잔치를 베푸셨습니다. 그럼 온 면에서 거지들이 모여듭니다. 그래 마당에 천막을 쳐놓고 일주일동안 잔치를 합니다. 그런 모습을 제가 보면서 자랐습니다. 특별히 우리 할아버지께서 마지막 돌아가실 때 제 아버지를 불러서 당부하신 말씀이 "나 죽거든 거지잔치 한 번 더 해라"였습니다. 이 말씀을 하시고 돌아가셨습니다. 그래서 그 말씀대로 일주일동안 거지잔치를 했습니다. 장례식이 축제가 된 것입니다. 그리고 상여를 쓰지 않고, 그 거지들이 할아버지의 관을 메고 산으로 올라갔습니다. 제가 그 장면을 보았습니다. 그래서 저는 이런 생각을 합니다. '할아버지께서 심어놓으신 것 내가 거두고, 할아버지께서 뿌리신 것 내가 거두고 있는 것이 아닌가?'

세상이 어수선합니다. 아주 고민도 많고, 시끄럽습니다. 왜 그렇습니까? 답은 간단합니다. 불한당 때문입니다. 불한당이 무엇입니까? 땀을 흘리지 않는 사람, 땀을 흘리지 않고 살겠다는 사람, 땀을 흘리지 않고 출세하겠다는 사람입니다. 이런 사람들 때문에 세상이 이렇게 시끄러운 것입니다. 간단히 생각합시다. 심은 대로 거둔다고 하는 진리 앞에 엄숙하게만 살면 세상은 조용합니다. 심은 대로 거둔다고 하는 진리 앞에 겸손하면 원망하고 불평할 것도 없습니다. 감사할 뿐입니다. '심은 대로 거둔다'라는 갈라디아 6장 7절의 이 진리 앞에 엄숙하고 진실하고 겸손해야 합니다. 그리고 감사할 수 있어야 합니다.

하나님께서는 우리한테 심게 하시고, 자라게 하시고, 거두게 하시는 이 원리를 통하여 복을 주십니다. 우리는 종종 '왜 나한테 복이 없나?' 하고 복을 받겠다며 몸부림을 칩니다마는, 복에는 세 가지 원리가 있습니다. 먼저, 심을 수 있게 기회를 주셨습니다. 그러기에 지금 뿌려야 하고, 열심히 심어야 합니다. 심지 않고 거두겠다고 하면 안 됩니다. 그것은 진리를 거스르는 일입니다. 심은 대로 거둔다고 하는 이 원리 속에서 하나님께서는 복을 주십니다. 선한 일 할 수 있는 기회를 주십니다. 작은 일이라도 기회를 주십니다. 그 다음에는 나도 모르는 가운데 자라게 하시고, 그 다음에는 거두게 하십니다. 이것이 하나님의 축복의 정도입니다. 이 도에서 벗어나기 때문에 내 마음도 고민이 많고, 사회에 대한 불평도 많고, 세상도 시끄러운 것입니다. 이 원리가 다시 기독교 교리로 돌아가면 십자가 뒤에 부활이 있는 것입니다. 십자가 뒤에 부활— 십자가 없는 부활은 바른 신앙이 아닙니다. 세상의 문제가 어디에 있습니까? 심지 않고 거두겠다는 사람들이 있습니다. 날강도들입니다. 이 사람들 때문에 세상이 시끄럽습니다.

마태복음 25장 24절 이하에 아주 재미있는 말씀이 있습니다. 달란트 비유입니다. 다섯 달란트 받았던 사람은 다섯 달란트를 남겨서 가지고 왔고, 두 달란트 받았던 사람은 두 달란트를 남겨서 가지고 왔습니다. 문제는 한 달란트 받았던 사람입니다. 그는 달랑 한 달란트를 그대로 가지고 왔습니다. 그리고 주인 앞에서 이렇게 말합니다. "주여, 당신은 굳은 사람이라. 심지 않은 데서 거두고 헤치지 않은 데서 모으는 줄 알았으므로 내가 두려워하여 달란트를 땅에 묻었다가 가지고 왔습니다." 이때 주인이 말합니다. "악하고 게으른 종아!" 게으르다는 말은 납득이 가지만, 악하다는 말은 너무합니다. 악하지는 않습니다. 본전을 가지고 왔는데 왜 악합니까? 문제는 그가 일을 하지 않았다는 것입니다. 마땅히 해야 할 일을 안 했다는 말씀입니다. 이때 이 악한 종의 변명이 무엇입니까? 심지 않고 거두겠다는 것입니다, 하나님의 능력으로요. 거두는 능력이 하나님께 있지 않습니까. 심지는 않고 거두기만 하겠다고 몸부림치며 기도합니다. 밤을 새워 기도하고 금식하며 기도합니다. 이것은 아닙니다. 심지 않은 곳에서는 싹이 나지 않습니다. 심지 않고 거두게 하시는 것은 기적이 아닙니다. 축복이 아닙니다. 그래서 주인은 책망합니다. "네가 나를 심지 않고 거두는 줄 알았느냐? 기적을 구했느냐? 공짜로 기적을 바랐느냐? 이 악하고 게으른 종아!" 무서운 심판입니다. 이 진리 앞에 엄숙하게 생각해야 합니다.

또 하나, 적게 심고 많이 거두려는 사람이 있습니다. 고린도후서 9장 6절에서 사도 바울은 말씀합니다. "적게 심는 자는 적게 거두고 많이 심는 자는 많이 거둔다……" 이 말의 문맥이 뭐냐 하면 헌금입니다. 헌금에 인색하면 복을 못 받습니다. 헌금할 때 듬뿍 해야 합니다. 마음이 찡하게 해야 하지 않겠습니까. 헌금할 때마다 인색하게 돌아가고 복 받으려고 그래서 사도 바울은 이렇게 말씀합니다. "적게 심는 자는 적게 거두고, 많이 심는 자는 많이 거두느니라." 그러니까 적게 심고 많이 거두려고 하는 불평은 하지 말고, 부지런히 많이 심으면 언젠가는 거두게 되겠지요.

또 하나 문제가 있습니다. 내가 심고 내가 거두려는 것입니다. 너무 이기적이고, 너무 그 마음이 단순합니다. 오늘 심고 내일 거두고, 내가 심고 내가 거두고…… 꼭 그런 마음입니다. 아닙니다. 이제 성경을 통해서 복음을 듣고 마음을 넓힙시다. 하나님 앞입니다. 사람의 이야기가 아닙니다. 하나님과의 관계이기 때문입니다. 그래서 오늘본문은 말씀합니다. "모든 물가에 씨를 뿌리고……(20절)" 무슨 말씀입니까? 전도서 11장 1절은 말씀합니다. "너는 네 식물을 물 위에 던지라 여러 날 후에 도로 찾으리라." 물가에 씨를 뿌리라!— 이 본문 말씀 끝에 가서 보면 너무나 재미있습니다. "물가에 씨를 뿌리고 소와 나귀를 그리로 모는 너희는 복이 있느니라(20절)." '내가 부려 내가 먹겠다고만 하지 말고, 물가에다가 뿌려서 소가 먹을 수 있으면 좋지 않겠느냐. 꼭 내가 먹어야 되겠느냐.' 이것입니다. 그래서 물가에 씨를 많이 뿌려놓고 소를 먹이라는 것입니다.

저는 미국유학 시절에 농촌을 방문한 적이 있습니다. 좀 부끄럽기도 했습니다. 큰 농촌에 소가 수백 마리 있는데, 놀라운 것은 먹이는 방법이 다르다는 점입니다. 소를 먹인다고 하면 저는 어렸을 때의 일이 생각납니다. 소를 한 마리 데리고 와서 먹입니다. 여기저기 자연스럽게 돋아난 풀을 먹입니다. 그런데 미국 사람은 그렇게 하지 않습니다. 소를 위해서 농사를 따로 합니다. 그런데 부끄럽게도 그 풀이 싸리풀이라는 것입니다. 한국에 온 선교사가 그 풀의 종자를 가져다가 뿌렸다고 합니다. 그 말을 들을 때 많이 부끄러웠습니다. 우리는 싸리풀이 무엇인지도 모릅니다. 공부 좀 해보겠습니다. 싸리풀은 특과식물에 속합니다. 이 콩과식물은 비료가 필요 없어서, 뿌리만 내리면 그냥 자랍니다. 땅에서 영양을 취하지 않습니다. 공기에서 취합니다. 이 특과식물은 뿌려만놓으면 자랍니다. 이 풀을 가져다 뿌려놓고 거기에 소를 몰고 가서 소를 살찌게 먹이는 장면을 보았습니다. 그 귀한 종자를 선교사가 가져갔다는 것, 참 기가 막힌 이야기 아닙니까. 소를 위해서도 농사를 해야 되는 것입니다. 자연적으로 나는 풀만 가지고 됩니까? 안 되는 것입니다. '물가에다가 씨를 뿌려라. 그리고 소더러 먹게 해라.' 이 얼마나 좋은 말씀입니까. 우리는 너무나 단기적입니다. 내가 뿌리고 내가 먹고, 오늘 뿌리고 내일 거두고…… 좀 더 멀리 내다볼 줄 알아야 합니다. '그래서 물가에 씨를 뿌려라. 그리고 소를 먹여라.' 얼마나 귀한 말씀입니까.

시편 126편 5절은 말씀합니다. "눈물을 흘리며 씨를 뿌리는 자는 기쁨으로 거두리로다." 이어 6절은 말씀합니다. "울며 씨를 뿌리러 나가는 자는 정녕 기쁨으로 그 단을 가지고 돌아오리로다." 씨를 뿌립니다. 그런데 여기에 문제가 있습니다. 농사의 이치는 봄과 가을 사이의 시간적 거리입니다. 봄에 뿌리고 가을에 거두는 것입니다. 오늘 뿌리고 내일 거두는 것이 아닙니다. 그러니 멀리 내다보아야 합니다. 도덕성도 그렇고, 종교성도 그렇습니다. 좀 더 멀리 보아야 합니다. 금세에 심고 내세에 거두는 것이고, 내가 심고 손자가 거두는 것입니다. 단기적으로 생각해서 꼭 내가 심고 내가 거두겠다고 생각해서는 안 됩니다. 또 당장 안 주신다고 원망해서도 안 됩니다.

얼마나 귀중한 메시지입니까. 타이밍이 문제입니다. 요새도 보면 많은 사람들이 여기저기다가 못된 씨를 뿌려놓고 그것이 들먹들먹하니까 죽느니 사느니 하지 않습니까. 이런 미련한 일이 어디 있습니까. 심은 대로 거두게 됩니다. 왜 이렇게 정당하지 못합니까. 마지막 말 한 마디라도 좀 진실하면 안 됩니까. 이것이 뭐하는 짓입니까? 심은 대로 거둔다고 하는 진리 앞에 좀 더 진실하면 얼마나 좋을까, 하는 생각을 합니다.

가장 중요한 문제는 심게 하시는 하나님의 역사입니다. 심을 기회를 주십니다. 여러 모양으로 심을 수 있는 기회를 주십니다. 심을 수 있을 때 인색하지 말아야 합니다. 여기에 씨를 뿌려놓고 데살로니가후서 3장에 있는 말씀을 기억해야 합니다. "형제들아 너희는 선을 행하다가 낙심치 말라(13절)." 선을 행하다가 낙심하지 말지니 때가 이르면 거두리라― 때가 이르면 거두리니 부지런히 심고, 부지런히 선한 일을 해야 합니다. 그리고 낙심치 말고 기다리면 반드시 거두게 하실 것입니다. 나한테서, 내 손자한테서, 아니면 그 다음 대에서라도 거두게 하실 것입니다. 반드시 거두게 하십니다.

추수가 적다고 불평합니까? 세상이 악하다고 원망합니까? 그럴 것 없습니다. 선을 심는데 왜 악한 열매가 나왔다고 합니까? 그런 일 없습니다. 많이 심는데 왜 적으냐고 불평합니까? 조금만 더 기다리면 됩니다. 무엇을 심고 기다리고 있는 것입니까? 많은 것을 물가에 뿌리고 조용히 가을을 기다립니다. 그리고 추수를 기뻐하는 분에 넘치는 하나님의 은사를 감사하는 그런 삶이 진정한 그리스도인의 모습입니다. 다시 한 번 생각합시다. 심은 대로 거둔다고 하는 이 진리 안에 축복이 있고, 우리를 인도하시는 주님의 길이 있는 것을 알아야 합니다.   △

받은 줄로 믿으라

　그들이 아침에 지나갈 때에 무화과나무가 뿌리째 마른 것을 보고 베드로가 생각이 나서 여짜오되 랍비여 보소서 저주하신 무화과나무가 말랐나이다 예수께서 그들에게 대답하여 이르시되 하나님을 믿으라 내가 진실로 너희에게 이르노니 누구든지 이 산더러 들리어 바다에 던져지라 하며 그 말하는 것이 이루어질 줄 믿고 마음에 의심하지 아니하면 그대로 되리라 그러므로 내가 너희에게 말하노니 무엇이든지 기도하고 구하는 것은 받은 줄로 믿으라 그리하면 너희에게 그대로 되리라 서서 기도할 때에 아무에게나 혐의가 있거든 용서하라 그리하여야 하늘에 계신 너희 아버지께서도 너희 허물을 사하여 주시리라 하시니라

(마가복음 11 : 20 - 25)

받은 줄로 믿으라

　유대 사람들이 아주 소중하게 여기는 모세에 대한 이야기가 하나 있습니다. 어느 날 모세가 죽음의 산인 비스가산에 오르다가 간절한 마음으로 하나님 앞에 기도했습니다. 그때 그는 나이 120세로, 자신의 눈이 점점 어두워지는 것을 알고 하나님 앞에 기도했습니다. '이 눈이 어두워지기 전에 저 약속의 땅 가나안을 볼 수 있게 해주십시오. 하나님께서 능력을 베푸시어 잠시라도, 아니, 저 혼자만이라도 가나안 땅에 가서 한 번이라도 제 발로 그 땅을 밟아보고 저 세상으로 가게 해주십시오.' 하나님께서 응답하셨습니다. '모세야, 너는 나에 대한 믿음을 잊어버렸었다. 그러나 나는 너를 용서했다. 너는 너 자신에 대한 믿음, 그리고 네 지도력에 대한 믿음도 잃어버릴 때가 많았다. 그러나 나는 너를 용서했다. 그러나 이제 너는 내가 이 백성을 들어 쓰리라는 것, 절대로 버리지 않고 이 백성을 꼭 들어서 영광되게 쓰리라는 것을 믿지 않고 있구나. 그것만은 용서할 수 없다. 왜냐하면 믿음이 없이는 약속의 땅에 들어갈 수 없기 때문이다.' 하나님께서는 모세한테 이런 심각한 대답을 해주셨습니다.

　여러분 스스로의 믿음을 한 번 점검해보기 바랍니다. 여러분의 믿음이 어디까지 와 있습니까? 도대체 무엇을 믿고 있는 것입니까? 히브리서 11장 6절은 말씀합니다. "믿음이 없이는 하나님을 기쁘시게 하지 못하나니 하나님께 나아가는 자는 반드시 그가 계신 것과 또한 그가 자기를 찾는 자들에게 상 주시는 이심을 믿어야 할지니라." 오늘 본문 22절에는 간단하고 심각한 말씀이 있습니다. "하나님을 믿으라." 여러분은 어디까지 믿고 있습니까? 내가 못하는 것은 하나님께서도 못하신다고 생각합니다. 하나님을 믿으라— 우리 아이들이 학교에 입학하기를 바랍니다. 그것을 위해서 철야기도도 하면서 몸부림쳤습니다. 그런데 낙방했습니다. 기도가 응답된 것입니까? 기도가 이루어진 것입니까? 학교에 한 번 들어갔다고 세상이 끝나는 것도 아니고, 오히려 이로 인해서 더 놀라운 역사도 이루어지는 경우가 많은데, 우리는 이 사건 하나를 놓고 내가 원하는 대로 안될 때 모든 것이 끝났고, 하나님의 능력도 끝났다고 생각합니다. 하나님의 능력을 내 지식 안에 제한하고 한계를 그어버리는 이 미련한 신앙, 이 어리석고 얄팍한 신앙을 어찌해야 하겠습니까?

오늘본문은 '하나님을 믿으라'고 말씀합니다. 하나님께서는 하나님이십니다. 나는 초라한 인간입니다. 하나님께서는 창조주십니다. 내 모든 것을 알고 계십니다. 그리고 주관하고 계십니다. 우리는 초라하고 보잘것없는 피조물입니다. 예수님께서는 믿음에 대하여 종종 말씀하셨습니다. 물 위로 걸어오던 베드로가 갑자기 바람이 불어 풍랑이 일어나니까 그만 두려워져서 주님을 바라보지 않고 그 풍랑을 보다가 물에 풍덩 빠지고 맙니다. 그때 예수님께서 베드로의 손을 잡아 일으키시면서 하시는 말씀입니다. "작게 믿는 자여, 어찌 의심하느냐?" 왜 이렇게 믿음이 작으냐?— 작다고 말씀하셨습니다. 그 다음에 가나안 여인이 예수님 앞에 나아와 간절히 구할 때는 그에게 "네 믿음이 크다"고 말씀하셨습니다. 여기서 '크다'는 헬라어로 '메가스 피스티스'입니다. 다시 말해서 '메가톤 급'이라는 것입니다. 아주 크다는 것입니다. 예수님께서 여인의 믿음을 아주 큰 믿음이라고 칭찬해주신 것입니다. 이렇게 믿음은 작은 믿음도 있고, 희미한 믿음도 있고, 당장 촛불이 꺼질 것 같은 믿음도 있습니다. 그런가 하면 반석 같은 믿음, 확실한 믿음, 전혀 흔들리지 않는 믿음도 있습니다.

믿음을 한 번 점검해보십시다. 인격과 인격의 관계라는 것은 사실 알고 보면 믿음입니다. 오직 믿음입니다. 믿음이 두 인격을 만나게 하고, 또 두 인격의 소통을 이루게 합니다. 이것을 알아야 합니다. 지식이라는 것이 무엇입니까? 믿음이 없으면 지식이 안 됩니다. 학생이 공부하면서 선생님의 말씀을 믿지 않으면 어떻게 되겠습니까? '저 선생 믿을 수 없다'고 생각한다면 어떻게 되겠습니까? 공부 하나마나입니다. 그저 학생은 선생님의 말씀을 믿을 때 그 지식이 자기 속에 들어옵니다. 지혜도 마찬가지입니다. 내가 가보지 못한 세계입니다. 내가 상상할 수 없는 넓은 세계요, 신비로운 세계입니다. 이제 그 경험하지 못한 세계를 말씀할 때 나는 믿을 수밖에 없습니다. 내가 경험할 수는 없습니다. 지금 당장 경험할 수는 없습니다마는, 볼 수도 없고 들을 수도 없습니다. 그러나 믿을 때에 지혜를, 신비로운 지혜를 얻게 됩니다. 그래서 구약성경은 말씀합니다. 노인의 지혜를 얻는다— 젊은 사람은 안다고 떠들어도 경험이 없습니다. 확증된 것이 아닙니다. 나이 많은 어른들이 좀 부족한 것 같아도 많은 경험이 있습니다. 다 살아봤으니까요. 다 해봤으니까요. 그래서 그 경험을 믿고, 그 다음을 내다볼 수 있습니다. 이것이 지혜입니다. 이 노인한테서 우리는 지혜를 들어야 됩니다. 그렇다면 그 노인의 경험을 믿어야 합니다. 내가 경험해보지 못한 세계에 대해서는 경험자의 말을 전적으로 믿어야 됩니다. 그런 믿음 없이는 내가 그 능력을 소유할 수 없습니다.

다음과 같은 아주 유명한 에피소드가 있습니다. 나이아가라라는 유명한 폭포가 있습니다. 거기에 가보면 알 수 있지만, 나이아가라 폭포의 한 쪽은 캐나다고 다른 한 쪽은 미국입니다. 제가 1963년에 처음으로 이 폭포를 가서 보고 '이제 나는 죽어도 한이 없다' 할 정도로 감탄했습니다. 정말 장관입니다. 어떤 짓궂은 사람이 그 폭포에서 캐나다와 미국 사이에 쇠줄을 연결해놓고 줄타기를 한 적이 있었습니다. 막대기를 들고 균형을 잡아가면서 그 길을 죽 걸어왔습니다. 그 다음에는 자전거를 타고 또 죽 건너갔습니다. 세 번째가 문제입니다. 그가 사람들한테 물었습니다. "여러분, 제가 이 시간에 저쪽까지 무사히 갈 수 있다고 믿으십니까?" 사람들은 할 수 있다고, 걸어서도, 자전거를 타고도 왔다 갔다 했는데, 이제 다시 한 번 가는 것, 충분하다고 이구동성으로 대답했습니다. 그러자 이 사람이 이렇게 다시 한 번 말했습니다. "믿으시면 저와 함께 줄을 타실 사람 한 분만 올라와주십시오." 아무도 올라타지 않았습니다. 이것, 믿는 것입니까, 안 믿는 것입니까? 믿는다는 것은 믿어서 능력을 체험하고, 믿어서 하나님을 경험하고, 믿어서 그 하나님의 능력이 내 능력이 되는 것입니다. 놀라운 말씀 아닙니까.

학교에서 공부 잘하는 우등생이 있다고 합시다. 아주 뛰어난 우등생입니다. 우등생의 공부 자세는 이렇습니다. 그 시간에 이해되는 것은 바로 이해하고, 이해가 안 되는 것은 그냥 믿는 것입니다. '이건 말도 안 돼!' 이런 생각, 안 합니다. '아, 저 선생님은 무식한 사람이야!' 이런 생각도 안 합니다. 그저 선생님을 믿습니다. 비록 지금 당장에는 내가 이해를 못하지만, 그 이해가 안 되는 이유는 내가 아직 미숙하기 때문이라고 생각합니다. '내 생각이 모자라기 때문이지, 저 말씀은 옳은 것'이라고 믿습니다. 선생님을 믿을 때 교육이 되고, 완전히 믿을 때 그가 우등생이 됩니다. 이 사실을 잊지 말아야 합니다.

　오늘본문말씀을 음미하면 이렇습니다. 세 가지 믿음이 있습니다. 받은 것으로 믿는 믿음, 또 하나는 받을 줄로 믿는 믿음, 그 다음에 받은 줄로 믿는 믿음입니다. 오늘본문은 이것을 말씀해주고 있습니다. 받은 것으로 믿는 것— 이것은 우리 과거를 말씀합니다. 우리의 생, 곧 오늘까지 살아온 모든 인생 속에 하나님의 능력이 있고, 하나님의 사랑이 있고, 하나님의 축복이 있었습니다. 틀림없습니다. 제가 전에 임종을 앞둔 한 장로님이 기도하는 모습을 본 적이 있습니다. 제가 "무슨 기도를 하십니까?" 하고 물었더니, 그분 대답이 이랬습니다. "제가 옛날 어렸을 때 지은 죄를 하나하나 생각하면서 회개의 기도를 합니다." 그래서 많이 회개하셨느냐고 되물었더니 그때 대답이 기억에 남습니다. "아, 회개도 힘듭니다. 제가 '잘못했습니다'라고 하나님 앞에 말씀드렸더니, 하나님께서 '그때 내가 용서했다. 네가 미처 회개하지 않았어도 내가 용서했다. 내가 벌써 너를 사랑했다'고 하셨습니다. 아, 이거 회개도 마음대로 못하겠어요. 하나님의 사랑이 너무나 큰 것을 생각하며 감사기도를 드리고 있습니다." 임종 한 시간 전에 이런 말씀을 하는 장로님이 있었습니다. 참 훌륭한 믿음의 사람이라고 생각합니다.

　우리는 하나님 앞에 기도합니다. 소원도 많습니다. 하지만 솔직히 말합시다. 내가 기도하고 소원한 것만 이루어졌습니까? 내가 모르는 가운데, 때로는 전혀 모르는 가운데서도 하나님께서는 이 모양 저 모양으로 보살피시고 사랑하셔서 오늘의 내가 있는 것 아닙니까.

내가 노력하고, 수고하고, 간구하고, 기도한다는 것은 어찌 보면 작은 일입니다. 지난날을 생각해보면 내가 구하기 전에 다 응답하셨습니다. 예수님께서 말씀하십니다. "구하기 전에 아시느니라." 얼마나 귀중합니까. 꼭 내가 아는 세계에서만 생각해서는 안 됩니다. 내가 모르는 세계에서 하나님께서는 응답하시고, 보호하시고, 사랑하시고, 모세를 용서하신 것처럼 용서하십니다. 그 다음에는 받을 줄로 믿는 것입니다. 내가 구한 것을 주실 줄로 믿습니다. 당장은 이루어지지 않은 것 같지만, 언젠가는 응답될 줄로 믿고, 지금은 내가 버려진 것 같지만, 하나님께서는 나를 사랑하시고, 하나님의 지혜와 능력이 이 사건 속에 있어서 저 미래에 반드시 이루어질 줄로 소망 가운데 기뻐합니다. 받을 줄로 믿는 것, 반드시 응답해주실 줄로 믿는 것, 내가 구하는 것 이상으로 지각에 넘치도록 응답해주실 줄로 믿는 믿음— 이런 미래지향적 믿음이 있습니다.

그런가하면 오늘 주신 말씀은 아주 중요합니다. "받은 줄로 믿으라……(24절)" 이것은 미래에 대한 약속을 지금 현재로 받아들이는 것입니다. 아직은 이루어지지 않았습니다. 그러나 이루어진 줄로 믿는 것입니다. 그렇기에 현재의 믿음입니다. 믿음으로써 내 마음은 안심이 됩니다. 내가 나 자신은 못 믿어도 하나님은 믿습니다. 그래서 안심하는 것입니다. 그 누구도 못 믿지만, 하나님만은 믿는 것입니다. 그래서 평안합니다. 믿음으로 용기가 있고, 믿음으로 화평이 있고, 믿음으로 능력도 있습니다.

여러분은 부모님의 교훈을 어찌 생각합니까? 유명한 록펠러의 어머니는 세상을 떠날 때 록펠러한테 딱 세 마디를 남겼습니다. "주일을 지켜라. 십일조를 바쳐라. 날마다 성경을 읽어라." 얼마나 간단하고 소박합니까. 왜 그런 말씀을 남겼는지는 알 수 없습니다. 그러나 록펠러는 어머니의 이 말씀에 그대로 순종했습니다. 그래서 유명한 재벌도 되었고, 많은 사람들한테 봉사하는 봉사자의 사표가 되었습니다. 왜 그러해야 하는지 물어볼 것 없습니다. 그분이 알고 계십니다. 때로는 납득이 가지 않을 때가 있습니다. 그러나 먼저 순종해야 됩니다. 바로 이것이 믿음이니까요.

우찌무라 간조라는 일본의 유명한 목사님이 있습니다. 언젠가 몇 달 동안 비가 오지 않아서 그는 아주 걱정이었습니다. 하늘은 늘 푸르고, 농사꾼들은 이제 며칠만 더 비가 안 오면 농사를 망치게 되리라고 걱정이 태산이었습니다. 지독한 가뭄으로 너무나 걱정이었습니다. 아침식사기도를 하는데 우찌무라 간조 목사님이 자기도 모르게 비를 달라는 기도를 간절히 드렸습니다. "하나님 아버지, 이대로 가면 우리 다 말라죽습니다. 비를 주세요. 비를 주셔야겠습니다." 그 말까지만 했으면 될 텐데, 그만 "비를 주실 줄로 믿습니다" 하고 기도했습니다. 그리고 "아멘!" 했습니다. 목사님의 두 아들도 아버지를 따라서 함께 "아멘!" 했습니다. 그리고 학교를 가는데 큰 아이는 그냥 갑니다. 그런데 둘째 아이는 "아버지, 우산! 우산!" 하더랍니다. 그래 "청청하늘에 무슨 우산이냐?" 하고 물었더니 둘째아들의 대답입니다. "아버지가 '비 올 줄로 믿습니다!' 하고 기도하셨잖아요. 그럼 비가 올 것 아니에요? 그러니 우산이 있어야 하잖아요." 이 말을 듣고 우찌무라 간조는 자신의 엉터리 믿음에 대해서 크게 회개했다고 합니다. 믿는다는 것이 무엇입니까? 믿고 준비해야 진짜 믿음 아니겠습니까.

언젠가 인천에서 목회할 때 경험한 일입니다. 아주 중요한 경험이었습니다. 수요일 저녁에 설교를 하는데, 도중에 어떤 미국 사람이 자기 친구와 같이 저 뒤에 앉아 있는 걸 보았습니다. 그 미국인이 우리 부목사님 편에 쪽지를 하나 적어서 저한테 전달해주었습니다. 제가 설교 중에 읽어보니 설교를 마친 다음 목사님이 자기한테 간증 시간을 내어주시면 간증을 하고 싶다는 내용이었습니다. 본인의 이름도 쓰지 않았습니다. 그래 그에게 "Mister, would you come here!" 하고 권하여 간증을 하도록 했습니다. 제가 통역할 테니까 간증을 하라고요. 그래서 그 미국분이 간증을 했습니다. 제가 일생 잊을 수 없는 특별히 재미있는 교훈이었습니다. 첫마디가 "저는 부자입니다"였습니다. 그가 얼마나 부자냐 하면, 당시 이 사람이 자가용비행기를 가지고 있었습니다. 그는 세계기독인협회 회장이었습니다. 그가 마침 교회 근처에 왔다가 종소리가 나니까 수요일 저녁예배에 들어왔던 것입니다.

그리고 그는 두 번째로 이렇게 말했습니다. "저는 고등학교 1학년을 세 번 다녔습니다." 낙제해서 또 다니고, 또 다니고 했던 것입니다. 마지막으로 3년째가 되니까 교장선생님이 그를 따로 불렀답니다. 그래 교장실로 들어갔더니 교장선생님이 그에게 "네 친구들은 다 졸업했는데 너는 뭐하고 있느냐?" 하더랍니다. 그래 그는 이제 그만 배우겠다고 하고는 그 길로 자퇴를 했답니다. 그리고 인쇄소 직공부터 시작해서 열심히 일을 하여 마침내 큰 재벌이 되었습니다. 엄청난 부자가 된 것입니다. 그가 말하고자 하는 내용은 이것입니다. 본인의 인생 좌우명이자 제일 좋아하는 성경구절이 '가서 먹고 마시고 다시는 얼굴에 수색이 없으니라'라는 것입니다. 통역을 해보면 대개들 유명한 성경요절을 인용하는데, 이런 낯선 구절을 말하는 사람은 처음 보았습니다. 이것이 무슨 성경입니까? 가서 먹고 마시고 다시는 얼굴에 근심이 없었다— 일단 의역을 해놓고 통역하면서 가만히 보니 이 구절이 한나의 이야기입니다. 한나는 아이를 달라고 하나님 앞에 가서 기도했습니다. 엘리 제사장이 한나를 축복합니다. 그 축복을 응답으로 받았는데, 거기에 나오는 말씀입니다. '먹고 마시고 다시는 얼굴에 수색이 없었다.' 기도하고 응답받았으니까 이제 걱정 안 하는 것입니다. 그는 바로 그것이 자기 신조라고 말하는 것입니다. 많은 사업을 해왔지만, 자기는 한 번도 마음에 걱정하지 않았다는 것입니다. 자기는 중요한 일을 결정할 때마다 기도하고 한답니다. 중요한 결의를 할 때에는 사흘 동안 기도하고 한다는 것입니다. 기도하고 세운 공장이니까 하나님께서 알아서 하실 줄로 믿습니다— 그래서 걱정이 없답니다. 언젠가 공장에 불이 났는데도 그리 걱정하지 않았다고 합니다. 왜냐하면 자기가 세운 공장이니까요. 이것을 잊지 말아야 합니다. 받은 줄로 믿으라— 내 현실, 곧 내 앞에 전개되는 현실이 전부 응답입니다. 기도하고 성전 문을 나설 때부터 생기는 일은 다 응답입니다. 누구를 만나든지, 어떤 사고가 나든지, 다 응답입니다. 모든 것이 하나님의 사랑, 하나님의 능력, 하나님의 지혜, 그 경륜 속에 있음을 잊지 말아야 합니다.

    카네기는 본래 학습교재를 파는 세일즈맨이었습니다. 이 집 저 집 다니면서 학습교재를 파는 보잘것없는 청년이었는데, 그가 뒷날 유명한 강철왕 카네기가 됩니다. 그의 집무실에는 한평생 그가 좋아하는 낡은 그림 하나가 걸려 있었습니다. 바닷가 모래 의 언덕에 놓여 있는 낡은 배 한 척을 그린 것입니다. 그 배에는 노가 걸려 있습니다. 그는 그 그림 밑에 직접 이렇게 글을 써놓았습니다. '반드시 밀물 때가 올 것이다.' 지금은 썰물 때라서 바닷가 육지에 배를 대어 놓았지만, 곧 밀물 때가 오리라는 것입니다. 그는 그 그림을 쳐다보면서 밀물 때가 오리라는 것을 믿고 오늘을 살았습니다. 우리는 이미 나도 모르게 넘치도록 많은 은혜를 입었습니다. 벌써 하나님께서는 주셨습니다. 이 사실을 깨달아야 하겠습니다. 그리고 또 하나님의 약속을 현재적으로 믿고 간증해야 하겠습니다.

　이런 시가 있습니다. '주여, 저에게 믿음을 주시옵소서. 그 어두운 과거의 쇠사슬에서 온전히 자유케 하신 하나님의 은총을 믿게 하여주시옵소서. 주여, 이 캄캄한 세상에서 저 멀리 예비하신 약속의 땅을 바라볼 수 있도록 믿음을 주시옵소서. 주여, 제가 주의 안에 있고, 제가 주의 손에 있어서 당신의 소중한 그릇이요, 당신의 소중한 존재임을 알게 하여주시옵소서." △

곽선희목사 설교집·강해집·기타

〈설교집〉
08권 물가에 심기운 나무
09권 최종승리의 비결
10권 종말론적 윤리
11권 참회의 은총
12권 궁극적 관심
13권 한 나그네의 윤리
14권 모세의 고민
15권 두 예배자의 관심
16권 이 산지를 내게
17권 자유의 종
18권 하나님의 얼굴
19권 환상에 끌려간 사람
20권 복받은 사람의 여정
21권 좁은문의 신비
22권 내게 말씀을 주소서
23권 약속의 땅을 바라보며
24권 결단이 있는 자의 행로
25권 이 세대에 부한 자
26권 행복한 사람의 정체의식
27권 미련한 자의 지혜
28권 홀로 남은 자의 고민
29권 자기결단의 허실
30권 자기십자가의 의미
31권 자기승리의 비결
32권 자유인의 행로
33권 너는 저를 사랑하라
34권 주도적 신앙의 본질
35권 행복을 잃어버린 부자
36권 지식을 버린 자의 미로
37권 신앙인의 신앙
38권 예수께 잡힌바된 사람
39권 군중 속에 버려진 자
40권 한 수난자가 부르는 찬송
41권 복낙원 인간상
42권 내가 아는 이 사람
43권 한 수난자의 기쁨
44권 스스로 종이 된 자유인
45권 내게 주신 경륜
46권 자유인의 간증
47권 한 신앙인의 신앙간증

48권 그리스도의 침묵
49권 한 알의 밀의 신비
50권 자기 승리의 비결
51권 선으로 악을 이기라
52권 한 아버지의 눈물
53권 진리를 구하는 한 사람
54권 한 고독한 선지자의 기도
55권 자유함의 은총

〈강해집〉
(빌립보서 강해) 희락의 복음
(갈라디아서 강해) 은혜의 복음
(고린도전서 사랑장 강해) 진정한 사랑의 의미
(예수님의 이적 강해) 이적으로 계시된 말씀
(사도신경 강해) 사도들의 신앙고백
(야고보서 강해) 참믿음 참경건
(예수님의 잠언 강해) 예수의 잠언
(사도행전 강해)(상) 교회의 권세
(사도행전 강해)(하) 교회의 권세
(로마서 강해) 믿음에서 믿음으로
(고린도전서 강해) 복음의 능력
(고린도후서 강해) 생명에로의 길
(예수님의 비유강해)(상) 하나님의 나라/(중) 이 세대를 보라/(하) 생명에로의 초대
(에베소서 강해) 내게 주신 은혜의 선물
(골로새서 강해) 위엣것을 찾으라
(데살로니가서 강해) 사도의 정체의식
(디모데서 강해) 네 직무를 다하라

〈기타〉
행복한 가정/참회의 기도/영성신학/종말론의 신학적 이해/생명의 길